JN271898

Takahiko Kawamura

川村隆彦 編著

事例で深める
ソーシャルワーク実習

SOCIAL WORK
PRACTICUM

中央法規

はじめに

　ソーシャルワークの養成教育において、実習ほど記憶に長く留まる科目はない。経験した人は、今も自分が「実習生」だった頃を懐かしく思い出し、感謝の気持ちを抱くことだろう。もちろん、なかには実習が思い出したくない辛い経験となった人もいる。そのような人のなかには、福祉の道に進むことをあきらめた人、また今、実習指導者や教員として、自分の得た教訓を学生に教えている人もいる。長年、養成教育に携わるなかで、私は「実習教育は絶対に成功させなくてはならない」という強い気持ちを抱いてきた。なぜならば、この実習教育の成功の有無に、未来のソーシャルワーカーの行方がかかっているからである。

　本書『事例で深めるソーシャルワーク実習』編纂の主たる目的は、実習教育を成功させるためのツールを、学生、教員、そして実習指導者に提供することである。もちろん「成功」の定義は多面的であり、良い経験のすべてが成功で、悪い経験がすべて失敗というわけではない。しかし、実習を成功に導くための原則や指針は確かにある。それらをわかりやすいかたちでまとめ、実習教育に携わるすべての人々に届けることが、執筆した一人ひとりの望みであることをお伝えしたい。

　執筆に向けて準備が始まった頃、まず直面したのは、実習のテキストは、作りあげるのがとても難しいという現実であった。実習場所は、多分野に及んでいる。実習生や教員の目からみると、「自分が行く実習先のことだけわかればいい」という考えもある。また、実習生が考えていることと、実習指導者の考えていることの間には大きな溝がある。こうしたこれまでの実習教育への考え方に切り込み、お互いの間の溝を埋めるにはどうすればよいのか悩んだ。たどり着いた結論は、実習の主人公である「学生」の姿をありのままに描き、彼らが感じた思いを共有すること、そして彼らの成長を感じながら、成功するための指針や原則を伝えることであった。また、支える教員、実習指導者、利用者たちの思いも学生たちに届けることで、お互いの間の溝を埋めようと試みた。

　本書の学習内容は、社団法人日本社会福祉士養成校協会の「相談援助実習ガイドライン」「相談援助実習指導ガイドライン」を綿密に確認しながら、必須と思われる項目を選定した。そして、できるだけ多くの実習場所で繰り広げられる経験を提供することで、ほかの分野に関しても学び、自分の経験と比較し、可能な限りジェネリックなソーシャルワークを概観できるように配慮した。さらには、実習生が近い将来、実習指導者となれるようにマネジメントの視点なども盛り込んだ。そして、このような内容をシンプルな演習スタイルで学習できるように工夫した。

　こうした複雑、かつ綿密な内容を求める本書は、単純な分担執筆という方法は適さず、本当の意味での共同制作（共著）が必要となった。この趣旨をご理解くださった中央法規出版第1編集部の有賀剛氏ほか、6名の執筆者：荻野基行氏、金子宏明氏、川端伸子氏、白男川尚氏、添田正揮氏、そして竹沢昌子氏に深い敬意と感謝を表したい。この方々の純粋な思いと労力なしには、本書の完成はなかったことをお伝えしたい。実習での経験とともに、本書で学んだことが、いつまでも学生たちの記憶に留まるよう願ってやまない。

編者・執筆者代表　川村　隆彦

事例で深めるソーシャルワーク実習 ● 目 次

はじめに
本書の使い方

序　章　実習における学習プロセスを知る　1

第1章　準備を始める ―― 9

1. 実習先の情報を集める／10
2. 利用者を理解する／14
3. 実習指導者の仕事を知る／18
4. 自分自身を探る／22
* 自己理解／他者評価チェックリスト　26
5. 実習計画書の概要／28
6. 実習テーマ・達成課題を深める／32
* 実習計画書の記入例1、2　36
7. 3段階の実習プログラム／38
8. 実習日誌の意義・書き方／42
9. 専門職の倫理を訓練する／46

第2章　事前訪問とオリエンテーション ―― 51

10. 実習先に電話をかける／52
11. 事前訪問の準備／56
12. オリエンテーションの意義・内容／60
13. 実習指導者に思いを伝える／64
14. オリエンテーションを振り返る／68
15. 実習テーマ・達成課題の修正／72
16. 近づく実習にさらに備える／76

第3章　実習シミュレーション1 ―― 81

17. 実習先全体をみる／82
18. 利用者との関係を築き始める／86
19. 利用者との関係を深める／90

20. 実習中の困難を解決する—職員から学ぶ／94
21. 実践力（情報収集、支援計画とモニタリング、ネットワーク）／98
22. 自立支援・権利擁護を学ぶ／104
23. 専門職の倫理から実践を評価する／108
24. スーパービジョンを受ける／112
25. 巡回指導・帰校日のスーパービジョンを活用する／116

第4章 実習シミュレーション2 ——121

26. チームアプローチの基礎知識を学ぶ／122
27. チームアプローチを体験する／126
28. 問題を抱える家族と向き合う／130
29. 問題を抱える家族へのアセスメント／134
30. 地域に目を向ける／140
31. 地域住民との関係を築く／144
32. マネジメント―チームを変える力／148
33. マネジメント―職員を支える力／152
34. 利用者との関係の終結／156
35. 指導者との評価会／160

第5章 実習の振り返り ——165

36. 実習経験の共有と分かち合い／166
37. 実習経験を振り返る／170
38. 報告書にまとめる／174
39. 考察を深める／178
   ＊実習報告書の記入例1、2　182
40. 報告会でのプレゼンテーション／190
41. 実習の評価を行う／194
42. 実習経験を将来に受け継ぐ／198

終　章　将来像を描く　202

おわりに
編者・執筆者一覧

本書の使い方

Open the Door
　扉を開けて、事例を読み込んでみよう。実習生は、どんな出来事を経験し、何に悩んでいるのだろうか？自分の経験とも重ねながら読んでみよう。

Practice
　事例に関する質問を深く考えたり、割り当てられた作業や活動を行ってみよう。

1．実習先の情報を集める

Open the Door

「ただいまぁ」
　秋山さんが、送迎車で家に帰ってきた。
「おばあちゃん、お帰り。初めてのデイサービスどうだった？」
　孫の明君が聞いた。
「いいところだったよ。午前中はお風呂、午後は皆でカラオケをしたよ。それに春には花見に行ったり、秋には収穫祭もするんだよ」
「今日初めて行ったのに、何でそんな先のことまで詳しいの？」
「もちろん調べたのさ、自分の行くところだもの。建物の中を見学したり、通っている人に聞いたり…カイゴフクシッていう資格をもっている人と話しているうちに、福祉の世話になんかならないっていう気持ちも変わってきたのさ」
「そういえば、おばあちゃん、昔からどこへ行くにも下調べしていたよね。足が痛いといって家にずっといるより、同世代の人とお喋りしたり、体を動かしたりしたほうがいいよね」
「そうだよ。おばあちゃんはリウマチで、介護認定で要介護1だけど、この先、もっと悪くなるかもしれないから、リハビリしようと思って、先生とも仲よくなったんだよ」
「もう職員の人とも友達なの？」
「そう、田辺さんっていったかな。優しくて頼りがいのある人だったよ。明だって福祉の勉強してるんだから、ああいう人みたいにならなきゃね」
　秋山さんの話を聞きながら、明君は、近づいてきた自分の実習のことを考え始めた。
「俺も調べ始めないとな」

Practice

1．秋山さんは、明君に「下調べの大切さ」を教えた。なぜ、秋山さんは自分の行くデイサービスを前もって調べたいと思ったのだろう？　そこから何が得られるのだろうか？
2．私たちが実習に行く前に、実習施設や機関の情報を集めるのはなぜだろう？　そこから何が得られるのだろうか？
3．あなたが配属された実習施設や機関について、次の項目を調べて発表してみよう。
　・根拠となる法律や制度　　　　　　・設置の理念や目的
　・週間、月間、年間のスケジュール　・施設や機関の周囲の地域特性
それぞれの発表からどんなことが得られただろうか？

部に設置されているものと、農村部に設置されているものとでは、提供するサービスにも違いが出てくる。自分の配属された施設や機関がどのような地域にあるのか、その特性に目を向けるならば、どのような人々のための施設や機関なのかがより理解できる。こうした実習先独自の情報や地域特性については、事前訪問での説明や、施設や機関のパンフレット、広報誌などでも理解を深めることができる。

■実習先に関する一般的な情報と個別的な情報をバランスよく収集する

　全国の介護老人保健施設は介護保険法を根拠法としており、そこに配置されるスタッフの職種などにそれほど違いはない。これは介護老人保健施設についての一般的な情報収集である。これに加えて、実習施設や機関には、それぞれ独自の理念やサービス、地域特性もある。こうした個別的な情報収集も行う。一般的な情報だけだと、実際に実習に行ったとき、ギャップを感じることが多くなり、逆に個別的な情報だけだと、自分の実習先の独自性がほかの場所でも同様だと誤解しかねない。両者を区別しつつ、バランスよく情報収集することが大切である。

実習先の情報

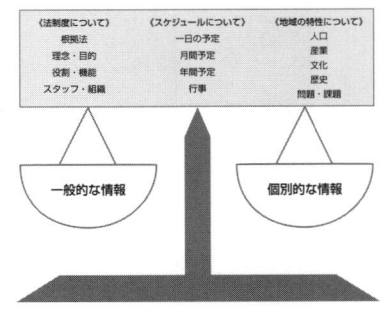

〈法制度について〉	〈スケジュールについて〉	〈地域の特性について〉
根拠法	一日の予定	人口
理念・目的	月間予定	産業
役割・機能	年間予定	文化
スタッフ・組織	行事	歴史
		問題・課題

一般的な情報　　個別的な情報

■実習先を知ることが実習の計画や目標の作成につながる

　実習先の情報を得ることで、そこで何が学べるかが少しずつ明らかになる。例えば、社会福祉協議会など地域を基盤に実践している機関で実習すれば、地域にある社会資源の開発や活用について学ぶ機会があるだろうし、特別養護老人ホームや障害者の支援施設などの生活施設を基盤に実践している施設では、利用者への直接支援の方法を学ぶことができるだろう。学べることが明確になるにつれて、実習において何を目標にして、どのような計画をもてばよいのかも思い浮かんでくる。

■さまざまな情報を得ることで、実習が有意義なものとなる

実習先に関する情報を集めて、それらをしっかりと理解することで、実習経験を有意義なものにできる。実習に行く前に情報を集めることは、旅行に行く前に、その土地の名所やおいしい食べ物、お土産などを調べておくことにも似ている。事前に知っておくことで、充実した旅につながるように、実習もまた事前にさまざまな情報を得ておくことで、有意義なものとすることができる。ここでは、主に、根拠となる法制度、理念・目的、役割・機能、組織、スタッフの職種、一日の流れ、月間・年間スケジュール、行事の意義、地域特性などを取り上げる。

■実習先の根拠となる法制度、理念・目的、役割・機能、組織などについて情報を得る

実習施設や機関には、管理・運営するうえで根拠となる法制度があり、また、施設や機関ごとに理念や目的を掲げて運営している。さらに、地域や社会に対する役割や機能をもち、それらを遂行するために組織化され、さまざまな職種やスタッフが配置されている。まず、こうした情報を調べてみよう。秋山さんが通い始めた高齢者の通所介護（老人デイサービスセンター）は、介護保険法（老人福祉法）を根拠としており、ひきこもりがちな在宅高齢者が、他者とふれあい、生活の質の向上をはかるという目的があり、そのために相談員をはじめとした専門職スタッフが配置されている。

法律や制度を苦手とする学生もいるが、皆さんが行く実習先は法制度に規定された機関であるため、これらはしっかりと理解しておかなければならない。また、実際に実習に行って法制度に基づいた事業の課題や限界をみつけるかもしれない。そのようなとき、「ではどうしたらよいのか？」と考えることも、実習の大切な課題となる。

■実習先の一日の流れ、月間・年間スケジュール、行事の意義についての情報を得る

秋山さんが通うデイサービスセンターには、花見や収穫祭など、季節感を味わい、地域と交流することを目的とした行事が年度の初めに組まれている。このように、実習施設や機関では、一日の流れ、月間・年間スケジュール、行事などが、ある程度決まっている。そうした情報を収集しておけば、利用者の生活をより理解することにつながるし、実習生としての自分の実践行動がイメージしやすくなる。

もし、障害者の就労支援施設に実習に行けば、一日のスケジュールや行事に沿って利用者と一緒に作業や活動に取り組むであろう。また、児童養護施設では、学校から帰ってきた子どもたちと活動に参加したり、宿題をみたりすることもあるだろう。そのような場面で、自分がどのような姿勢で臨むべきかを想像してみてほしい。その際、もし足りない知識や技術が見当たれば、実習に行くまでにしっかり補っておきたい。

■実習先の周辺の地域特性に目を向ける

実習施設や機関は、それぞれが設置の目的や趣旨、背景に応じて、自然豊かな場所あるいは都市部など、さまざまな地域に存在している。同じ地域包括支援センターでも、ホームレスの多い都市

Lecture

実習において大切なこと【原則】を学ぼう。なぜその原則は大切なのか、どうしたらその原則をもっと深く理解できるのか、学生同士、または教員と話し合ってみよう。

秋山さんと話した後、明君は、高齢者の通所介護や老人デイサービスセンターのことに興味をもって調べるようになった。

授業では根拠となる法律や、施設や機関の機能、サービス内容、どのような人々が利用するのかなどについて学んだ。さらに、個人的にインターネットを使って調べてみたりもした。

通所介護に実習に行った先輩に話を聞いてみると、
「一口に通所介護といっても、それぞれにカラーがあるからね。実習前にボランティアに行って、施設のことを調べるっていうのもアリかもよ」
と優しくアドバイスをくれた。

明君は、情報収集にはさまざまな方法があるのだとあらためて理解した。

Close the Door

事例がどのように展開するのか見届けよう。実習生はこの経験から何を学んだのだろうか？ あなたはこの事例から何を学んだのだろうか？

Thought & Feeling

学生

実習先について自分で調べたり、人から聞いたりして、何となく理解できたつもりになっていたけれど、あらためて調べてみると、正直知らないことが多かった。特に、法律や制度などについて、あまりわかっていなかった。実際に自分が実習でどんなことをするのか、まだ具体的にイメージできていないので、引き続き詳しく調べていくつもりだ。地域の特性を知るために、ボランティアも考えている。

教員

実習施設や機関の概要については授業でも取り上げている。学生は大まかな情報だけで満足せず、授業以外でもさまざまな情報媒体を活用して、積極的に情報収集してほしい。例えば、新聞を読めば福祉機関の現状と課題が記されている。自らボランティアに出向いて、地域の特性を体験したり、専門職に質問している学生もいる。情報収集からすでに実習が始まっていることを知ってほしい。

Thought & Feeling

実習経験を通して、実習生は何を考え、何を感じただろうか？ また、教員や実習指導者は、どのような思いで実習生と向き合っているのだろうか？ 互いの考えや思いから学ぼう。

序章　実習における学習プロセスを知る

「実習生は、現場の経験からどのように学習していくのだろうか？」この質問を深く考えるとき、「実習における学習プロセス」が大事であることに気づく。ここではコルブらの提唱する経験学習のサイクルを参考にしながら、以下の図を作った。これに沿って、実習での学習プロセスを解説したい。

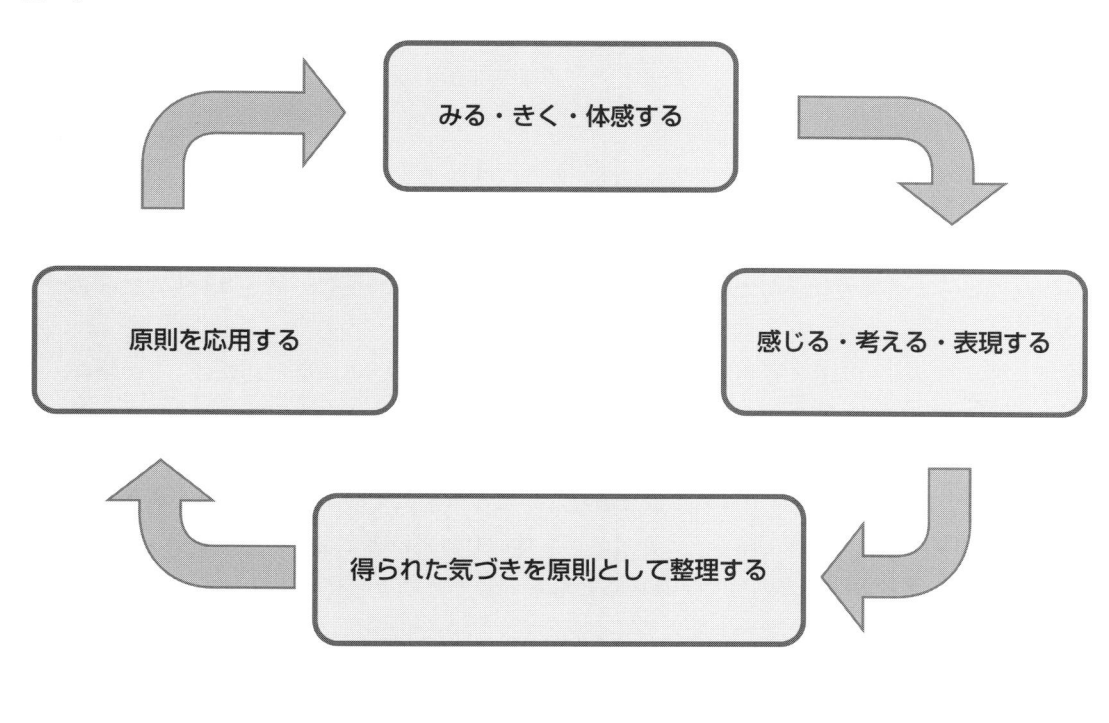

```
        みる・きく・体感する
              ↓
   ↑                    ↓
 原則を応用する      感じる・考える・表現する
   ↑                    ↓
        得られた気づきを原則として整理する
```

みる・きく・体感する

■デッサンに挑戦

　実習指導の授業でデッサンをしたことがある。三つの机に、それぞれレモンを1個ずつ乗せ、「見えるままに描くように」と指示すると、学生たちは張り切って描き始めた。やがて時間が来て、完成した作品を互いに見せ合った後、「この経験や、お互いの作品から何を学んだか深く考えてみよう」と促した。すると「こんな簡単なものなのに、実際に描くと難しかった」「お互いのレモンが違うのは、見えているところが違うからではないか」などの意見が出された。

■ありのままを描き、表現するために、私たちは自分自身を訓練する

　デッサンが上達するためのコツは、物事をありのままに描くことだといわれている。そのため、画家は目と手を訓練する。彼らの観察力に学ぶことは多い。私たちは普段から何気なく物事を見ている。しかし、デッサン同様、物事を「どのくらいの大きさで」「どのくらいの比率で」「どのくらいの明るさで」など、意識して見る訓練をすることで、観察力は増していく。学生が、もし出会う利用者一人ひとりをしっかりと見るならば、自分の心のキャンバスに、ありのままを描くことができる。

　画家には、自分の目で観察したことを手でありのまま再現する力がある。私たちにも同じように、さまざまな方法で、見たままを表現する力が必要である。地域の一人暮らしの高齢者と話す機会があるかもしれない。その場合、相手のありのままの暮しを見て、話を聴き、そのままを理解し、カンファレンスで表現する必要がある。ありのままを伝えることで、チームとして正確な情報共有ができていく。

■見えない部分を想像する力が必要である

　私たちがデッサンをすると、たいてい見えない部分を描くことができない。それは、別の場所から見えるものがわからないからである。しかし、見えない部分を想像して描く力が実習には必要である。

　実習では、地域に出向き、専門職同士の会議に参加する機会があるかもしれない。その場合、会議を見ているだけでは、それぞれの専門職が何を見ていて、何を描き、表現しているのかわからない。しかし、想像することはできる。「昨日、あの看護師は利用者の自宅に行き、何を見たのだろう？」「あのケアマネジャーは、家族と何を話したのだろう？」そのような想像力があれば、点のような実習経験であっても線で結ぶことができ、立体的な経験にまで高めることができる。

　時々、実習指導者の助言が理解できないこともある。それはその立場に立っていないからである。実習指導者からしか見えないあなたの姿がある。いつかその場所に立つ日、助言の真の意味がわかる時が来る。見えないものを受け入れるには、信頼が必要である。実習指導者を信頼し、見えないものを想像し、受け入れるとき、最善の利益を受ける。

■関心をもって聴く

　私たちが微かな音を聴こうとするとき、懸命に耳を澄まそうとする。それは、関心をもって聴こうとしない限りその音が聞こえないからである。

　支援も同じである。関心をもって聴こうとしない限り、相手の本当の声は聴こえてこない。しかし、利用者の声に関心をもって耳を傾けるならば、たとえそのメッセージが小さく微かなものであっても、気づくことができる。私たちは、それまでに気づかなかった、この小さくて微かなメッセージを何よりも大切にすることで、支援を深めることができる。

　高齢者の施設で寝たきりの利用者の介助をする人は、彼らが小さく「ありがとう」とささやく声を聞いたことがあるだろう。その小さな声に、高齢者たちはどんな意味を込めているのだろうか？もし、あなたが高齢になり、全身が動かなくなり、唯一、相手に意思を伝えることができるのが、

その小さなささやきであったなら、何をそこに込めるだろう？ そう考えるとき、私たちは決してこの小さな声を聞きのがしてはいけないと感じる。

■言葉にならない、意味のわからない声を聴く

　実習先では、時々、利用者から言葉にならない、あるいは意味のわからない声を聴くこともある。そのような場合、どう受け止め、理解したらよいのだろう。

　ある実習生は、自閉症の人が何を訴えているのか理解できずにいた。そこで、訴えだけを聴くのではなく、その前後の行動も含めて聴こうとした。そこから、どんな原因が訴えにつながっているのかがつかめるようになった。

　別の実習生は、重度心身障害児とのコミュニケーションは無意味だと感じていた。声をかけても、ほとんど一方通行に思えたからである。それでも日々、彼らの言葉にならない声を探ろうとかかわっていくにつれて、小さな「反応」を声として感じることができるようになった。

　実習でかかわる人々は、いつも私たちが聞きたいような声で話してくれるわけではない。しかし、私たちが関心をもって耳を傾けるとき、私たちの聴く力を高めてくれる。

■身体感覚を使って実習する

　五感には「視覚」「聴覚」以外に、「味覚」「嗅覚」「身体感覚」がある。ここでは特に、身体感覚を使って実習することの大切さを考えてみる。ことわざに、「聞いたことは忘れる。見たことは思い出す。体験したことは理解する」というものがある。身体感覚は「体験したこと」、つまり、実際に自分の身体で触れ、理解していく学習である。これは、「水槽の中で泳ぐ魚たちをじっと見つめて理解する」一方向の観察ではなく、「水槽の中で一緒に泳ぐことで理解する」相互作用的なかかわりである。

　障害者の作業所で実習したある学生は、利用者と同じ作業をすることに退屈していた。「これではボランティアで来ているのと変わりない」と考えてしまったのである。特に重たい荷物を運ぶときには、「何でこんなことをしなくてはいけないんだ。こちらは利用者じゃないぞ」と感じたこともあった。しかし、繰り返し作業をするなかで、自分が利用者の立場で感じたり、考えたりするようになったことに気づいた。そして、利用者の気持ちは遠くにいても理解できず、実際に同じ場所で、同じように身体を動かして体験することでしか理解できないことに気づいた。

　児童自立支援施設で実習した学生は、夏休みの期間、毎朝、マラソンを一緒に行った。訪問すると、日焼けした顔で「これから明日の運動会の準備です。これまで一緒に子どもたちと準備をしてきたので、成功させたいです」と答えた。実習指導者は、運動会の準備を遠くから見つめ、分析することよりも、一緒に準備することで、子どもたちとの関係を築く方法を教えたのだと思う。

　このように、身体感覚を使った実習とは、利用者や職員とともに、実際に歩き、走り、汗をかき、声を出し、彼らと同じ立場に立って経験してみることである。

感じる・考える・表現する

■さまざまなことを感じる瞬間がある

　知的障害者の施設で、一日の最後に利用者と職員の終礼がある。ある実習生が終礼に参加するため作業室に入ろうとすると、入口近くに座っていた利用者に突然腕をつかまれた。少しびっくりして見ると、彼は「ここ～」と言いながら実習生の腕をつかみ、自分の隣を指差し、隣にいるように言ってきた。利用者が何度も強く自分のそばにいてほしいと訴える様子を見て実習生の胸は熱くなった。この実習生は、「昔の自分だったら、あんなに感動できただろうか…きっと相手の気持ちを感じたからこそ、感動したんだ」と気づいた。

　このように実習では、経験を通して、さまざまなことを感じる瞬間がある。心で感じることは、理屈や論理では説明がつかないが、確かに私たちに多くのことを教えてくれる。

■より多くを感じるために感性を磨く

　私たちは、経験から多くのことを感じたいと願い、そのための感性を磨こうとする。感性とは、相手が伝えようとするメッセージを受け取る能力であり、同時に、自分が伝えようとするメッセージをその人に届ける能力のことでもある。人は、意識的に、あるいは無意識のうちに、言葉や行動にメッセージを込める。「感性が豊かな人」とは、その言葉や行動のなかに込められたメッセージを敏感に、そして正確に受け取ることができる人である。また、自分が伝えようとするメッセージを、相手の心の深くに届けることができる人のことである。

　メッセージには、喜びや親しみ、苦しみや不満といったその人の心が映し出されている。私たちが利用者から送られるメッセージを受け取る瞬間は、そうした利用者の抱える喜びや苦しみに触れる瞬間でもある。私たちがその喜びや苦しみを利用者とともに分かち合おうとするならば、その瞬間、私たちの心は利用者の心と響き合う。その経験は、私たちの心を躍動させ、強い情感を与えてくれる。

■相手をありのままに理解しようとする意識が求められる

　相手から送られるメッセージを受け取るためには、その人をありのままに理解しようとする意識が求められる。私たちは、それぞれが違う人間である。生き方も信条も価値観も、そのすべてが異なっている。支援とは、そうした生き方、信条、価値観が異なる者同士の間で成り立っている。仮にあなたが「常に健康的で、前向きな支援者」であったとしても、「悲観的に考えざるを得ない利用者」の気持ちも感じなければならない。その人の生き方、信条、価値観に立脚したところから見えるものが何かを理解しなければ、その人から送られるメッセージを正しく理解することはできない。

　ありのままを理解するということは、その人のなかにある多様性を理解するということでもある。その人がもつ多様性は、多様なメッセージとなって現れる。そうしたメッセージを受け取るた

めには、自分のなかの多様性を豊かに育てていく必要がある。大切なことは、自分の信条や価値観を絶対的な指標にしないこと、そして、自分の信条や価値観から生まれる先入観や思い込みを認識し、それを排除したうえで、その人を理解しようとすることである。

■意味や解釈を考え直してみる

私たちは、経験に対して自分なりの意味や解釈を与えている。そのことを考えてみたい。実習生が利用者とトラブルになったとき、「あの気難しい利用者であれば仕方がない」と考えるのか、あるいは「自分の言動に落ち度はなかったか」と考えるのかでは、同じ出来事であっても解釈は異なる。前者は「気難しい利用者から受けたとばっちり」として認識され、後者は「不適切な支援によって利用者に迷惑をかけた」と認識される。「落ち度は利用者にある」という解釈にかたくなにとらわれるならば、その経験をそれ以上深めることはできない。しかし、「自分にはほかに何ができただろう?」と考え直してみるならば、それは経験を深めるチャンスとなる。このように、経験した出来事に対して、自分が与えている意味や解釈をあらためて考え直してみるとき、それだけ私たちは新しい知見を得るチャンスに遭遇する。

■考察の三つの過程を経る──自問、自答、自証

私たちは、経験に対してさまざまに考えをめぐらす。これを考察と呼ぶ。考察を行う際、私たちは、自問、自答、自証の三つの過程を経る。自問とは、自らに問いかけることである。私たちは実践のなかで、「なんとなく気になる問題」を見つけ、それを自問することで「考えるべき問題」として認識する。例えば、「利用者の主体性を尊重する場合、その限界はどこに設定されるのだろう?」などと自問することが考察のスタートとなる。

自答は、自問に対する答えである。気にかかることを問題として設定しているのだから答えは簡単には見つからず、考えることが苦しいと思うこともある。しかし、問題として認識し、考え始めている時点で、すでに大きな一歩を踏み出している。答えにたどり着くまで考え抜く努力が、大きな成果と成長をもたらす。

自証は、著者の造語であるが、自らの答えを自らが検証することである。自答と自証は、答えを導き出す過程では不可分である。答えを探しながら、同時にそれが正しいかを確認しているからである。つまり、一度答えを出した後、その答えが本当に確かであるかをあらためて検証し直す過程が、考察には必要である。

■比較をしてみる

比較する対象を設定し、両者の違いを明らかにしていくなかで、「答えらしきもの」に接近していく。例えば、「利用者の主体性の限界」について考えた場合、実際に利用者の主体性が守られた場合と守られなかった場合を比較して考え、そこに存在する違いを焦点化する。そして、その違いを吟味することで、主体性が制限される要件を抽出できる。

また、別の比較として、主体性に制限を設けた場合と設けなかった場合について考えてみる。主体性に制限を設けない場合には、どのような事態が起こるかを想定することで、主体性に制限を設

けることの是非について考えることもできる。また、「主体性」と「わがまま」の違いを比較させて考えることもできる。両者の違いを明確に整理することで、主体性という概念をさらに深く理解することができるだろう。

■学んだことに対して言葉や態度で表現する

　実習指導者は、時々、実習生に対して「反応がない」「何を考えているのかわからない」「質問が少ない」「元気がない」「理解しているのかわからない」という気持ちを抱く。もちろん、学生側にも理由はある。「あんなに忙しそうにしているのに、質問できる雰囲気ではない」「こんなことを質問したら、逆に、評価が低くなる」「質問したいときに会えない」などである。双方に改善が必要であるが、ここでは学生たちに、「学んだことに対して、タイミングよく表現すること」を強く勧めたい。

　例えば、会議に参加した後、黙っているのではなく、「今の会議は毎週、行われているのですか？」「他の職種の方は、ソーシャルワーカーに対して、どのように思っているのですか？」などと質問したり、「とても有意義でした。皆さん、やはり自分の専門の立場から発言していました」「私は、民生委員の方の意見に共感しました」など、意見を述べることができる。学んだことに対してタイミングよく反応、表現するならば、実習指導者は実習生の理解度を把握できるだけではなく、円滑なコミュニケーション力を評価してくれる。

■経験ノートに自分の考えを自由に表現してみる

　「経験ノート」は、自分の経験を自由に表現するためのノートである。これを通して、経験に対する自分なりの意味や解釈を再点検できる。「実習記録」とは別に、「経験ノート」の活用を勧めたい。

　まず、その日一日を振り返りながら、心に残った出来事をノートに綴り、その出来事に対する自分の率直な気持ちを表現する。数日おいて、ノートに書きためた出来事を振り返ってみる。そのときあらためて気づいたことを加える。時間をおくと気がつくことが意外に多い。その後、さらに視点を変えてその出来事を考え直し表現する。例えば、「その時、その人は何を思い、どんな気持ちであったか」など、出来事にかかわる人物の視点からもその出来事を記述してみる。

　自分の主観を再点検する方法として、「三人称」に読み替える方法がある。例えば、「私は、急に怒り出した利用者に対してついカッとなってしまった」という記述を、「彼は、急に怒り出した利用者に対してついカッとなってしまった」と読み替えてみる。主語を三人称にすることで、その出来事を客観視することができる。「ついカッとなった」とき、私がカッとならない方法はなかったのかなど、その出来事に対して距離を置いて考えることもできる。

　実習日誌は公式な記録であり、何でも書くわけにはいかないが、経験ノートには、感じたこと、考えたことをありのままに自由に表現することができる。そのような機会と場所をもつことで、より学習は深まっていく。

■アカデミックライティングの方式に学ぶ

　日本では、日誌や記録などにおける文章作成法は、欧米方式に比べて段落構成におけるルールが少ないため、感情表現には適しているが、論理的ではない。そこで、日誌や記録を論理的に記述するために、欧米のアカデミックライティングの方式を学ぶことを勧めたい。

　アカデミックライティングによる段落構成には、明確なルールがある。例えば、言いたいこと（メインアイデア）は、一つの段落には一つである。それをトピックセンテンス（最も言いたいことを一つの文章で表す）、サポーティブセンテンス（話題を展開する）、エグザンプル（具体例を挙げる）、コンクルーディングセンテンス（結論—最も言いたいことを繰り返す）によって書き表していく。この構造を覚えることで、自分の段落のどの部分が不明瞭なのかがわかってくる。

　「もっと文章の量を増やして」と学生に指示すると「どこを、どうやって増やしたらよいのかわからない」と答える場合が多い。しかし、アカデミックライティングを学ぶならば、増やせる部分はエグザンプルのところだけだと気づく。

得られた気づきを原則として整理する

■感じ、考え、表現し、気づいたことを原則として整理する

　実習での経験を感じ、考え、表現する過程で、何らかの「学び」や「気づき」、あるいは「教訓」が得られる。これをこのテキストでは「原則」と呼んでいる。

　ある実習生は、面接スキルを高めたいと考えていた。そこで、実習指導者の面接を観察した。その実習指導者は面接中、時折話す程度で、ほとんどの時間を相手の話を聴くことに費やしていた。優しい表情を浮かべながら、じっと話を聴く様子であった。実習生は、少しじれったい気持ちになり、「もしかしたら、私のほうが面接はうまいかも…」と感じた。数日後、同じ利用者へのアセスメントを行うことになり、同席した実習生は興味深くみていた。しかし、その日も実習指導者は優しい表情を浮かべながらじっと話を聴くだけだった。ところが面接の内容を記入してみて驚いた。アセスメント項目が、いつの間にか聴けていたからである。

　こうした経験から、実習生は、面接とはまさに「相手の話をじっと聴くことなんだ」と理解した。これが実習生のたどり着いた原則であった。

　もう一人の実習生は、利用者に対して心からの深い関心を抱いていた。彼はこれまでの自分の経験から、「人は、自分に関心を寄せてくれた人に、関心を向けるようになる」と信じていた。そこで利用者に対しても実践を試みた。すると多くの利用者がこの実習生に心を開き、さまざまなことを相談した。なかには、実習指導者に打ち明けないことを実習生に話すことがあった。こうした経験から、実習生は自分の実践してきた原則をさらに強く確信した。

　このような実践例は、実習生が自分の経験から感じ、考え、学んだこととして一般化したものであり、実習生がたどり着いた原則と呼べる。

　実習生が気づく原則は、目新しいものではないかもしれない。おそらくは何度も教えてもらった

ものや学校で学んだものかもしれない。しかし、大切なことは、自分で感じ、考え、表現するなかでたどり着いたもの、自分のものとした原則だということである。

原則を応用する

■学んだ原則を、次の機会に応用する

　実習での経験から得た原則を次の機会に応用すると新しい経験につながっていく。ある実習生は、児童養護施設で子どもたちとの関係を上手につくれないと感じていた。「どうしてなんだろう？」と考えた結果、「関係を深めるには、もっと自分についても知ってもらう必要がある」という原則にたどり着いた。そこでこの実習生は、次の日から、子どもたちの話を聴きながらも、さりげなく、自分のことも知らせるようにした。こうして学んだ原則を次に応用したことで、次第に子どもたちと新しい関係を築くことができたと感じた。

　実習生は多くの気づきを得るが、それを次に応用することが少ない。経験からせっかく学んだことを、ただ書き留めておくだけで応用しなければ、変化をみることはできない。原則を実際に応用してみることで新たな原則に導かれる。そうした連続した学習こそが、体験学習のサイクルなのである。

■「もしレモン１個しかなかったら、そこから何を創る？」

　冒頭でレモンをデッサンしたことを記した。その時、学生たちに「もしレモン１個しかなかったら、そこから何を創る？」と質問すると、「パックにする」「種を植えて増やす」「キャッチボールをする」など、楽しい意見を出してくれた。そこで彼らに次のことを伝えた。「前に読んだ本にこう書いてあった。もしレモンしかなければ、私はそれを思い切り絞り、美味しいレモンジュースを創り出す！　実習も同じで、時々、レモン１個しか与えられないような経験もある。でもその経験を思い切り絞って、そこから学んでみてほしい。学びの質を決めるのは、レモンではなく、それを絞る皆さんの力だということを忘れないでほしい」。

　最後に、皆でレモンを切り分け、絞ってレモン汁を作り、「酸っぱい！」と笑いながら飲み干した。彼らがレモンを見るたびに、学んだことを思い出してほしいと願う。

第1章 準備を始める

1．実習先の情報を集める

Open the Door

「ただいまぁ」
　秋山さんが、送迎車で家に帰ってきた。
「おばあちゃん、お帰り。初めてのデイサービスどうだった？」
　孫の明君が聞いた。
「いいところだったよ。午前中はお風呂、午後は皆でカラオケをしたよ。それに春には花見に行ったり、秋には収穫祭もするんだよ」
「今日初めて行ったのに、何でそんな先のことまで詳しいの？」
「もちろん調べたのさ、自分の行くところだもの。建物の中を見学したり、通っている人に聞いたり…カイゴフクシシっていう資格をもっている人とも話しているうちに、福祉の世話になんかならないっていう気持ちも変わってきたのさ」
「そういえば、おばあちゃん、昔からどこへ行くにも下調べしていたよね。足が痛いといって家にずっといるより、同世代の人とお喋りしたり、体を動かしたりしたほうがいいよね」
「そうだよ。おばあちゃんはリウマチで、介護認定で要介護1だけど、この先、もっと悪くなるかもしれないから、リハビリしようと思って、先生とも仲よくなったんだよ」
「もう職員の人とも友達なの？」
「そう、田辺さんっていったかな。優しくて頼りがいのある人だったよ。明だって福祉の勉強してるんだから、ああいう人みたいにならなきゃね」
　秋山さんの話を聞きながら、明君は、近づいてきた自分の実習のことを考え始めた。
「俺も調べ始めないとな」

Practice

1．秋山さんは、明君に「下調べの大切さ」を教えた。なぜ、秋山さんは自分の行くデイサービスを前もって調べたいと思ったのだろう？　そこから何が得られるのだろうか？

2．私たちが実習に行く前に、実習施設や機関の情報を集めるのはなぜだろう？　そこから何が得られるのだろう？

3．あなたが配属された実習施設や機関について、次の項目を調べて発表してみよう。
- 根拠となる法律や制度
- 設置の理念や目的
- 週間、月間、年間のスケジュール
- 施設や機関の周囲の地域特性

それぞれの発表からどんなことが得られただろうか？

■さまざまな情報を得ることで、実習が有意義なものとなる

実習先に関する幅広い情報を集め、それらをしっかりと理解することで、実習経験を有意義なものにできる。実習に行く前に情報を集めることは、旅行に行く前に、その土地の名所やおいしい食べ物、お土産などを調べておくことにも似ている。事前に知っておくことで、充実した旅につながるように、実習もまた事前にさまざまな情報を得ておくことで、有意義なものとすることができる。ここでは、主に、根拠となる法制度、理念・目的、役割・機能、組織、スタッフの職種、一日の流れ、月間・年間スケジュール、行事の意義、地域特性などを取り上げる。

■実習先の根拠となる法制度、理念・目的、役割・機能、組織などについて情報を得る

実習施設や機関には、管理・運営するうえで根拠となる法制度があり、また、施設や機関ごとに理念や目的を掲げて運営している。さらに、地域や社会に対する役割や機能をもち、それらを遂行するために組織化され、さまざまな職種やスタッフが配置されている。まず、こうした情報を調べてみよう。秋山さんが通い始めた高齢者の通所介護（老人デイサービスセンター）は、介護保険法（老人福祉法）を根拠としており、ひきこもりがちな在宅高齢者が、他者とふれあい、生活の質の向上をはかるという目的があり、そのために相談員をはじめとした専門職スタッフが配置されている。

法律や制度を苦手とする学生もいるが、皆さんが行く実習先は法制度に規定された機関であるため、これらはしっかりと理解しておかなければならない。また、実際に実習に行って法制度に基づいた事業の課題や限界をみつけるかもしれない。そのようなとき、「ではどうしたらよいのか？」と考えることも、実習の大切な課題となる。

■実習先の一日の流れ、月間・年間スケジュール、行事の意義についての情報を得る

秋山さんが通うデイサービスセンターには、花見や収穫祭など、季節感を味わい、地域と交流することを目的とした行事が年度の初めに組まれている。このように、実習施設や機関では、一日の流れ、月間・年間スケジュール、行事などが、ある程度決まっている。そうした情報を収集しておけば、利用者の生活をより理解することにつながるし、実習生としての自分の実践行動がイメージしやすくなる。

もし、障害者の就労支援施設に実習に行けば、一日のスケジュールや行事に沿って利用者と一緒に作業や活動に取り組むであろう。また、児童養護施設では、学校から帰ってきた子どもたちと活動に参加したり、宿題をみたりすることもあるだろう。そのような場面で、自分がどのような姿勢で臨むべきかを想像してみてほしい。その際、もし足りない知識や技術が見当たれば、実習に行くまでにしっかり補っておきたい。

■実習先の周辺の地域特性に目を向ける

実習施設や機関は、それぞれが設置の目的や趣旨、背景に応じて、自然豊かな場所あるいは都市部など、さまざまな地域に存在している。同じ地域包括支援センターでも、ホームレスの多い都市

部に設置されているものと、農村部に設置されているものとでは、提供するサービスにも違いが出てくる。自分の配属された施設や機関がどのような地域にあるのか、その特性に目を向けるならば、どのような人々のための施設や機関なのかがより理解できる。こうした実習先独自の情報や地域特性については、事前訪問での説明や、施設や機関のパンフレット、広報誌などでも理解を深めることができる。

■実習先に関する一般的な情報と個別的な情報をバランスよく収集する

全国の介護老人保健施設は介護保険法を根拠法としており、そこに配置されるスタッフの職種などにそれほど違いはない。これは介護老人保健施設についての一般的な情報収集である。これに加えて、実習施設や機関には、それぞれ独自の理念やサービス、地域特性もある。こうした個別的な情報収集も行う。一般的な情報だけだと、実際に実習に行ったとき、ギャップを感じることが多くなり、逆に個別的な情報だけだと、自分の実習先の独自性がほかの場所でも同様だと誤解しかねない。両者を区別しつつ、バランスよく情報収集することが大切である。

実習先の情報

《法制度について》	《スケジュールについて》	《地域の特性について》
根拠法	一日の予定	人口
理念・目的	月間予定	産業
役割・機能	年間予定	文化
スタッフ・組織	行事	歴史
		問題・課題

一般的な情報 ／ 個別的な情報

■実習先を知ることが実習の計画や目標の作成につながる

実習先の情報を得ることで、そこで何が学べるかが少しずつ明らかになる。例えば、社会福祉協議会など地域を基盤に実践している機関で実習すれば、地域にある社会資源の開発や活用について学ぶ機会があるだろうし、特別養護老人ホームや障害者の支援施設などの生活施設を基盤に実践している施設では、利用者への直接支援の方法を学ぶことができるだろう。学べることが明確になるにつれて、実習において何を目標にして、どのような計画をもてばよいのかも思い浮かんでくる。

Close the Door

　秋山さんと話した後、明君は、高齢者の通所介護や老人デイサービスセンターのことに興味をもって調べるようになった。
　授業では根拠となる法律や、施設や機関の機能、サービス内容、どのような人々が利用するのかなどについて学んだ。さらに、個人的にインターネットを使って調べてみたりもした。
　通所介護に実習に行った先輩に話を聞いてみると、
「一口に通所介護といっても、それぞれにカラーがあるからね。実習前にボランティアに行って、施設のことを調べるっていうのもアリかもよ」
と優しくアドバイスをくれた。
　明君は、情報収集にはさまざまな方法があるのだとあらためて理解した。

Thought & Feeling

学生
　実習先について自分で調べたり、人から聞いたりして、何となく理解できたつもりになっていたけれど、あらためて調べてみると、正直知らないことが多かった。特に、法律や制度などについて、あまりわかっていなかった。実際に自分が実習でどんなことをするのか、まだ具体的にイメージできていないので、引き続き詳しく調べていくつもりだ。地域の特性を知るために、ボランティアも考えている。

教員
　実習施設や機関の概要については授業でも取り上げている。学生は大まかな情報だけで満足せず、授業以外でもさまざまな情報媒体を活用して、積極的に情報収集をしてほしい。例えば、新聞を読めば福祉機関の現状と課題が記されている。自らボランティアに出向いて、地域の特性を体験したり、専門職に質問している学生もいる。情報収集からすでに実習が始まっていることを知ってほしい。

2．利用者を理解する

> Open the Door
>
> 「私がボランティアをしている障害児サークルで運動会があるんだけれど、一緒に行かない？」
> 友人の裕子さんから誘いをうけた星野さんは戸惑っていた。
> 「授業では知的障害について勉強したけれど…今までそういう人たちとかかわったことがないから、正直不安で…。どういう子が多いの？」
> 「いろいろな子たちがいるよ。いつも動きまわっている子やじっとしている子、よく喋る子やほとんど声を出さない子。ホント、いろいろなタイプの子がいるよ」
> 「そうなんだ…それで裕子は何やっているの？」
> 「一緒に花見に行ったり、皆で簡単な料理をしたり、カラオケしたこともあったな」
> 「裕子は明るいから、子どもたちとすぐに打ち解けられると思うけれど、私なんかがボランティアに行ったら嫌がるんじゃないかな」
> 「そんなことないよ。みんな弟や妹のようにかわいいよ。それにね、子どもたちの親も参加することがあって、とても感謝されちゃうんだよね。私なんかは、一緒に楽しんじゃってるだけなのに」
> 「そっかあ…じゃあさ、私考えてみるよ。もう少し待ってて」
> 星野さんは、ボランティアをするために、もう少しだけ障害児について調べてみたいと思った。

Practice

1．星野さんが、最初、ボランティアに行くことをためらったのはどうしてだろうか？　また、これからボランティアに行く前に、障害児たちの情報をどのように集めようと考えているのだろうか？

2．自分が配属された実習先の利用者（個人、家族、グループ、地域の人々）をイメージしてみよう。彼らはなぜサービスを利用するようになったのだろうか？　彼らにはどのような特徴があるだろうか？　具体的な統計などからも調べてみよう。その後、彼らに関する物語、エッセイなども読んでみよう。

3．実習先の利用者や実習指導者は実習生をどのようにみているのだろうか？

Lecture 4

■利用者に関する特徴や情報を得ることで、自信をもって実習に臨める

実習開始前に、可能な限り利用者について知ろう。障害、疾病の種類をはじめ、サービスを利用する理由、解決すべき問題や課題、ニーズなど、実習でかかわるであろう利用者に関するさまざまな情報を得ることで、それらを実践で活かすことができる。星野さんは、ボランティアに対して最初、不安を感じていた。それは、障害児についてよく知らないためであった。そこで、もっと子どもたちの情報を得ることで、自信をもって実践したいと考えた。このことは、実習においても同じである。利用者について学ぶあらゆる情報を集約することで、自信をもって実習に臨むことができるのである。

■どのような人々がどのような経緯・理由・思いでサービスを利用しているか考える

あなたが実習する施設や機関のサービスを利用している人々はどのような人なのか、どのような経緯や理由でサービスを受けているのか、また、その人々の思いはどのようなものなのかを調べてみよう。その人は、生活保護を受給することになったひとり親家庭かもしれないし、事故で中途障害を負い自立生活をあきらめざるを得ない人かもしれない。あるいは、慢性疾患で入退院を繰り返す人、暴力や虐待を受けて苦しむ女性や子どもたちかもしれない。彼らに関する情報を、まずは大まかな統計上のものから調べ、その後、気持ちを綴るエッセイなども読んでみることで、彼らの思いを知るきっかけとなる。

利用者の思いを知るということは、利用者に関心を向けるということであり、そこから関係が築き上げられていく。実習が始まる前から利用者の立場に立って考えることは、実際に利用者との関係を築き始める際に役立つ。

■人々と同様、地域にも特性があることを知る

世の中に全く同じ地域は存在しない。それぞれの地域に別々の人々、課題が存在する。自然環境や歴史、文化、伝統、慣習、産業、社会資源等にしても当然違いがあり、それが特性につながっている。あなたの実習がもし地域に働きかけるものならば、こうした地域の特性をよく理解しなければならない。

ある古い町には、多くの急な坂がある。ここに住む高齢の人々の抱える問題は、こうした坂を歩きながら買い物をしなくてはならないことである。こうした地域の人々の抱える課題やニーズを事前に知っておけば、その地域で展開されている送迎サービスなどの意義をよく理解できるに違いない。

■実習生は、利用者や職員の思いを知ったうえで実習に臨む

利用者は支援を受ける過程で、自分のプライベートな出来事や課題を見ず知らずの実習生にさらけ出すことになる。そのとき、利用者は実習生をどのようにみているだろうか？ ある利用者は、「実習生は、家族のようなよき理解者であってほしい」と願っているかもしれないし、また「将来立派な専門職になってもらいたい」と願って、話を打ち明けているかもしれない。

また、なぜ多くの実習指導者が、多忙な業務の合間をみて実習生を受け入れるのだろう？ それ

は「後継者の育成」という使命感によるところが大きい（このことは社会福祉士の行動規範にも「公正で誠実な態度で後進の育成に努め社会的要請に応えなければならない」と記されている）。実習指導者は、自分たちの後継者を育てるために最善を尽くそうとしており、そのことが将来、利用者の利益につながっていくと考えている。

　実習は、実習生一人で行えるものではない。利用者や実習指導者、教員をはじめ、多くの人々の協力があって成り立つということを認識したうえで、実習生は実習に臨むべきである。

■授業をはじめとしたさまざまな情報収集の方法を知り、活用する

　これまで「利用者を理解する」ことの大切さを学んできた。ここでは、具体的な情報収集の方法についてふれたい。

　まず、基本となるのが学校の授業である。障害や疾病の種類など、基本知識をはじめ、事例研究、福祉現場で働いている人をゲストに招いた講義などを通して、利用者の生活実態やニーズなどが理解できる。授業以外では、書籍や官公庁がとりまとめた資料、インターネット、先輩の経験談や個人で行うボランティア体験も活用できる。生まれたばかりの赤ん坊が五感をフルに活用するように、さまざまな手段を活用し情報を収集してみてほしい。実習前に得る利用者の特徴や情報は、基本的で大まかなものかもしれないが、それらをしっかり理解することで、実習でかかわる利用者一人ひとりの個性を理解する基礎となる。

利用者に関する情報収集

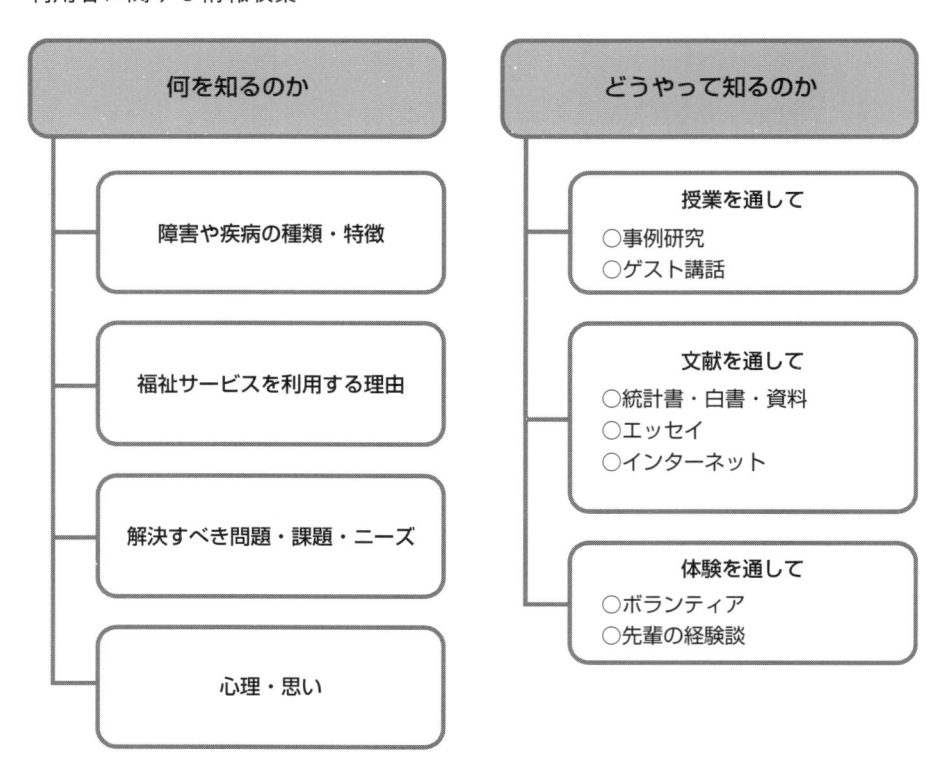

何を知るのか
- 障害や疾病の種類・特徴
- 福祉サービスを利用する理由
- 解決すべき問題・課題・ニーズ
- 心理・思い

どうやって知るのか
- 授業を通して
  - ○事例研究
  - ○ゲスト講話
- 文献を通して
  - ○統計書・白書・資料
  - ○エッセイ
  - ○インターネット
- 体験を通して
  - ○ボランティア
  - ○先輩の経験談

Close the Door

　帰宅後、星野さんは知的障害について勉強したときの教科書をもう一度読み返してみた。そこでは、障害者を取り巻く社会情勢や生活実態、障害者にかかわる法体系などを再確認した。インターネットを使って知的障害児の特徴や概要についても調べてみた。
　また、翌日は図書館に行き、知的障害児に関する本を何冊か読んでみた。教育、生活、運動、心理など、さまざまな視点で書かれていた。そのなかで障害児をもつ母親の視点で書かれた手記があった。思わず星野さんは読み入ってしまった。読後、何となくではあるが母親の気持ちがわかったような気がした。
「私はこういう人たちとかかわるんだな」
　ぼんやりとではあるが、知的障害のある子どもたちのイメージが湧いてきた。そして明日、裕子さんにボランティア参加の意思を伝えようと思った。

Thought & Feeling

学生
本やインターネットに書かれていることは大まかなことが多くて、実際は裕子が言うように、いろいろな人がいるのだと思う。でも、これからかかわる人たちについて知ることで少し不安もやわらいだ気がする。実習も同じだと思う。実際に利用者と直接かかわることで相手を知るのだと思うけれど、実習に行く前から利用者のことをできるだけ知っておくことが大切だと思う。

教員
学生は障害や疾病などについて勉強する。それらを知ることは利用者とかかわるうえで大切なことであるが、それらはあくまでその人の一部でしかない。実際には障害や疾病の特性を理解しつつも、この人は今までどのような生活をしてきたのか、現在どのような課題を抱えているのか、本人としては将来どのような生活を望んでいるのか、さまざまな視点から広く深く相手を知ることが重要となる。

3．実習指導者の仕事を知る

Open the Door

「どんなところに実習に行きたいですか？」
「はい、私は障害者の就労支援施設を希望します」
　二宮先生の質問に波多野さんは明るく胸を張って答えた。
「そうですか。もうこの時期に希望する実習先が明確になっているんですね。そこを希望している理由を教えてくれますか？」
「私は高校の時、地元の知的障害者の授産施設に1日だけボランティアに行ったことがあるんです。そこの職員さんたちは、ずっと利用者さんと一緒になって同じ作業をしていました。昼食も利用者さんと一緒に食べて、友達のように話していました」
「そうでしたか。よい経験だったのですね。職員たちは、ほかにどんな支援をしていましたか？」
「面接室とかはなかったから、職員さんは相談援助なんてやってないんじゃないかな。それに、ほかの機関とのかかわりも全くなかったから、業務的にも楽そうにしていました」
　二宮先生は、少し考えた後、次のように話した。
「そうですか…もしかすると波多野さんが見たのは、仕事のほんの一部じゃないですか？　それに、ボランティアと実習とでは、また違ったかかわりになると思いますよ」

Practice

1．波多野さんは、1日だけのボランティアの経験から、実習先での仕事をイメージしていた。二宮先生は、波多野さんに何を教えようとしていたのだろうか？
2．希望する実習施設や機関の実習指導者は、普段どのような業務をしているのだろうか？　可能な限りリストアップしてみよう。ゲストスピーカーなどを招く機会があれば、そこでの話をまとめてもよい。
3．ボランティアなどで、職員や実習指導者の実践を観察する場合、どのような点に注目したらよいだろうか？

■相談援助にかかわるうえで必要な知識・技術を確認しておく

　実習先が決まった際、そこで求められる知識や技術は何かをあらためて確認しておく必要がある。波多野さんがもう一度障害者支援施設（旧・知的障害者授産施設）に行くならば、今度は作業を一緒にするだけではなく、利用者との関係をより深めるためのコミュニケーション法や彼らの暮らしの質を高めるため活用できる社会資源を探すことが求められるだろう。同じように、福祉事務所に実習に行けば福祉行政に携わるうえで福祉六法の知識が求められるし、社会福祉協議会に実習に行けば地域アセスメントや地域住民と関係を築くなどコミュニティワークに関する技術が求められる。こうした専門的知識や技術を確認したうえで実習に臨むことで、実習先では、実習指導者の業務を観察して、理解を深めることができる。

■実習指導者の主な業務内容について知る

　実習指導者となる社会福祉士は、法的には「社会福祉士の名称を用いて、専門的知識及び技術をもって、身体上若しくは精神上の障害があること又は環境上の理由により日常生活を営むのに支障がある者の福祉に関する相談に応じ、助言、指導、福祉サービスを提供する者又は医師その他の保健医療サービスを提供する者その他の関係者との連絡及び調整その他の援助を行うことを業とする者」（社会福祉士及び介護福祉士法第2条第1項）と定義されている。これはジェネリック（一般的）なソーシャルワークをイメージしている。

　しかし、現実には、実習指導者が所属している機関やそこで福祉サービスを受ける利用者の異なるニーズに合わせてサービスを提供するため、必然的に実習指導者の業務内容は分野ごとに違ってくる。つまり、実習ではジェネリックな業務に加え、スペシフィックな（特定の分野の）ソーシャルワークを実践することになり、実習先での実習指導者が、普段どのような仕事を行っているのかということに注目する必要がある。

■実習指導者の専門的技術に気づく力が求められる

　実習指導者は、日常生活の何気ないかかわりのなかでスペシフィックな専門的技術を駆使していることも多く、実習生が観察しても、すぐに専門的技術と気づくことが難しい場合がある。ある病院の実習指導者は、とてもスローなテンポで患者と話していた。実習生は最初、それがその実習指導者の個性だと思っていたが、その人が会議で流暢に話すのを聞いて、相手の疾患に応じて話し方を変えていることに気づいた。こうした技術に気づけるようになるには、実習生はどんな訓練をしておくべきだろうか。

　まず、人々の言葉や表情、態度、周囲の状況などを注意深く観察する訓練を積んでおくこと、次に、実習指導の授業では事例研究に取り組んで、さまざまな解決方法を話し合い、必要な場合には質問をする態度を身につけることが大事である。また、先輩の話を聞いたり、現場からゲストスピーカーなどを招く場合は、彼らの語るケースと解決までのプロセスに耳を傾け、スペシフィックな専門技術を見出す貴重な機会としてほしい。専門的知識や技術は洞察力や感受性が求められ、一朝一夕では身につけられないが、気をつけて観察することで気づくことができる。

■実習先と関連のある社会資源を整理する

　実習先では、さまざまな社会資源ともかかわる。そこで実習前に、あらためて社会資源に関する学習を深め、自分が行く実習先と関連があると思われる社会資源を整理しておくとよい。

　例えば、ある町は水産業が盛んで、そこにある障害者の支援施設では、地元の企業から魚のパック詰めの仕事を受注している。また別の施設では、割り箸を箸袋に入れる仕事や、ボールペンを組み立てる仕事を受注している。そのため、それぞれの施設の実習指導者は普段からこうした地域の会社ともつながりを深めようとしている。皆さんの実習先は、どのような社会資源とかかわっているのだろうか。また、このように社会資源を開発し活用するには、どのような技術が必要なのだろうか。これらのことを考えておけば、後に実習指導者の実践をより深く観察できるようになる。

■関連する他職種の業務を観察し、実践することからも専門的な気づきが得られる

　各機関や施設によって違うものの、総じてソーシャルワーカーの業務範囲は広い。そのなかで、他職種が行うようなことをソーシャルワーカーがすることもあり、実習生もそれを経験することがある。そのとき「これはソーシャルワークの実習ではないから必要ない」と決めつけないように、今から関連する他職種の業務も整理し、互いの分野の共通点と相違点を理解しておこう。

　重症心身障害児施設に行ったある実習生は、実習中に外来診療を見学する機会があった。当初その実習生は、なぜ診察場面の見学をする必要があるのかわからなかった。しかし、実際に見学すると、医師による十分な説明はソーシャルワークにも通じる大切なものだと思ったし、家族の言葉からは在宅生活を送るうえでのいくつかの課題が浮き彫りとなった。例えば、高齢者施設で一部介護実習のようなことをしても、児童施設で一部保育実習のようなことをしても、そこから得られる気づきが必ずある。その気づきは、利用者を総合的に理解するうえで重要なものとなる。

■実習で活かせそうな自分の強みを把握しておく

　自分自身の強みが利用者との関係を築くきっかけになることがある。筆者は学生時代、ある知的障害者の施設に数回ボランティアに行ったことがある。その施設に行くたびに「お兄さん、ギター弾ける？」と聞いてくる女性利用者がいた。自分は弾けなかったが一緒に参加した友人が弾けたため、彼女に大人気だった。自分の自慢できるもの、魅力的なもの、活用できるもの、趣味や特徴などを普段からもっておくことで、実習中、自分の武器となり自信につながっていく。

Close the Door

　その日のサークルで、波多野さんは山本先輩に二宮先生との面接の様子を話した。
「波多野さん、それは君の勘違いだよ」開口一番、山本先輩は優しくたしなめた。
「俺も障害者の就労支援施設に実習に行ったからわかるけれど、職員は利用者と全く同じ作業をしていればよいってことはまずないよ。それに面接室の中だけでするのが相談援助じゃないよね。日々、利用者と同じ作業をするなかで、彼らのちょっとした発言や表情から支援が始まることだってあるし、そこには相談援助に必要な知識や技術がちりばめられているはずだよ。それと、俺が行った施設は外注の作業が多かったけれど、それは職員さんが足で稼いで、地域の中から見つけてきた作業だったんだ。それって社会資源の開発っていうことになるんじゃないかな」
　話を聞いた波多野さんは、とても恥ずかしくなってしまった。確かに職員は、作業をしながらもしっかりうなずきながら利用者の話を聴いていたし、波多野さんたちが行った作業は、ボールペンを組み立てる外注作業だった。山本先輩が言ったことそのままだった。

Thought & Feeling

学生
　先輩に指摘されて、実習とボランティアでは観察する視点が違うんだとあらためて痛感した。実習に行くまでに実習指導者の業務内容や、実践で必要な知識・技術もしっかりと理解し、確認しておきたい。また、ゲストスピーカーの話をもう一度思い出すことや、事例研究もやっておきたい。

教員
　ソーシャルワーカーの仕事がよくわからないという話を聞く。実習では、法律に謳われているジェネリックな内容を、特定の分野ごとに、どのようにスペシフィックな専門的知識や技術に変えて実践しているのかを具体的に見てきてほしい。そして、観察力を高めるために、普段から質問をする態度を身につけてほしい。

4．自分自身を探る

> **Open the Door**
>
> 「これまで実習先や利用者について調べてきましたが、今日は自分自身のことについて考えてみましょう。皆さんは、自分がどんな人なのか、どれくらい知っていますか？」
>
> 　実習事前学習の授業で、大野先生はそう言って、「自己理解チェックリスト」という資料を配布した。チェックリストには、「相手の話をよく聴く」「初めての相手にも自分から声をかける」「基本的に何でも食べる（好き嫌いがない）」などの項目が並んでいた。大野先生によれば、これらの項目は、どの実習先でも共通して必要な内容だという。
>
> 　「えーっ、なんで自分のことなんですか？」「全然できてない」と恥ずかしそうに声をあげる学生もいれば、「自分のことって意外と考えたことがなかったな」と興味津々でリストを眺めている学生もいた。学生たちはそれぞれに反応しながら、チェックリストに取り組み始めた。

Practice

1．自己理解チェックリスト（26頁参照）に取り組んでみよう。その後、実習に先立って自分自身を理解することはなぜ大切なのか、その意味について考えてみよう。

2．自分について理解することを、実習ではどのような形で活かせるだろうか？

3．自分を理解するためには、チェックリストのほかにどのような方法があるだろうか？

Lecture

■他者を理解することは、自己を理解することから始まる

　人を理解する際、客観的あるいは絶対的な基準というものがあるわけではない。そのため、誰かを理解しようとする際、私たちは自分の色メガネを通して相手を理解する。同じ相手であっても、人によって評価が異なるのは、評価する側がそれぞれに異なった色メガネ、つまり異なった価値観や評価基準によって、その相手を見ているからである。

　ソーシャルワークを展開するうえで、利用者を理解することは最も基本的かつ重要な原則である。このことは実習においても同じであり、実習生として他者を理解しようとするならば、自分が

どんな色のメガネをかけているのか、自分の価値観や評価基準はどんなものなのか、自分はどんな人なのかを、まず心得ておくことが大切である。

　自己理解が不十分、つまり自分に対する理解に偏りがあると、他者に対する理解も無意識のうちに主観的で偏りのあるものになりかねない。例えば、自分が気短なタイプであることに気づかないでいると、相手ののんびりした態度に過度にイライラしたり、批判的になったりするかもしれない。自分でわかっていれば、「自分は短気だから、のんびりタイプの人にイライラしがち」と自分の傾向を受け止めることができる。また、威圧的な相手にビクビクしてしまうのは、自分がおとなしくて言い返せないタイプであるからかもしれない。そんな自分のことを理解していれば、「こういうタイプの人は、ちょっと苦手だなあ」と距離を置きながら、相手にそれほど圧倒されることなく対処できるだろう。

■さまざまな人々とのかかわりから自己理解を深める

　自己理解は、さまざまな人々とのかかわりのなかから深まっていく。つまり、自分の特徴に気づくのは他者とかかわるときである。あなたは日頃、どんな人たちとかかわっているだろうか。学生時代は自分と同じような立場や年齢の人たち（同じ学校やバイト先の仲間など）、また同じような趣味をもつ人たちとだけ付き合う傾向にあるかもしれない。もしそうだとしたら、自分の交友範囲がいかに限定的であるかをよく自覚し、あえて異なるバックグランドの人たちと付き合ってみるとよい。家族や友人のような慣れ親しんだ関係のなかだけにいると、自分のことになかなか気づくことができない。学校の先生やバイト先の上司、ボランティア活動で知り合った人や地域の人々のように、少し年齢差や距離感のある人たちとも付き合いながら、新たな自分を見つけよう。さまざまな人たちとのかかわりのなかで、これまで気づかなかった自分が見えてきて、自己理解はさらに深まる。27頁の他者評価チェックリストも活用してみよう。

■学生の自己評価と実習指導者の学生に対する評価にはズレがある

　実習生と実習指導者との間での評価にはズレが生じることが多い。実習生が「自分なりによくできた」ととらえたとしても、実習指導者からは「自分から質問するなど、もっと積極的になってほしい」「実習の目標を明確にし、自分から行動できるようになってほしい」などと指摘されることがある。一方、実習指導者からは好評であるのにもかかわらず、実習生自身は「自分はできていない」と過小評価することもある。さらに、どういう点でよくできているか、あるいはどういう点に課題があるかという見解についても、実習生と実習指導者の間で評価が異なることもある。そのため、実習生は自分のふるまいについて自己だけで判断せず、現場の職員や利用者に自分はどう映るかという「相手の視点」をもち合わせながらチェックするとよい。さまざまな人たちから自分に対する評価を率直に伝えてもらうことで、自己理解はさらに深まっていく。

■ありのままの自分を受け止める

　自己理解を深めるうえで忘れてはならないのは、まず、自分のことをありのままに受け入れてみることである。ありのままに受け入れるということは、自分のことを善悪で判断するのではなく、

自分の長所や短所、強さや弱さ、誇りに思う点や恥ずかしく思う点、好きな点や好きになれない点などを、そのまま受け止めるということである。

　自分のことを他者との比較のなかで、善いか悪いか、優れているか劣っているかなどと受け止めたり、落ち込んだりするとしたら、それは自己理解の目的にそぐわない。自分はあの人よりはできるなどと相手を否定することで自分を評価したり、あの人の足元にも及ばないなどと相手をもち上げることで自分を卑下するなど、善悪や優劣によって評価しようとすると、他者を理解する際にも自分本位な基準によって相手を評価してしまいがちになる。先に述べたように、人を評価するのに客観的あるいは絶対的な物差しがあるというわけではない。支援者として大切なのは、相手を善悪や優劣によって比較し、判断することではなく、ありのままの姿として受け止めることである。そのためにも、実習生であるあなたは、まず自分自身を等身大のまま受け止めるように意識してみよう。

■自分という道具を実習のさまざまな場面で最大限に活かす

　利用者支援においては、支援者自身がそのまま支援の資本、道具となる。自分という道具を、実習でどのように活用することができるか考えてみよう。実習中は、相手の話をしっかり聴くこと、相手から学ぶこと、その場の雰囲気になじんで行動すること、さまざまな仕事に真剣に取り組むこと、自分からあいさつや質問をすること、自分の要望をきちんと伝えること、自分の過ちを素直に認めて適切に対処することなど、さまざまな自己が求められ、また活かされる。

　実習中に経験することのなかには、自分があまり慣れていないことや得意でないことも含まれる。例えば、自分よりずっと年上の利用者の話をじっくり聴いたり、障害者とレクリエーションやスポーツをしたり、自分の考えをしっかりと職員に伝えたり、定められた時間内で実習記録をわかりやすい文章でまとめたりなど、自分としてはあまり慣れていないことに挑戦することもあるだろう。

　実習中に経験する出来事を想定し、自分がどれぐらい経験したことがあるか、どれぐらい得意か、どれぐらい苦手かを、実習前に評価しておこう。得意なことは実習で活かし、さらに伸ばすようにしよう。苦手なことは必要に応じて事前に改善、克服できるように、準備しておこう。自分の不安を少しでも解消し、自信をもって実習に臨めるように、「自分を理解すること」を事前学習の一つの項目として、計画に取り入れてみよう。

Close the Door

　「さぁ、チェックしてみましたか？　それでは次に隣の人とペアになって、自己理解チェックリストに取り組んでみて気づいたことを、自由に話し合ってみてください」
　大野先生の指示に、学生たちは照れ笑いをしながらお互いのリストを覗き込んだ。
　「では、そろそろ発表してもらいましょう。樫原さん、いかがですか」

「かなり食べ物の好き嫌いがあることにあらためて気づきました。トマトやピーマンが苦手なんです。でも、児童養護施設に行くので、実習までにどうにか克服したいと思います」

「私は自分から質問したり、発言したりするのが苦手だなと思っているので、実習先でも心配だなぁって。でも、ペアになった土屋さんから『高齢者の施設でボランティアをした経験があるんだし、高齢者の話をじっくり聴くことから始めたら？』とアドバイスをもらい、自分が苦手なことを心配するだけじゃなくて、少しでも経験や自信のあることを積極的に活かしていこうと思いました」と別の学生が発言した。

大野先生は「皆さん、それぞれ自分のことで何か気づくことができたようですね。さて、この自己理解チェックリストに関連して、課題が二つあります。一つは、同年代の友達ではない誰かに頼んで、同じ項目で皆さんを評価してもらってください。他者の視点から、皆さんのことを評価してもらうのです。もう一つは、来週から皆さん一人ひとりと簡単な面接を行います。皆さん自身の自己評価と、私からの評価について、話し合いたいと思います。実習が始まるまで、まだ時間があります。自分の強みや弱みを知って、実習に活かしていってほしいと思います」

大野先生は、そう説明しながら、新たに「他者評価チェックリスト」の様式を配布した。

Thought & Feeling

学生

児童養護施設に実習に行くので、被虐待児の特徴や施設の機能などについて調べてきたが、自分自身のことについてはあまり考えていなかった。特に自分の弱みや不得意なことは、避けていた気がする。実習では、子どもたちと体当たりすることになる。自分のことをあらためてちゃんと考えてみよう。そして、自分のよさを積極的に活かしていきたい。

教員

自己覚知、つまり自分のことを知るって、簡単なことではない。自分の見たくない面が見えてくると、フタをしたくなることもある。でも、見方を変えれば、新たな自分が見えてくることでもある。これまで気づかなかった個性を発見するかもしれない。学生との面談では、彼らが気づいていないよい面も、積極的に伝えてみよう。学生には、自信をもって実習に臨んでほしい。

自己理解チェックリスト

氏名：　　　　　　　　　　　　　　　　記入年月日：　　　年　　　月　　　日

	項目	1：苦手　←　→　4：得意			
	A　受け止める力について				
1	相手の話をよく聴く	1	2	3	4
2	友達の秘密を守る（口外しない）	1	2	3	4
3	相手の態度や意見から学ぼうとする	1	2	3	4
4	その場の雰囲気になじもうとする	1	2	3	4
5	ゼミ、部活、バイト先などの集団に適応する	1	2	3	4
6	頼まれたことは快く引き受ける	1	2	3	4
7	自分の受けた仕事は責任をもってやり遂げる	1	2	3	4
	B　働きかける力について				
8	明るくきちんと挨拶する	1	2	3	4
9	初めての相手にも自分から声をかける	1	2	3	4
10	率直に「こうしたい」「こうしてほしい」と伝える	1	2	3	4
11	自分の間違いや至らなさに気づいたとき、素直に謝ったり、訂正・改善したりする	1	2	3	4
12	自分の意見を押し通すのではなく、話し合ったり、歩み寄ったりする	1	2	3	4
13	補佐的な仕事に積極的に取り組む	1	2	3	4
14	突然起こった出来事に柔軟に対応する	1	2	3	4
	C　その他の力について				
15	自分の気持ちの変化に敏感である	1	2	3	4
16	事前に計画を立てる	1	2	3	4
17	基本的に何でも食べる（好き嫌いがない）	1	2	3	4
18	ひと通りの家事（炊事、洗濯、掃除など）ができる	1	2	3	4
19	多少の環境の変化があっても、体調を崩すことはない	1	2	3	4
20	文章を書く（日記、手紙、レポートなど）	1	2	3	4

他者評価チェックリスト

被評価者：　　　　　　評価者：　　　　　　記入年月日：　　年　　月　　日

	項目	1：苦手　←　→　4：得意			
	A　受け止める力について				
1	相手の話をよく聴く	1	2	3	4
2	友達の秘密を守る（口外しない）	1	2	3	4
3	相手の態度や意見から学ぼうとする	1	2	3	4
4	その場の雰囲気になじもうとする	1	2	3	4
5	ゼミ、部活、バイト先などの集団に適応する	1	2	3	4
6	頼まれたことは快く引き受ける	1	2	3	4
7	自分の受けた仕事は責任をもってやり遂げる	1	2	3	4
	B　働きかける力について				
8	明るくきちんと挨拶する	1	2	3	4
9	初めての相手にも自分から声をかける	1	2	3	4
10	率直に「こうしたい」「こうしてほしい」と伝える	1	2	3	4
11	自分の間違いや至らなさに気づいたとき、素直に謝ったり、訂正・改善したりする	1	2	3	4
12	自分の意見を押し通すのではなく、話し合ったり、歩み寄ったりする	1	2	3	4
13	補佐的な仕事に積極的に取り組む	1	2	3	4
14	突然起こった出来事に柔軟に対応する	1	2	3	4
	C　その他の力について				
15	自分の気持ちの変化に敏感である	1	2	3	4
16	事前に計画を立てる	1	2	3	4
17	基本的に何でも食べる（好き嫌いがない）	1	2	3	4
18	ひと通りの家事（炊事、洗濯、掃除など）ができる	1	2	3	4
19	多少の環境の変化があっても、体調を崩すことはない	1	2	3	4
20	文章を書く（日記、手紙、レポートなど）	1	2	3	4

【評価者のコメント】

5．実習計画書の概要

「実習のテーマや計画書って何のためにつくるんですか？」
　木槌さんは、率直に質問した。
　木槌さんがソーシャルワーカーになりたいと思ったのは、ひとり親家庭で、生活保護を受けていた幼少期、担当のケースワーカーにお世話になった経験からだ。実習先は、福祉事務所を希望した。しかし、「実習で何が学びたいか？」ということを考えてみると、具体的には思い浮かばなかった。そこで、鈴木先生に相談したのだった。
「私は以前、介護職員初任者研修のなかで4日間実習に行きました。4日間なんてあっという間に過ぎてしまいましたが、今度の実習は約1か月です。まだ実習に行っていないので具体的にどんなことをするのかもわかりませんし、以前の実習では、学びたいことをあれこれ考えていったのに、結局、実習先のプログラムに従うような形で終わってしまいました。ですから、今回も相手のプログラムに従うしかないと考えると消極的になってしまうんです…。実習のテーマや計画書って、何のためにつくるんですか？」

Practice

1．木槌さんが実習計画をつくることに消極的なのはなぜだろうか？　木槌さんのために、「なぜ実習計画をつくるのか」を説明してみよう。
2．実習先で学びたいことを書き出してみよう。その理由は何だろうか？　学びたいことを実習テーマにまで深めるには、どうすればよいだろうか？
3．それぞれの実習テーマを達成するための課題や方法について話し合ってみよう。

Lecture

■まず、用語と概念を整理する

　本書では、実習テーマを上位概念として用いて、そこにたどり着くために達成課題があるとシンプルに表現している。
　養成校ごとに用語は異なるが、共通した意味で、実習テーマは大目標、達成課題は小（中）目標、学習課題などと呼ぶこともある。いずれにしても、実習計画は、実習テーマ（大目標）を深め、理解するための達成課題

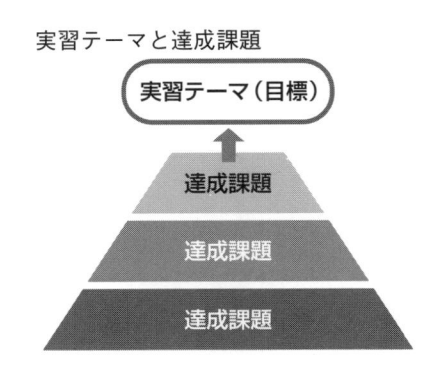

実習テーマと達成課題

（ピラミッド図：上から「実習テーマ（目標）」、「達成課題」、「達成課題」、「達成課題」）

（中あるいは小目標）をまとめたものである。なお、達成課題に取り組むには具体的な方法が必要になるが、それらについては、実習施設や機関の実習指導者との調整により提供されることになる。

■実習テーマや計画を立てることの意義を知る

　もし、実習において、テーマや達成課題などの計画書がなかったら、その実習はどのようになるだろうか。せっかく貴重な学習機会を与えられても、それは目標意識の低い、達成感のない実習になってしまうだろう。実習テーマや達成課題をもつことで、実習生は、それらを絶えず考え、探求しながら実習できる。その結果、関心や意欲は高まり、達成感と自信を得ることにつながる。

　木槌さんが経験したように、実習施設側には実習プログラムがある。受け身に考えると、「決められたプログラムでいい」ということになる。しかし、学びたいことを自ら深め、テーマや達成課題として計画書に書き込む過程は、ソーシャルワーカーにとって意義ある学びとなる。

■実習計画を考えるために下調べを行う

　実習計画を考えるにあたっては、まず、自分の行く実習先施設種別ではどのような実習内容が提供されているか、イメージをもとう。例えば、昨年の実習報告書で自分の行った施設がある場合には、その内容を確認して、実際に実習生がどのような実習をしたのかを確認しよう。自分の行った施設がない場合は、同じ施設種別で実習生がどのような実習をしたのかを確認しよう。また、パンフレットやホームページなどで施設の概要や方針を確認し、そこで自分の実習テーマを深められるかも確認しよう。

　次に、厚生労働省通知「社会福祉士養成施設及び介護福祉士養成施設の設置及び運営に係る指針について」（平成20年3月28日）の規定にある教育内容のねらいと教育に含むべき事項や社団法人日本社会福祉士養成校協会が作成している「相談援助実習ガイドライン」を参考にして、そのなかに実習で自分がやりたい内容が含まれているかを確認してみよう。イメージが定まったら、自分が実習で学びたいことを、思いつくままに書き出してみよう。

◇実習計画書の概要

　実習計画書の書式は養成校によってさまざまであるが、共通する内容として、前半には主に実習生に関する以下のような情報を記す。

実習計画書（サンプル）

学部・学科・学年	学籍番号	氏名
実習施設・機関名		
実習期間		
実習先を選択した理由		

計画書の核となるのは、後半の実習テーマと達成課題である。実習テーマは大きな目標であり、一息では達成できない。そのため、実習生は小さな具体的達成課題と方法をもつことになる。この実習テーマと達成課題が、合致しているかどうかを確認しなくてはならない。なお、施設や機関の実習プログラムは、近年、職場実習、職種実習、ソーシャルワーク実習という三つの段階を意識して行う方向に移行しており、こうしたプロセスも想定しておく必要がある。さらに事前学習の状況を伝えておくことで、事前訪問での調整はスムーズに運ぶ。実習テーマとあまり関係のない達成課題がみられる場合や事前学習が実習テーマにそぐわない場合もあるので、実習指導者の指導をよく受けながら完成させてほしい（実習計画書の記入例は、36、37頁参照）。

実習テーマ
達成課題（職場実習、職種実習、ソーシャルワーク実習）
事前学習

■関係者が見てもわかる言葉で書く

　計画書は、自分だけがわかる言葉ではなく、関係者が見てもわかる言葉で書くように心がける。また、抽象的な意味を含む言葉にも気をつけたい。例えば、「関係」「連携」という言葉を使用するときは、誰と誰（どことどこ）の関係（連携）なのか、より具体的に示す。また、「コミュニケーション」「ニーズ」などの言葉にも曖昧さがある。それは、一体何を意味しているのか、例えば、誰とのどのようなコミュニケーションなのかなど、ほかの言葉でも言い換えながら、しっかりと意味を理解しておく。

◇実習テーマと達成課題・方法の具体例

実習テーマ	達成課題・方法
利用者を理解する／利用者の抱える生活上の問題を理解する。	利用者の声に耳を傾ける。利用者の生活歴を知る。利用者のニーズをアセスメントする。個別支援計画を作成する。
利用者を尊重した適切な支援の方法を学ぶ。	面接や対話を通して、効果的なコミュニケーションを行う。
施設や地域における他職種連携・チームアプローチについて学ぶ。	施設や地域でのケースカンファレンスなどに出席する。
地域包括支援センターのソーシャルワーカーの主な業務について学ぶ。	総合相談への対応を学ぶ。権利擁護活動の実際のケースについて学ぶ。

■実習計画書は事前訪問時に実習指導者と調整することで完成する

　書き上げた実習計画書はあくまでも可能性を示しているものであり、教員や実習指導者との話し合いや調整でその内容は変わっていく。実習先では、基本的なプログラムがあり、そこから有意義な経験を提供しようとする。実習生は、事前訪問時に完成させた計画書を持参してテーマと達成課題を説明し、学習可能かどうか、また、具体的な方法について調整することになる。

Close the Door

　木槌さんは、テーマを「福祉事務所の多岐にわたる業務を理解し、ソーシャルワーカーが行う地域づくりについて学ぶ」と書いて先生のところに持っていった。
　「このテーマならば、実習できそうですね。木槌さんは、実習で学びたいことがあるじゃないですか。そのことをしっかりと書いておけば、いつも意識するし、何をしたら達成できるだろうと考えると思います」
　鈴木先生は、木槌さんに、来週までに、具体的な達成課題や方法を考えてみるように勧めた。

Thought & Feeling

学生
　実習テーマを深めるために、本を数冊読んでみた。歴史的な部分や制度の変化、最近ではどのように考えられていて、何が課題となっているのか。利用者や地域の人々を想像して具体的イメージをもちながら読み込んだことで、実習テーマをもつことが大切だと理解できた。

教員
　よく「権利擁護」とか「介護保険制度」という言葉を目にするが、単に辞書で意味を調べるのではなく、まず法律に照らして理解することが重要である。また、新聞記事やニュースではどのように取り扱われているのかを確認しながら学習することや、事例研究を通して実習で起こりそうな場面を想定することによって、実習テーマに近づくことができる。

6．実習テーマ・達成課題を深める

Open the Door

　これまで実習先のことを調べたり自己理解に取り組んだりしてきた波多野さんは、授業の宿題で、実習テーマとそれに近づくために取り組むべき達成課題を書くことになった。最初の項目には「ソーシャルワーク実習で、希望する実習先を選んだのはなぜですか」とあり、次に「ソーシャルワーク実習で何を学びたいですか」と続いた。

　波多野さんは、正直、これらの項目で詰まってしまった。というのも、大学で社会福祉を学ぼうと思った理由も、実習先に障害者の就労支援施設を選んだ理由も、他人に言えるような立派なものではないと感じていたからである。

　ソーシャルワーク実習で学びたいことについても、先輩たちの実習計画書をまねて書けばよいという程度に考えていた。これまでにテキストのなかで紹介された実習計画書のモデルや先輩たちが書いた実習計画書は、ほとんど同じような内容で大差はないというのが正直な印象だった。だから、今さらなぜ自分が障害者の就労支援施設で実習するのか、実習で何を学びたいのかと問われると、自分の考えは定まらないし、うまく言葉も見つからなかった。

　「障害者の就労支援施設に行こうと思ったのは…」。波多野さんはずいぶん前のことのように、高校時代のことを思い返していた。

Practice

1．ソーシャルワークを初めて志したときの気持ちを思い返してみよう。それはいつのことで、なぜソーシャルワークだったのだろうか。これらのことを思い返すことで、どんなことに気づくだろうか。

2．実習に向けて、実習テーマや達成課題を考えてみよう。これらのことを深く考えてみることに、どのような意味があるだろうか。

3．実際に、実習テーマや達成課題を書き出して発表してみよう。ほかの人の発表から何を学んだだろうか？

4．実習テーマや達成課題に取り組むために、具体的にどんな事前学習ができるだろうか。

Lecture

■ソーシャルワークを志したときの気持ちのなかに、学びたいことのヒントが隠されている

　ソーシャルワークを学んでみたいと最初に思ったときの気持ちをあらためて思い出してみよう。人によってそれぞれであるが、その気持ちが今の自分につながっているという点では同じである。ある人は、何か衝撃的、あるいは印象的な出来事に遭遇して、強い意志をもってソーシャルワークを志したのかもしれない。別の人は、何となく漠然とした気持ちで誰かの役に立ちたいと思ったのかもしれない。またある人は、自分で何を勉強したいかわからないでいたときに、誰かに勧められて、「自分に合っている」と思ったのかもしれない。波多野さんは、自分の高校時代のことを思い出してみた。このように、そのときの気持ちがどんなものだったのか、振り返って考えてみよう。たとえ「何となく」という程度だったとしても、そのときの気持ちのなかに、これからの実習を通して学んでみたいことや経験してみたいことの小さな種がちりばめられている。

　ここでは、実習テーマや達成課題をどのように深めていくのかを、フローチャートに沿って示す。

■実習で学びたいことを主体的に探る——実習への動機、意欲を高める

　「実習で何を学びたいか？」と問われたとき、波多野さんは答えに詰まった。あなたも同じ気持ちを感じたことがあるかもしれない。また、「実習では何が学べるのでしょうか？」と逆に教員に問いかける学生も多い。確かに、法令で定められたカリキュラムやガイドラインの示す範囲を参考に「学ぶこと」を考えることもできる。しかし、そのなかにおいても、可能な限り主体的かつ真摯に自分が学びたいことを見出す努力が必要である。そうすることで、実習への興味、動機、意欲は高まっていく。

　実習で学びたいことを考えるのが難しい理由は、主に実践経験がないことにある。実習のイメージがつかめないのである。そこで、まずは実習への意欲を高め、数日でも、ボランティアや見学実習をすれば、さまざまな学びたいことに出会うことができる。事例研究やビデオ教材、書籍、同じ分野での実習報告書などを入念に読むだけでも、イメージは豊かになり、より主体的に学びたいことを発見できるだろう。

実習テーマ・達成課題を深めるプロセス

- ソーシャルワークを志したときの最初の気持ちを確認する
- ↓
- 実習で学びたいことを探る
- ↓
- 実習への興味、動機、意欲を高める
- ↓
- 実習テーマを設定する
- ↓
- 達成課題を設定する

■実習テーマ——達成課題を設定する

　実習で学びたい事柄を深めていくと、実習全体を通して深めたい大きなテーマに行き着く。例え

ば、障害者の就労支援施設の利用者について関心があるとする。これを深めていくと、「障害者の就労支援施設を利用している障害者にとって、自立とは何か」などのテーマを考えることもできる。このテーマを深めるにあたり、「障害者の就労支援施設は何のためにあるのかを明らかにする」「自立とは何かを考える」「障害者の自立に向けてのプロセスを理解する」「障害者の自立を支援する人々は誰かを考える」「障害者の自立のためにどのような支援が必要かを知る」など、いくつかの達成課題が思い浮かぶだろう。

また、「これからの障害者の就労支援施設はどうあるべきか」というテーマを設定することもできる。このテーマを深めるにあたり、「障害者の就労支援施設は何のためにあるのかを明らかにする」「障害者の就労支援施設がつくられた背景を理解する」「障害者の就労支援施設が直面している問題や課題を明らかにする」など、同じようにいくつかの達成課題を挙げることができるだろう。

これらの課題のなかには、実習前から事前学習を始めることができるものもある。実習前に自分のテーマをできるだけ明確にすることで、事前に学習を進め、より焦点を定め、具体的な達成課題をもって実習に取り組むことができる。

■限られた期間内で事前学習を計画的に進める

自分なりの実習テーマや達成課題をあげることができたら、その課題に取り組むために、何を、どのような方法で、いつまでに調べるのか、事前学習の計画を立ててみる。

事前学習を進める際には、できるだけ複数の方法を考えてみよう（例えば、「インターネットで調べる」が唯一の方法にならないように工夫しよう）。

一人でできる方法としては、
- 書籍・論文・新聞を読む、インターネットで検索する
- 誰かに質問する（教員、当事者、実習先の職員、先輩など）

などが考えられる。その他に、グループ学習もあるだろう。

それぞれの事前学習について、どういう順序で、いつ頃までに取り組んでいくべきか、優先順位を考えてみることで、どのように実習テーマに近づいていけるのか、自分なりにイメージしてみよう。限られた期間内で事前学習を効率よく進めるためには、優先順位を考えながら、具体的な事前学習の計画を立てることが不可欠である。

Close the Door

波多野さんは自分なりに考えた実習テーマと達成課題を持参して、二宮先生と2回目の面談することになった。

「高校生のときに知的障害者の施設でボランティアをしました。知的障害のある人たちと一緒に作業するのは生まれて初めてのことで、自分は何をしたらよいのかわからず、行く前は緊張していました。でも、実際に行ってみると、利用者はみんな自分の仕事内容を心得ていて、一生懸命に仕事をしていました。少女向けの雑誌に付録を入れていくという作業で、私が毎月買っている雑誌は、こうやっ

てつくられるのかと知って感動しました。昼休みは皆さんといっしょに楽しくお昼ご飯を食べたり、利用者から親しそうに質問されたりして、うれしかったです。それで、こういう障害のある人たちの笑顔を見ながらサポートするのもよいかなと思って…」

二宮先生は「今度はボランティアではなく実習になりますけれど、どんなことを学んでみたいですか」と尋ねた。

「今回は、ソーシャルワーカーになるための実習になります。利用者が何を目指して作業しているのか知りたいし、利用者の目標に対して、ソーシャルワーカーとして何ができるのか、何をすべきなのかを考えてみたいです。また、実際に支援できるようになりたいです」と波多野さんは答えた。

「高校生のときのボランティアの経験を土台に、次のテーマを考え始めているようですね。前回とは違うソーシャルワーカーとしての経験にするために、何を、いつまでに、どんな方法で学習しておけばよいか、事前学習の計画を立ててみましょう」二宮先生はそう言って、波多野さんが持参した実習テーマと達成課題のシートに目を移した。

Thought & Feeling

学生

「高校時代にボランティアを経験したから、きっとまた同じような感じだろう」と甘く考えていた。もう一方で、「今さら実習って言われても、どうしよう。高校のときと何が違うんだろう」と焦ってもいた。高校時代の経験も、今度の実習も、せっかくのチャンスなんだ。自分のなかで二つの経験をつなげていけるようにしよう。今回は、特に、ソーシャルワーカーとしてかかわる視点を意識してみたい。

教員

実習のテーマとか達成課題と言われても、ピンと来なかったり、当たり前のことを書いてきたりする学生がいる。実践経験の少ない学生にとって、どうしたらその学生らしい実習計画を立てていけるのかは難しい。教員として、その学生のこれまでの経験や将来に対する考え方などをある程度わかっていなければ、なかなかアドバイスはできない。授業や個人面談などの機会を通して、学生を知る機会をもっとつくらないと！

実習計画書の記入例1

ソーシャルワーク実習計画書

学籍番号　3A000017　　　氏名　平田　○○

〈実習計画書の確認印〉

実習生	実習指導者	担当教員
平田　○○　㊞	二宮　○○　㊞	国村　○○　㊞

1．実習先：中央病院（急性期病院）
2．実習テーマ・目標
　・「生活のための医療」における社会福祉士の役割を理解する。
3．実習の具体的達成課題と方法
　・病院における患者および患者家族の抱える生活課題を抽出する。
　・面接技法について学ぶ。
　・インテーク面接に取り組んでみる。
4．事前学習の内容／参考資料・参考文献一覧
　・法人のパンフレットを読み、実習病院の概要を調べる。
　・医療ソーシャルワーカー業務指針を読み学習する。
　・医療保険、介護保険、障害者総合支援法について学習する。
　・疾病や医療用語について学習する。
　・関係職種について調べる。
　・相談援助での面接技術を復習する。
5．実習先への希望・要望等
　・インテーク面接を実際に行わせていただきたい。
6．実習の具体的達成課題とその学習方法　関連項目

	取り組みたい課題	学習方法（どんな場面、どんな経験を通して）
職場実習	(1)病院の概要、役割、機能、法的位置づけを理解する。 (2)病院の組織、病棟、部署を理解する。 (3)利用者の実態把握、入退所の動向を知る。 (4)地域特性を理解する。	(1)病院の概要、役割、機能、法的位置づけについて見学および講義を受ける。 (2)病院の組織、病棟、部署について見学および講義を受ける。 (3)年間データを閲覧し講義を受け、動向について理解する。 (4)地域特性について講義を受ける。
職種実習	(1)MSWの役割と配置されている意義を理解する。 (2)MSWの業務の実態について学ぶ。 (3)関係職種間の連携・チームアプローチについて理解する。	(1)MSWの役割と配置されている意義について講義を受け、同行する。 (2)MSWの業務の実態についてケース記録の閲覧や面接場面に同行する。 (3)関係職種間の連携・チームアプローチについてカンファレンス資料の閲覧やカンファレンスに同行する。
ソーシャルワーク実習	(1)患者や家族の状況を把握し、援助のプラン作成を行う。 (2)入退院支援のシステムを理解する。 (3)面談におけるコミュニケーションスキルについて理解する。 (4)病院外のネットワークを理解する。 (5)インテーク面接を通して、相談援助過程について学ぶ。	(1)面接同行やロールプレイを通して患者や家族の状況について理解を深め、援助プランを作成する。 (2)入退院支援のシステムについて資料を閲覧して、講義を受ける。 (3)面接同行やロールプレイを通して、コミュニケーションスキルについて理解する。 (4)病院外のネットワークについて資料を閲覧して、講義を受ける。 (5)インテーク面接に向けて学習を深め準備を行い実施する。

実習計画書の記入例2

ソーシャルワーク実習計画書

学籍番号　3A00001　　　氏名　土屋　○○

〈実習計画書の確認印〉

実習生	実習指導者	担当教員
土屋　○○　㊞	田所　○○　㊞	益田　○○　㊞

1．実習先：中央地域包括支援センター
2．実習テーマ・目標
　・地域包括ケア推進における社会福祉士の役割や業務について実習を通して理解する。
3．実習の具体的達成課題と方法
　・専門職種・関係機関との連携・支援について学ぶ。
　・総合相談のインテーク面接ができるようにロールプレイ等を活用して準備を行い実際に行ってみる。
4．事前学習の内容／参考資料・参考文献一覧
　・法人のパンフレットを読み、実習先の概要を調べる。
　・地域包括支援センター運営マニュアルを読み学習する。
　・３職種の役割について調べる。
　・介護保険法を理解する。
　・高齢者虐待防止法や成年後見制度について理解する。
5．実習先への希望・要望等
　・総合相談のインテークについて体験させていただきたい。
6．実習の具体的達成課題とその学習方法　関連項目

	取り組みたい課題	学習方法（どんな場面、どんな経験を通して）
職場実習	(1)地域包括支援センターの概要、役割、機能、法的位置づけを理解する。 (2)包括的支援事業の内容を理解する。 (3)地域における地域包括センターの意義について理解する。	(1)地域包括支援センターの概要、役割、機能、介護保険制度での法的位置づけについて見学および講義を受ける。 (2)包括支援の内容について講義を受け、各専門職の役割について学ぶ。 (3)地域住民の方の特徴や相談内容について講義を受ける。
職種実習	(1)他機関との連携について学ぶ。 (2)関係職種間の連携・チームアプローチの仕方について理解する。 (3)利用者や家族とのかかわり方について学ぶ。 (4)地域とのかかわり方について学ぶ。	(1)訪問ケースの説明を受け、ケース記録を閲覧する。 (2)他機関や行政に同行して訪問を行う。 (3)地域の会議や定例会に同行して見学させていただく。
ソーシャルワーク実習	(1)各サービスと対象者を理解する。 (2)地域包括支援センターでの相談援助の流れを学ぶ。 (3)総合相談のインテーク面接を通して、相談援助過程について学ぶ。 (4)問題の早期発見の仕組みと関係機関との連絡・調整体制について学ぶ。 (5)クライエントのニーズを把握する。 (6)困難事例についてのアプローチ方法を学ぶ。	(1)利用者宅に同行して訪問を行う。 (2)総合相談のインテーク面接に向けて学習を深め準備を行い実施する。 (3)地域ケア会議等への準備、参加をする。 (4)ケース記録を閲覧し、クライエントとコミュニケーションを図り、ニーズについて学ぶ。 (5)事例検討やロールプレイを通して困難事例について理解を深める。

7．3段階の実習プログラム

Open the Door

　鈴木先生は、職場実習、職種実習、ソーシャルワーク実習という3段階の実習プログラムについて話し、それぞれの実習で、どんな達成課題があるか書き出してみるよう宿題を出した。

　木槌さんは、実習のテーマを「福祉事務所の多岐にわたる業務を理解し、ソーシャルワーカーが行う地域づくりについて学ぶ」と決め、職場実習の達成課題として、「市町村の概要を知り組織体系を学ぶ。福祉事務所と連携する機関を学ぶ。社会福祉協議会、保健センター、医療機関等を訪問する」と書いてみた。しかしその後、よくわからなくなり、鈴木先生に相談することになった。

「では、職場実習から検討してみましょうか。どんなことを考えて書きましたか？」

「大まかな概要を知るということなので問題ないかなと思いましたが、児童相談所や医療機関などを訪問するというのは、自分が行ってみたい施設で何となく書いてしまいました。どうもまだ私…どうして3段階に分けて実習をするのかわかっていないんです」

　鈴木先生は、少し考えてから説明を始めた。

「例えば、旅行に行ったとき、何も調べないでその観光地に行く場合もあるでしょう。でも、その土地の観光スポットや行われている行事などをあらかじめ調べておくと、さらにその観光地を深く知ることができる。つまり、旅行に行くことが真の目的であっても、それ以前に下調べやその観光地の情報を知ることはとても重要なことであり、欠かせないものなのです。それは、実習でも同じことです」

「目的地に行くためには、準備が大事ということですか？」

「そう。実習も同じで、3段階の達成課題が連動してつながっていて、しかも各段階が実習テーマへとつながっているのです」

Practice

1．木槌さんが、職場実習、職種実習、ソーシャルワーク実習の達成課題を考えていてわからなくなったのはなぜだろうか？

2．自分自身の実習テーマと3段階の達成課題（職場実習、職種実習、ソーシャルワーク実習）について考えてみよう。

3．鈴木先生が言った「3段階の目標が連動している」とは、どういう意味だろうか？　あなたの立てた3段階の達成課題の一つひとつは連動しているだろうか？　また、それが一つの実習テーマにつながっているだろうか？

■職場実習、職種実習、ソーシャルワーク実習の流れで実習をとらえる

社団法人日本社会福祉士会では、実習期間を「職場実習」「職種実習」「ソーシャルワーク実習」の3段階で行うことを提案している。「ソーシャルワーク実習」の学習が本来の目的であるが、そこに到達するための前の段階で、「職場」や「職種」への理解が必要だからである。

3段階実習の流れ

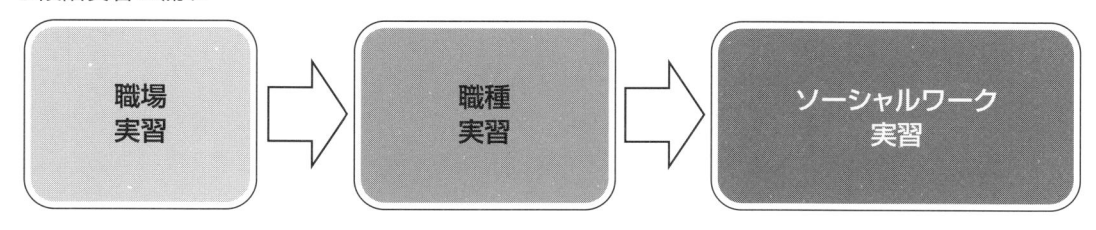

職場実習 → 職種実習 → ソーシャルワーク実習

理想的には、4週間実習の場合、おおむね1週目に職場実習、2週目に職種実習、そして、3週目以降にソーシャルワーク実習というイメージであるが、これは、主に利用者が地域に住んでいる場合などが想定される。これに対して、生活施設のように、利用者が実習先の中にいる場合は、以下のイメージになることもある。

生活施設の場合

職場実習　職種実習　ソーシャルワーク実習

このように、実習先の種別によって違ってくるだけではなく、地域の状況、法人や施設の状況、実習期間、実習指導者の方針によっても異なってくる。もちろん、実習生より利用者やその家族の必要が優先されるので、実習の順番が前後したりすることもある。

◇職場実習

職場実習は、その職場が誰のために（何のために）、どうしてその地域に存在しているのか、また、組織や職員の体制はどのようになっているのかなど、おおまかな概要について知る段階である。

ある職場は、障害のある子どもたちの親が何年も運動を続け、資金を集めてつくり上げた施設であり、別のある職場は、子どもたちの窮状を見るに見かねて、一人の人物が私財を投じてつくった

のが始まりである。

　このような歴史的経緯も含めて、職場の使命や理念を理解するには、文献などで徹底的に調べていくことに加え、事前訪問で、施設のパンフレットをもらうなどの情報収集が必要になる。

◇職種実習

　職種実習は、ソーシャルワーカー（実習指導者）がどんな仕事をしているのかを知る段階である。ソーシャルワーカーは、本来の業務以外にも多くの仕事を担っている。例えば、特別養護老人ホームのソーシャルワーカーは、生活相談員と呼ばれ、本来の相談業務のほかに、利用者の送迎や買い物、経理、ケアワークなどを行う場合もある。こうした業務は、一見、ソーシャルワークに関係がないようにも思えるが、生活している利用者の細かなニーズを知るうえで、また他職種と連携する際に役立つものである。実習開始前に、どのような業務が想定できるかを考えて書き出し、準備をしておくとよい。

◇ソーシャルワーク実習

　ソーシャルワーク実習は、ソーシャルワーカー業務の根幹を体験するものである。社団法人日本社会福祉士養成校協会の「相談援助実習ガイドライン」は、ソーシャルワーク実習に関して、「ニーズキャッチ、モニタリング、インテーク、アセスメント、資源開発、家族・地域関係調整、チームアプローチ、ネットワーク、ソーシャルアクション、アウトリーチ、サービスマネジメント、スーパービジョン」などとしている。これは、ソーシャルワーカーの相談援助業務である「人と環境との相互作用の接点に介入すること」を体験し習得するものである。

　実習中は、ソーシャルワーカーが、さまざまな人々の問題解決のために奮闘している光景を目にするだろう。もちろん、約2週間のソーシャルワーク実習で体験できるのは、その内のごくわずかである。しかし、ほんの少しの体験かもしれないが、ソーシャルワーカーが利用者（個人、家族、グループ、地域）へ対応する様子を観察し、彼らの助言を聞き逃さず学ぶならば、そのことは後に、あなたがソーシャルワーカーになるうえでのよき種となる。実習中、どのような場面が起こるかを想像しながらロールプレイで学べば、そのスキルを実習でより活かすことができる。

Close the Door

木槌さんは、鈴木先生に計画書の修正を持って行った。
「これで実習計画は終わりではありませんよ」
鈴木先生は微笑みかけて、話を続けた。
「3段階の達成課題を実行するためには、3段階の事前学習も必要になってくるんです」そう言って、一枚の用紙を手渡した。

3段階実習の準備

〈職場実習の準備〉
　実習先の情報収集をすることで、その施設や地域について知る。

〈職種実習の準備〉
　実習指導者には、どのような業務があるか、考えて書き出しておくことで仕事内容をより深く知る。

〈ソーシャルワーク実習の準備〉
　どのような場面が起こるかを想像し、それらをロールプレイなどを通して練習しておく。

Thought & Feeling

学生
　ソーシャルワークの実習ってすぐに実践的な実習ができるのかと思っていたら、その前に、職場実習や職種実習のような段階もあると知った。それに、実習というのは、ちゃんとしたテーマをもって、それらを考えなくてはいけないことを学んだ。

教員
　3段階のプログラムといっても、実習では日々の業務から計画通りにできないことも出てくる。でも、事前に実習中に起こりそうな場面や計画書通りに行かなかったときにどうするか、ロールプレイなどでさまざまなシミュレーションをしておくことが大切である。このような準備をしておくならば、実習中、焦らずにテーマと向き合うことができる。そういったことまで学生に教えないといけないと思った。

8. 実習日誌の意義・書き方

Open the Door

今日は実習指導の授業があり、事例を読んだことで実習したと想定し、実習日誌を実際に書いてみるという課題が出ていた。与野さんは文書を書くのがとても苦手である。徹夜をして何とか書いてきたが、満足な内容ではなかった。

授業中に眠たそうにしていた与野さんに気づいた二宮先生が声をかけた。
「何だかつらそうだけれど、大丈夫？」
「実は…実習日誌を徹夜で書いていたので、眠くって…こんな苦痛なことを、実習最終日まで続けられるかわかりません」
「それは大変でしたね。ところで与野さんは、実習日誌って何で必要なんだと思う？」
「実習を行った証明のためかなぁ…実のところはよくわからないんですよ」

Practice

1. 与野さんは、何のために実習日誌を書くのかわからないと言った。あなたはどう考えているだろうか？ 実習日誌は一体、何のために書くのだろう？
2. 実際に事例研究を行い、そのような場面の経験を自分でしたと想定して、実習日誌を書いてみよう。
3. 実習日誌の取扱いについて、注意するべき課題についてまとめてみよう。

Lecture

■実習日誌を通して、自分の経験や学びを振り返り、評価する

実習日誌を書くことによって、実習生は、自分自身の考え方や経験したことの意味を振り返る。また、普段、授業では知ることのできない利用者に関する知識や経験を学ぶことができる。実習生は、実習テーマと達成課題をもっている。一日一日、実習をした後、そのことを振り返りながら実習日誌を書けば、どのくらい達成課題に取り組むことができたのか評価できる。そうして得られた気づきは、次の日の実習に活かすことができる。

実習期間中、継続して日誌を書き、後に見直すことで、自分の支援の視点や行動は正しかったのかといっ

実習日誌の意義

- 実習日誌に記す
- 振り返る
  今日、経験したことを思い起こす
- 評価する
  何を学んだだろうか？
  達成課題に取り組んだだろうか？
  実習テーマに近づいただろうか？
- 次の実習に活かす

た、客観的に判断するための訓練にもなる。

■実習日誌を通して、実習指導者、ほかの職員、教員からのスーパービジョンを受ける

　実習日誌は、実習生と実習指導者との意思疎通のツールである。実習指導者はいつも実習生と一緒にいるわけではない。そのため、実習指導者は、日誌に書かれている内容から実習生の考えや行動、成長を把握する。さらに、日誌を読み、質問があればそれに答え、助言を記す。こうして蓄積された実習日誌は指導の実績となり、かけがえのない財産になる。時には、ほかの職員が日誌を読み、助言をくれる場合もあり、そこから貴重な示唆を得ることがある。また、教員も巡回指導時には、日誌を読み、実習の様子を知り、適切な助言や指示を与える。

■将来、ソーシャルワーカーとして記録を活用する訓練をする

　実習日誌を書くこと自体、ソーシャルワーカーとしての専門性を身につけるための訓練となる。ソーシャルワーカーは、日々、実践の記録を記し、それをスタッフと共有する。ほかの職員や引き継ぎの際の情報共有はもちろんのこと、利用者や住民に説明する際、思いつきや勘ではなく、記録に基づき客観的に評価、報告を行う。事故や苦情があった場合は、開示する公的な資料ともなる。実習において日誌を書くという行為自体、専門的な訓練なのである。

■実習日誌は四つのステップでまとめ、活用する

　実習生は、毎日の出来事を日誌にまとめて活用する。一番悩むのが、実習で経験したことに対して感想や考察をどのように書くかであるが、以下の四つのステップを参考にするとよい。

実習日誌をまとめるためのステップ

ステップ	例
1. 体験したことをメモする	一人暮らしの高齢者を訪問。ゴミの中で一人で生活していたが、助けを拒んだ。
2. 体験したことに対して、感じたこと、考えたことを書き出す（感想）	びっくりした。どうしてこんな生活になってしまうのだろう。近所の人は知っているのだろうか。
3. 体験したことに対して、気づいたこと、深めたことをまとめる（考察）	助けを拒む場合、自己決定を尊重するべきか、それとも高齢者の利益を尊重するべきなのか。これがジレンマではないか。実習指導者は粘り強く関係を築こうとしていた。
4. 気づき、深めたことを、次の実習に活かす（応用）	常に見守りながら関係を築くことで、自己決定を尊重しつつ、利用者の利益を守ろうとしている。私も同じように関係形成を大事にしたい。

■メモをもとに感想や考察を記す

　実習中に体験した出来事、感想を簡潔にメモに記す。自分がどうしてそのように感じたのか、その根拠を明確にして書く。また、文章が長くならないようにポイントを絞り、優先順位の高いものを書くとよい。実習では、気がついたらすぐにメモを取るのがよいが、タイミングや具体的な方法については実習指導者と前もって相談しておく。

　メモをもとに感想や考察を書く場合、それまでに学んだソーシャルワークの知識やスキル、価値の視点から考えてみると深い内容が書ける。例えば、実習中に体験した出来事を、自己決定の尊重や利用者の利益の尊重などのソーシャルワークの価値に基づいて検討してみるとよい。また、「今日の自分のテーマや達成課題は何だったか」を意識しながら書くと、連続性のある実習日誌になる。

■言葉にできない思いや戸惑いなどは、時間を置いて振り返る

　利用者の思いや職員の行動に関して、時々、疑問に思うことがある。このような疑問に対して重要なことは、その行動に対して、「もやっとする気持ち」を思い浮かべ、どうしてそう思ったのか少し時間を置いて振り返ってみることである。この気持ちを表現する場合は、客観的に、決して批判にならないように書く。可能であれば、実習指導者と話し合った後で、まとめることを勧めたい。

　疑問やそれに対する「もやっとする気持ち」は、考察を深める入口ともいえる。その時、どうしてそのような感情になったのか、それは自分のこれまでの体験によるものなのか、それともソーシャルワーカーとして倫理綱領などに照らし合わせた結果なのかなど、深く考えてみよう。

　こうした感情は、半年、1年たち、将来、ソーシャルワーカーの仕事に就いたときに変化するかもしれないし、逆に変化しないかもしれない。しかし、この感情を文章に残し、振り返ることは、自分自身のソーシャルワーカーとしての視点を深めることにつながるだろう。

■実習日誌を慎重に取り扱う

　個人情報の保護に関する法律（個人情報保護法）では「個人情報は、個人の人格尊重の理念の下に慎重に取り扱われるべきものであることにかんがみ、その適正な取扱いが図られなければならない」とある。実習日誌（メモも含めて）には、個人の情報が含まれることがある。実習生はプライバシーに配慮し、法律や倫理綱領のもとで情報を慎重に取り扱う。FacebookやLine、Twitterとは違う記録であり、常に守秘義務があることを理解してほしい。

Close the Door

二宮先生は、与野さんに声をかけてみた。
「実習日誌について理解できましたか？」
「少しずつですが大切さがわかってきました。文章はまだまだだと思うのですが、書く練習もしています」
「私も実習のときにとても苦労してね。つい最近まで、自分の書いた文章を妻に見せても、あなたの文章は路面電車みたいだって言われていたんだ。路面電車っていうのはガタゴト、ガタコトと、道の悪いところを走って行くみたいな意味なんだけれどね」と笑って言った。

Thought & Feeling

学生
日誌を書くことによって、人と認識を共有したり、見解の違った点について議論が可能になると気づいた。また、実習日誌がなければ、実習指導者から日々もらうコメントを振り返ることもできなくなってしまう。実習が充実した宝物になるために、四つのステップを踏んで正確に書けるよう訓練したい。

教員
卒業する前に実習のメモを読み返していたら、情けなく思ったことがあった。それを仕事に就いて何年目かに読み返してみたら、新たに発見できたことがあった。メモは、ソーシャルワーカーとして働くうえで自分の成長を実感できる宝物なんだなと思った。

9.専門職の倫理を訓練する

「1971年にアメリカのスタンフォード大学で実験が行われました。まず、大学の構内に模擬刑務所をつくり、新聞広告で募集した70人のなかから21人を選び、コイントスによって、11人を看守役に、10人を受刑者役に分けました。その21人が、それぞれの役割で、2週間模擬刑務所の中で過ごしました。さて、この実験で何が起こったと思いますか？」

鈴木先生がみんなに尋ねると、学生たちはグループでさまざまに話し合い、意見を出した。なかには「いつの間にか看守役と受刑者役が丸ごと入れ替わった」などの意見まで飛び出した。鈴木先生は話を続けた。

「実験は6日目で中止になりました。理由は、看守役の加虐的行為がエスカレートしていったためです。実験では、看守役と受刑者役は無作為に分けられました。しかし、受刑者役は日を追うごとに服従的になり、看守役はどんどん支配的になっていきました。皆さん、この実験から学べることは何でしょう？」鈴木先生は、皆にたずねた。

「人は役割を与えられると、役割のとおりに行動しようとするのだと思います」

「看守役の加虐的行為がエスカレートしていったのは、次第に感覚が麻痺していったからだと思います」そんな意見が出た。

鈴木先生は再び話し始めた。「この実験で行われたような加虐的な行為は、普通の刑務所では行われません。普通の刑務所で行われないことが、どうして実験では行われたのでしょう？」

Practice

1. もしあなたが看守役だったら、どういう気持ち、行動になると想像するか？　また、受刑者役だったら、どうだろうか？
2. 実験が中止となった理由を深く考えてみよう。どうしてこの人たちはそんなにまで変わってしまったのだろうか？
3. 鈴木先生がこの話をしたのは、なぜだと思うか？　何を学生たちに考えてほしいのだろうか？

Lecture

■専門職には、職業人として倫理的なトレーニングが必要である

鈴木先生は、「この実験で行われたような加虐的な行為は、普通の刑務所では行われません。普通の刑務所で行われないことが、どうして実験では行われたのでしょう？」と問いかけた。その答えは「職業人としての倫理的なトレーニン

グ」にある。被験者は、看守としての職業的なトレーニングを受けていなかった。だから、看守として「やっていいこと」と「やってはいけないこと」の区別がつかなかった。

　この実験で、看守役のなかに仮に本物の看守が1人いたとしたら、看守役の加虐的行為は、抑止、あるいは抑制されたと思う。本物の看守ならば、受刑者に対して「やっていいこと」と「やってはいけないこと」の判断ができる。看守として行う行為の目的や意味、その限界も知っている。つまり、看守としての倫理基準と行動規範が、加虐的行為を抑止するのである。この実験は、一見特異に映るかもしれないが、福祉施設において職員が利用者を暴行するような例は、今でも決してなくなっていない。そのことを深く考えるならば、この事例から学ぶ意義は大きい。

　実習生の皆さんは、これまで大学の講義や演習で、ソーシャルワークの価値や倫理（倫理綱領）の大切さを学んだ。そして、これから実習で、職業人としての倫理的なトレーニングを受け、さまざまな状況に直面しながら、「やっていいこと」「やってはいけないこと」の判断を学ぶ。

■ソーシャルワーカーの倫理綱領にある「倫理基準」を再確認する

　この実験では、あえてルールは最小限に設定されたが、それが実験の荒廃した理由の一つであった。もしもこの実験にもっと多くのルールが設けられていたならば、受刑者役の人々はもっと守られたはずである。ソーシャルワーカーという専門職にも、守るべきルールが存在する。それが「ソーシャルワーカーの倫理綱領」であり、四つの領域にまとめられている。ここでは、その倫理綱領から「実習生」に特に関係する倫理責任を抜粋して紹介する。

四つの領域における倫理責任

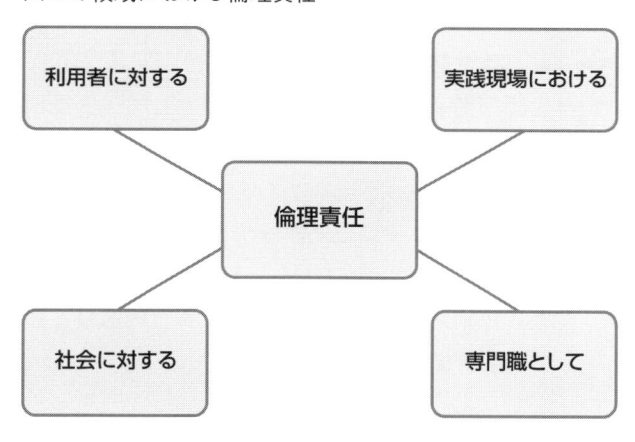

- 利用者に対する
- 実践現場における
- 社会に対する
- 専門職として

中心：倫理責任

■利用者に対する倫理責任を果たす

　実習生は、実習指導者の指導の下、利用者に対して以下の責任を果たす必要がある。
- 利用者の利益を最優先に考える。
- 先入観や偏見を排し、利用者を受容する。
- 利用者に必要な情報をわかりやすく伝える。
- 利用者の自己決定を尊重する。意思決定能力が不十分な場合、最善の方法で権利を擁護する。
- 利用者のプライバシーを尊重し、知りえた情報を秘密に保持する。
- 記録の開示、情報の共有に関しては、最善の方策を用いて利用者の利益を守る。
- 利用者との専門的援助関係を自己の利益のために利用せず、あらゆる形の権利侵害、差別、虐待をしない。

　利用者のなかには、貧困、虐待、病気、高齢などの問題を抱えていたり、障害を有している場合

もある。こうした利用者に先入観や偏見をもたず、ありのまま受け止める。また、彼らとコミュニケーションをとる場合、わかりやすい言葉を用いる。そして、彼らの自己決定を尊重する。

特に、実習生に配慮してほしいのは、情報や秘密を保持することである。近年、ソーシャルメディアに利用者のプライベートな情報や写真を掲載するなどのトラブルが発生している。利用者との写真撮影を含む、すべての個人情報の取扱いには、厳重に注意してほしい。

■実践現場における倫理責任を果たす

実習生は、実習指導者の指導の下、実践現場（施設など）で以下の責任を果たす。
- 最善の業務を行うために、自分の能力を惜しみなく発揮する。
- ほかの専門職を尊重し、連携、協働する。
- 倫理的ジレンマが生じる場合、実践現場が倫理綱領を尊重するよう働きかける。

実習生として最も多く直面するのが、ほかの専門職との連携や協働である。実践現場では、職種によって利用者の最善の利益に対する考え方が異なる場合があるが、相互の専門性を尊重し、どのように連携、協働するのか調整する必要がある。

■社会に対する倫理責任を果たす

実習生は、実習指導者の指導の下、社会に対して以下の責任を果たす。
- ソーシャルインクルージョンを推進する。
- 社会で起こるさまざまな不正義に対して働きかける。

施設で実習する学生は、その施設と近隣の地域社会との関係について、また、実際に地域に出向いて実習する学生は、その地域の人々の抱える問題について、それぞれを深く考えることができる。そして差別、貧困、抑圧、暴力、環境破壊などの問題がないかを調べ、小さなことであっても、具体的な解決方法を考えることができる。

■専門職としての倫理責任を果たす

実習生は、実習指導者の指導の下、専門職として以下の責任を果たす。
- 信用失墜行為をしない。
- スーパービジョン、教育研修に参加し専門性の向上を図る。
- 研究過程で、倫理性を確保する。

実習生は、訓練途上にはあるが専門職としてみなされるので、利用者や地域の人々からの信頼を失う行為をしない。また、専門職として、常に自分の専門性を高める機会を求める。実習後、報告書を書き、発表会を行う場合でも、個人情報を含めたあらゆる面での倫理性を確保する。

■実習は専門職の倫理を実際に訓練するチャンスである

学校だけで専門職の倫理を学ぶ学生は、マニュアルだけを読んでいる航空機のパイロットに似ている。双方ともに、学んだことを使って実践してみる機会が必要なのである。実習は、学生にそのような訓練のチャンスを与えてくれる。現実の人と社会の問題は、常に変化しているため、理想通

りにはいかない倫理的ジレンマを経験することも多い。ある学生は、ごみ屋敷に住み続けあらゆる支援を拒む高齢者を見て、利用者の利益の最優先と自己決定の狭間で深く悩んだ。そして、結論が出ないなかでも何らかの結論を出すことが専門職の職責だと知った。こうしたことを、皆さんの通る葛藤の道を最も知っている実習指導者からよく学んでほしい。

Close the Door

授業の最後に、鈴木先生は言った。
「この実験では、看守役が看守としての倫理をもたなかったために、悲惨な結果を招いてしまいました。もしも私たちが、ソーシャルワーカーとしての倫理をもたないまま支援を行うならば、この実験と同様の危険性が潜んでいることを覚えておきましょう。利用者の人権を侵害するなどの事件は、専門職の倫理を失った結果なのですから」

Thought & Feeling

学生
職務のすべてを正しく理解した状態で働き始めることのできる人などいない。みんなわからないことだらけである。ただ、この実験のように、正しいことと正しくないことの区別さえもつかない状態で働き続けることがあってはならないと思った。わからないことだらけの状態から、自分が行うべき職務を一つずつ理解していこうと思う。

教員
人を支える職務は、喜びも大きいが、その分責任も重い。その重い職責を全うするために、私たちは絶えずトレーニングを積む。責任とは、信頼に応える力である。利用者からの信頼に応えられる支援者を目指そう。

第2章　事前訪問とオリエンテーション

10. 実習先に電話をかける

Open the Door

　施設への日程連絡を１か月前にするように言われた和田さん。緊張しながらも電話をかけた。
「もしもし。○○大学の和田と申します。社会福祉士実習の日程の件で電話をさせていただきました。実習担当の松本様はいらっしゃいますか？」
「少々お待ちください…。大変申し訳ございませんが、松本は外に出ておりまして、本日は戻らない予定となっております」
「わかりました。また後日、こちらから電話をさせていただきます」
　それから和田さんは何度か電話を入れたが、実習担当は「会議中です」「休みです」ということでつながらなかった。この時、和田さんは、電話連絡は本当に難しいと感じた。
　その後、４回目の電話でやっとつながり、話すことができた。
「オリエンテーションは７月30日で、実習期間は８月15日〜９月15日まで。いろいろな地域の行事にも出てほしいんだけれど、大丈夫かな？」受話器の向こうから松本さんが聞いた。
「はい！　大丈夫です！」
「ところで、和田さんは、この実習でどんなことを学びたい？」
　和田さんは、突然の松本さんの質問に、何と答えてよいかわからなかった。
　すると、松本さんは、「それじゃ、オリエンテーションまでに考えて来てください」と電話を切った。和田さんは、電話では実習期間くらいを確認すればよいと考えていたので、失敗したかなと反省した。

Practice

１．和田さんは、なぜ電話連絡は難しいと感じたのだろうか？　あなたなら、電話が何度もつながらなかったときにどう考えるだろう？　また、和田さんは、「実習でどんなことを学びたいか？」と聞かれて戸惑ってしまった。この出来事から何を学べるだろうか？

２．電話連絡の前には、何を準備したらよいか話し合ってみよう。

３．電話でのやりとりを、実習生の立場、実習指導者の立場になってロールプレイで練習してみよう。

Lecture

■準備をすることで、不安を解消する

実習生は、実習先への電話連絡について不安に思うことがある。「いつ電話すればよいのか」とか「何を話せばよいのか」など、そのことが気になりながらも何日も過ごしてしまうことがある。こうした不安は、事前の知識と準備をすることで解消できる。

■いつ電話すればよいのか

実習指導者は多忙なため、実習先での相手の都合のよさそうな時間を、あらかじめ教員に確認しておくとよい。デイサービスなどの施設では、朝、夕の送迎や食事時間をさけるなどの配慮が必要となる。逆に、朝、夕にしかつかまらない実習指導者もいる。

実習指導者が不在や忙しくて電話に出られない場合は、「ご都合のよい時間はございますか?」とか、「お電話してよろしいお時間はいつくらいになりますでしょうか?」など、確認することも必要となる。

■何を話せばよいのか

(1) 学校名・氏名

実習先では、何人もの実習生を迎える場合もあるので、学校名と氏名を必ず伝える。

(2) 実習期間

実習期間について確認する必要がある。施設や機関の行事が入って、実習期間が変更になることがある。また、1日の実習時間を確認し、期間中、合計で180時間以上になることを確認する。

(3) 事前訪問(実習初日)の場所・時間

訪問する場所と時間を確認する。同じ施設や機関でも別の場所で行うことがある。

(4) 服装について

事前訪問の基本はスーツであるが、施設・機関によっては利用者とかかわるために「動きやすい服装」と言われることがあるので確認する。また、上履きが必要かどうかも確認する必要がある。

(5) 事前に準備するもの(健康診断書等)

施設・機関によって、別途、準備する必要があるものを確認する。例えば、健康診断書であっても、それぞれどのような検査が必要かが違う場合がある。

(6) 実習計画書

電話で、大まかに実習で経験したいプログラムを確認されることがある。事前に行いたいことを確認しておき、答えられるようにしておく。実習計画書を手元に置きながら電話連絡をするとよい。

■公的な場所へ電話をかける練習をしておく

実習生の多くは、普段、携帯電話で友人と日常的な会話は毎日のように行っているが、公的な場所へ電話をかけてアポイントメントを取ったことがない。公的な電話をかけるには、基本的な敬語

などのマナーを覚え、何度も繰り返し練習して学ぶことが大切である。電話をかけることから、すでに実習は始まっていることを覚えておこう。

◇電話をかける際の社会人としてのマナー

電話でのビジネスマナーの例

○「もしもし」は使わない
○作業しながら電話をしない
○切れてしまったら、かけた側からかけ直す
○30秒以上、保留状態にしない（長くお待たせする場合、あらためてかけ直す）
○「失礼ですが」「恐れ入りますが」「お手数ですが」等の言葉は相手によい印象を与える（恐れ入りますが、もう一度お伺いしてもよろしいでしょうか？）
○電話を切る場合、相手が切ったのを確認してから切る
○メモをした内容は、復唱する
○第三者に伝言を依頼する場合、伝えた相手の名前を聞いておく
○相手の言っていることがよく聞き取れない場合でも、語尾を上げて「はい？」とは聞かない　など

電話での敬語

言う	おっしゃる	読む	お読みになる
する	なさる　される	いる	いらっしゃる
見る	ご覧になる	会う	お会いになる
聞く	お聞きになる	来る	お見えになる

よく使う表現

誤った表現	正しい表現
和田ですが、松本様をお願いします。	○○大学の和田と申します。○○ご担当の　　　　　松本様はいらっしゃいますか？○○（部署名）の
○○○と伝えてもらえますか？	○○○と伝えていただけますでしょうか？（お伝えいただけますか？）
何時頃、都合がよいですか？	何時頃、ご都合がよろしいでしょうか？

Close the Door

事前訪問で、和田さんは松本さんに謝った。
「電話で松本さんから、どのようなことを学びたいか聞かれて、何も答えられなくてすみませんでした」
すると松本さんは、なぜそのようなことを質問したのか説明をしてくれた。
「私も、最初は電話での対応なんて、何も考えずにただ仕事を回すための道具だと考えていたんだ」
「松本さんにも、そんなことがあったのですか？」和田さんは驚いた。
「特に電話は相手が見えなくて、言葉だけで印象が変わるし…。相手によっては電話を切られたりもしてね。顔が見えない相手に自分の意図することを伝えるのって大変なんだとわかった。自分の考えていない質問も来るしね」
和田さんは、松本さんがなぜ電話で急に質問したのか、その意味に気づいた。また、普段から、大野先生が「シミュレーションをしてから電話してください」と言っている言葉の意味もわかってきた。

Thought & Feeling

学生
電話連絡は、友達や知り合いにしかしたことがなく、とても不安でしたが、繰り返し練習することによって自信もついてきました。この機会に社会人としてのマナーを身につけたいと思います。

教員
会ったことのない人に電話で初めてコンタクトを取るのは難しいものです。それは、顔が見えない相手に自分の意思が伝わるかどうか不安だからです。しかし、何事も準備して、練習して臨めば、きっとうまくいくでしょう。電話一つかけることも大切な学習ですから、しっかりと取り組んでほしいと思います。

11. 事前訪問の準備

Open the Door

　本日は、実習計画書の下書き提出日であった。和田さんは時間までに提出できなくて、大野先生から呼び出しを受けた。
「今日は、実習計画書の下書き提出日だよね？」
「すみません、間に合わなくて…」
「これから実習でいろいろな人と接するわけだから、間に合わないでは通じないよね。どうして、間に合わなかったんだろう？」
　和田さんは、何も答えることができなかった。すると、大野先生が聞いた。
「実習に行くまでのスケジュールはどうなっているの？」
「ええと…授業は出ていますが、スケジュールとかまでは、まだ立てていません…」
「提出物が多いから、年間で、いつ、どこに出すものがあるか、しっかりと自分で管理しないとね」大野先生は厳しく指導した。
　放課後、和田さんは友人の加藤さんに先生とのやりとりについて話した。加藤さんは、
「私はね、携帯のアプリでスケジュール管理をしているんだ…実は、今度、実習で行く施設はね、ほかの施設と違って、4月に提出しなくてはいけない書類があるから」
「そうなんだ。学校に提出する書類だけでなく、実習先によっても提出物が違うのか…そこまでスケジュール管理しなくてはいけないんだね」

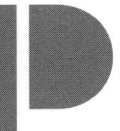

Practice

1．実習に行くまでには、どんな準備をしなくてはいけないのか、覚えていることをすべてリストアップしてみよう。
2．学校や施設への提出物を、どのようにスケジュール管理しているだろうか？　どうすれば忘れないで、確実に提出できるだろうか？
3．事前訪問に向けて、どんな準備が必要だろうか。服装、時間、その他、準備するもののチェックリストをつくって確認してみよう。

Lecture

■スケジュール管理をする

　和田さんは、提出物について自己管理ができていなかったが、加藤さんは、自分の携帯のアプリでしっかりとスケジュール管理ができていた。こうした小さな違いが、実習においては大きな違いになる。学校では、提出物の提出先と時期を一覧にした資料が手引書などと一緒に配布されると思うが、実際に提出を管理するのは学生本人である。

　大野先生は、経験から「学校で提出物をよく忘れる人、時間に遅れる人は、必ず実習先でも同じことをする」と知っていた。そのため和田さんが学校にいる間に厳しく指導しようとした。

　スケジュール管理は、手帳でもよいし、携帯やタブレットのアプリでも可能である。この機会に、自分に合った管理方法を身につけよう。

　実習中に、実習指導者が同時にいくつも仕事を抱えながら仕事をこなしていたり、何本も電話がかかってきても平然と仕事をこなす光景を目のあたりにするだろう。これは、優先順位を考え、スケジュール管理をしっかりと行っているからである。

実習提出物　スケジュール管理帳（例）

確認事項	提出日時	チェック
誓約書	○月○日	☑
実習生個人票	○月○日	☑
実習施設経路図	○月○日	☑
健康診断書	○月○日	☑
実習計画書	○月○日	☑
事前訪問報告書	○月○日	☑
実習日誌	○月○日	☑
出勤簿	○月○日	☑
評価表（実習生、実習指導者用）	○月○日	☑
実習のまとめ	○月○日	☑
実習報告書	○月○日	☑

◇事前訪問の服装

　事前訪問の約束を取った際、実習先から服装について指示があったときには、その指示に従う。しかし、特に指示がなかったり、「普段の格好で来てください」「私服で来てください」と言われた場合、実習生は何を着ていくか迷うかもしれない。

　この場合、実習担当教員に確認することになるが、事前訪問の服装の基本はスーツ着用であると考えてよい。もちろん、事前訪問時に実習体験のある人は、動きやすい格好が望ましいが、その場合でも、派手な服装は避けるべきである。

■集合時間は遅くとも15～30分前を目安とする
　事前訪問に集合する時間は、遅くとも15～30分前には到着できるように予定を立てる。例えば、オリエンテーションが9時から始まる場合、9時に集合するのではなく、8時30分～8時45分を目標とする。事情があって遅れることがわかった場合は、すぐに相手先に電話連絡を入れる必要があるので、電話番号をメモしておく。また、学校の連絡先についても電話番号をメモしておくようにする。

■実習先までの経路や時間、交通手段を確認しておく
　実習先へは、公共交通機関であるバスや電車、あるいは車などを利用していくことになるだろう。経路の確認については、インターネットで調べるだけではなく、可能であれば、事前に行ってみることを勧めたい。その際、実習時間と同じ時間に行ってみるとよい。実習訪問の時間と、実習時間では所要時間が違うことが多い。また、平日と土・日曜日の時刻表や道路事情は違うので、注意する必要がある。さらに、遅延が起きたときのために迂回路の経路図を調べておく必要があるので、路線図や地図を持ち歩くようにする。

■実習計画書や事前学習の内容をまとめた資料等を準備しておく
　実習計画書を準備し、実習テーマと達成課題を実習指導者に伝えられるようにしておく。また、事前学習として学んだ内容をまとめたノート（実習先の概要、業務内容、スケジュールなどが書かれたもの）などがあれば、それも所持しておく。実習期間の変更などもあるかもしれないので、自分のスケジュール帳も持っていくとよい。

◇事前訪問前に準備するもの
　実習先によって準備しなくてはいけないものがあるので、自分だけの実習訪問準備リストを作成する必要がある。
〈チェックリスト　例〉

□誓約書	□健康診断書
□実習生個人票	□実習日誌
□実習計画書	□出勤簿
□実習先概況表	□実習のまとめ
□事前訪問報告書	□実習報告書
□評価表（実習生、実習指導者用）	□メモ帳、筆記用具
□実習施設経路図	

Close the Door

大野先生は、次の授業でスケジュールについて再度指導した。そして、学校への提出物のほかに、施設への提出物も管理しなくてはならないことを説明した。それから、自分が昔、実習に行った時の失敗談についても話してくれた。

「私が学生の頃は、提出物はクラス全員で毎週確認し合っていて、実習室でも再度確認していたので、提出物については問題なかったんだ。ところが、いざ実習が始まって何日かたったとき、事故で電車が遅れてしまって…すごくあわてていて、遅れるという電話もしないで施設に着いたんだ。そうしたら、実習指導者の人が、心配そうに施設の前に立っていて、笑顔で迎えてくれたんだ…。

後でわかったのだけれど、その人は、事故があった時、迂回路をいくつか確認していてすぐに行動したので、私より30分も前に施設に着いていたんだ。さすが、いざという時の準備が違うなと思ったよ」

Thought & Feeling

学生
ソーシャルワーカーとして働く場合、緊急なことも多々起こるけれど、スケジュールを組んでいれば、突然やってくる仕事にも対処できると思う。

友人は、実習前に用意するもののリストを絵入りでつくっていた。私も、イラスト入りで、自分だけのオリジナルリストをつくってみようと思う。

教員
学生たちが自分のスケジュールを管理し、しっかりと提出物を期日までに出せるようにしたいと考えている。普段、提出を忘れる人は、必ずといってよいほど、実習先でも同じことをする。ソーシャルワーカーとして支援する前に、まずは自分自身を管理できなければならない。そのことを、何度も繰り返し伝えていきたい。

12. オリエンテーションの意義・内容

Open the Door

　初めて実習施設（障害児入所施設）でオリエンテーションを受けるために訪問した後藤さんは、期待と不安で押しつぶされそうな気持ちで施設に向かった。到着すると、プレイルームで遊ぶ子どもたちの姿が見えた。実習への気持ちがますます高まっていった。
「お待たせしてすみません。実習担当の中村です。お待ちしていました」
　会議室に移動し、事前訪問のお礼と目的をあらためて伝え、テーブルを挟んで着席した。中村さんが笑顔で話してくれたことで、緊張がほぐれていくのを感じた。メモを取る準備をして話を聞き始めた。
「後藤さんはどうして社会福祉を志したのですか？　実習に対する期待やこの施設で実習することになった理由も聞かせてください」
　後藤さんは、事前学習で取り組んだグループワークの内容を思い出しながら説明した。
「では、次に実習計画書案を確認しましょう。説明してくれますか？」
「社会福祉士実習として学習すべきことと個人的な関心に分けて作成しました。個人的には、障害のある子どもと親の関係が気になっているので、機会があれば親にインタビューを行い、家族支援について学びたいです」
「後藤さんの問題意識が伝わってきました。この実習計画書案を踏まえて、あらかじめ私が作成した実習プログラムと整合性を図っていきましょう。計画のチェックポイントとなるのは、テーマが設定されているか、テーマを達成するための課題は何か、課題のために準備しなければならないことは何かという点です。そして、実習契約書と合意書については先生から事前に説明を受けているので、それも確認していきたいと思います。今日のことは、先生にも報告してください」

Practice

1．後藤さんは、オリエンテーションから何を感じ、また、何を学んだだろうか？　オリエンテーションは、なぜ実施されるのだろうか？
2．自分の実習先でのオリエンテーションを想定し、受付から終了して施設を出るまでの具体的な行動を考えてノートにまとめてみよう。
3．実習に対する期待や希望について考え、ほかの学生と意見交換してみよう。
4．実習契約（協定）書と実習合意書の内容を教員と確認してみよう。

■社会福祉士を志す理由や実習への動機を明確にする

オリエンテーションに臨むにあたっては、社会福祉士を志した理由や動機、実習に対する期待や抱負を再確認する。特に、その気持ちを自分のなかにとどめるのではなく、実習指導者に伝えることが大切である。

実習指導者は、実習生が利用者の個人情報を得られるように職場内で了承を得る必要がある。また、利用者に対する自分の援助の時間を削って指導を行うことになる。貴重な時間を使うことであるため、実習生がどのような動機や目的意識をもって実習に臨むかは、彼らにとって大きな関心事である。

実際に、社会福祉施設や機関が実習生を受け入れるということには、大きな責任と義務が生じる。実習は、単に「資格取得」や「現場を知る」といった個人的経験の範囲にとどまらず、利用者の命や生活、人生に影響をもたらす。したがって、実習生は、専門職である社会福祉士を目標とする立場と責任を自覚して利用者と向き合う必要がある。

■オリエンテーションを実施する意義と内容を理解する

オリエンテーションは、事前学習で作成した「実習計画書案」や「実習テーマ」などについて確認を行い、実習指導者の考える実習プログラムと調整することを目的としている。実習計画書案は事前学習や教員からの指導を踏まえて作成されるため、実習指導者から修正や加筆を求められることもある。また、オリエンテーションでは、事前学習の段階では理解できなかったことが、実際に現場を訪問することで、より実習に対する理解を深めることができる。

オリエンテーションでの具体的な取組み例は、以下の通りである。

- 実際の現場で、実習指導者やほかの職員の話を聞く。
- 講義やテキストの学習では得ることが難しい知識や情報を学ぶ。
- 利用者や施設の状況について、より深く理解する。
- 個人的な関心や興味を踏まえて設定した実習テーマを伝え、妥当性について検討する。
- 実習計画書案に対するスーパービジョンを受ける。
- 施設・機関の実習プログラムと照らし合わせて、自らの課題達成や方法が実現可能かを検討する。
- 実習前に学習しておくべき事柄を確認する。
- 実習初日の開始時間、持ち物、服装、昼食など、必要事項を確認する。

オリエンテーション当日の始まりから終わりまでの一連の流れを、事前学習の段階でシミュレーションしておくとよい。なお、事前打ち合わせの実施時期は養成形態（養成施設・四年制大学、通信制等）や指導方針等により異なるため、教員の指示に従い、適切な時期に適切な方法で準備を進めてほしい。

■必ず内容を記録（メモ、ノート）する

実習指導者からの指摘や疑問点などは、特別な指示がない限りメモを取るように心がける。メモの内容は実習につながる重要な情報となるため、帰宅後、必ず保管用のノートに記録し直すとよい。

メモをとる	仕分けをする	ノートをとる
メモは短期的に保管する目的で記録するもの。情報が必要か必要でないかは悩まない。後で仕分けをするので、指導者の発言や自分の疑問などを漏らさないようにする。	帰宅後、メモを見返して優先順位をつけ、内容ごとに仕分けをする。	情報は実習への準備だけではなく、事後学習にも使用する可能性がある。したがって、後から参照できるように長期保管用のノートに記録する。

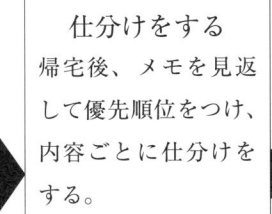

■自分が学習してきたこと（過去）、今の状況（現在）を整理し、実習（未来）につなげる

学習の過程で使用した資料や作成したワークシートなどを集めて整理したものをポートフォリオといい、学習や経験の積み重ねの成果として、実習指導において重要な資料となる。

実習指導者は、このポートフォリオを通して、実習生が事前に取り組んだこと（過去）を知ることで、現時点での実習生の知識や経験、もっている力などを把握し、近い未来に実施する実習に向けた最も適切な個別実習プログラムにつなげることができる。

■契約書や合意書を確認することが実習中のリスクマネジメントにつながる

実習にあたっては、「ソーシャルワーク実習にかかる教育と指導に関する合意書」および「ソーシャルワーク実習委託契約（協定）書」を締結する（名称は養成施設で異なる）。

契約（協定）書とは、実習先施設・機関と養成校の組織間において、双方の責任や義務を明確化することを目的としたものである。合意書とは、契約の基本方針、実習先施設・機関の実習指導の体制および内容、実習フィードバック、実習生の取組みなど、具体的な内容を記載したものである。どちらも実習を遂行するために必要なものである。

実習においては、利用者の命や生活、権利を守ることが何よりも重要となる。実習生としてこれらを実践するためには、まずは合意書や契約書に記載されている内容を教員と事前に確認する必要がある。実習生だけではなく、実習指導者や教員の役割と責任が明確となり、利用者の生活を守ることにつながっていく。そして、実習期間に学習できる内容の概略を記載することになっているため、実習計画の作成や変更にも関係してくる。

また、実習生自身の不注意によって利用者にけがを負わせたり、自分自身がけがをしたりする場合もあるため、実習において発生する可能性があるリスクと責任についても事前に理解しておくことが求められる。

Close the Door

「では、終わりにしましょう。今日のオリエンテーションのために、学校でたくさん勉強して準備をしてきたと思います。それが伝わってきました」

「でも…自分のやりたいことや気持ちが先行して、子どもの状況や施設のことを、あまり見ていなかったように思います」

「やる気やひたむきさは実習を続けていくためのエネルギーになると思います。でも、実習では子どもを中心にして、私たち職員がどのように動き、かかわっていくかを考えることが大切です」

後藤さんは大きくうなずいた。「福祉って何なのかをあらためて考えてみたいと思いました。計画書の見直しも頑張ってみます」

「私も後藤さんが考えた実習計画書案を踏まえて、実習プログラムを再検討しておきます。わからないことがまだあると思います。きっと家に帰って記録を書いているうちに気がつくこともあるでしょうから、何かあったら連絡してください」

「ありがとうございます。ボランティアを募集しているようでしたら、ぜひ参加させてください」

後藤さんは、オリエンテーションの内容や感じたことをきちんと記録して、この体験を自分一人だけではなく、教員や友人とも共有したいと思った。

Thought & Feeling

学生

オリエンテーションは、実習指導者と顔合わせをして、実習プログラムの説明を聞く程度だと勝手に思い込んでいた。また、実習計画書については、利用者や施設、私自身の状況に合わせて修正することが重要なことだと学んだ。何が課題になっているのかが明確になり、今まで意識していなかったことに気づくこともできた。実習が始まる前にオリエンテーションを行う意味や大切さを実感した。

実習指導者

大学での学びと現場での学びをつなげていくことが指導者や教員の役割なのではないだろうか。実習生の成長や変化に寄り添い、何事にも真摯な姿勢で向き合う姿を評価していきたい。

オリエンテーションの実施時期は養成校によって異なる。例えば、実習1か月前に実施する場合もあれば、半年前に実施する場合もある。実施時期によって事前学習の内容も異なるため、実習指導のプロセスのどの段階で実施しているかを説明する必要がある。

13. 実習指導者に思いを伝える

　今日は、実習に向けての事前訪問の日。実習指導者との初対面になる。着慣れないスーツに身をまとった星野さんは、約束時間の20分前に児童相談所に到着した。受付で、実習指導者となる杉本さんと約束していることを告げると、インテーク職員が星野さんを面接室の一つに通してくれた。
　緊張した面持ちで待つこと30分。「お待たせしてしまって…緊急対応が入ったものですから…」と言いながら、杉本さんが急ぎ足で面接室に入ってきた。
「はじめまして。この度、実習でお世話になりますA大学の星野です。よろしくお願いいたします」
　杉本さんは「ソーシャルワーク実習」と書かれた分厚いファイルを広げながら、
「えっと…A大学でしたね…星野さんですね。はじめまして、児童相談所の杉本です」と自己紹介した。
　お互いに型どおりのあいさつを終えると、杉本さんが実習の説明を始め、
「これが昨年度の実習の予定表になります」
と1枚の紙を差し出した。予定表を見ると、「職員による講義」「施設訪問」「研修会への参加」など、多くの内容が並んでいた。
「実習中に、子どもや保護者とかかわる機会はあまりないのだろうか？」
と星野さんは不安に感じた。
　杉本さんが「何か質問はありますか？」と聞いたので、星野さんはやや気後れしながらも、思い切って準備してきた実習計画書を見てもらうことにした。

Practice

1．星野さんはどんなことを期待して実習指導者との出会いに臨んだのだろうか？　忙しそうな杉本さんを前にして、星野さんはどんな気持ちになっただろうか？
2．実習先の職員が実習生を受け入れ、指導するのは、どういう理由からだろうか？　また、実習生を受け入れるうえで直面する問題は何だろうか？
3．事前訪問の目的は何か？　その目的を達成するためには何をすればよいのか？　指導者との初対面の場面を想定して、ロールプレイを行ってみよう。

Lecture

■事前訪問は実習指導者との関係づくりの第一歩である

星野さんは事前訪問の目的を次のように理解していた。

「実習指導者との顔合わせと波長合わせ、つまり、実習生と実習指導者がお互いについて知り合い、実習のイメージや目的を共有すること」

星野さんは、「なぜ児童相談所で実習をしたいのか」「実習でどんなことを学びたいのか」「将来どうしたいのか」など、自分なりの考えを整理し、事前訪問では、これらのことを実習指導者に伝え、理解してもらおうと考えていた。

ところが、実習指導者との初対面は期待通りには進まなかった。忙しそうな実習指導者を目の前にして、星野さんは思っていたことを伝えることにためらいを感じた。事前訪問の目的として考えていたことが、頭のなかでちらついたのだが…。

事前訪問は、実習指導者との関係づくりの第一歩であり、どんな実習にしたいかを話し合う最初の機会である。この目的を果たすためには、適切な場所や時間が必要になる。つまり、ある程度の話し合いができる空間と時間が確保されなければならない。とはいえ、実習指導者の考えや経験はそれぞれ異なっており、なかには事前訪問の目的をあいさつ程度と考えている人がいるかもしれない。わざわざ事前訪問は必要なく、実習生の訪問は、実習先が実施するオリエンテーションの時でよいと考えている実習指導者もいる。そのようなことも想定して、日程調整の電話連絡の際には、事前訪問の目的を明確に伝え、必要な時間を割いてもらえるように率直に頼んでみよう。

「実習計画書を持参する予定であり、実習の目標や内容についても個別に相談したい」と伝えておくことで、実習指導者は、そのためにどの程度の時間を確保する必要があるのか、さらに、実習生を迎えるうえでどんな準備をしておいたらよいのかなどについて、考えるようになる。もちろん、実習担当教員からも事前に実習先に連絡を入れてもらい、事前訪問の目的を説明してもらうことが前提となる。

■実習指導者とのかかわりを通して、実習現場の現状を知る

星野さんは、実習指導者の杉本さんとの出会いのなかで、少し気後れしてしまった。

「現場というのは、なんて忙しいのだろう。そういえば、日程調整のために杉本さんに何度も電話を入れたが、なかなかつながらなかった。事前訪問の約束の時間になっても、杉本さんは緊急対応に追われていた。やっと姿を現したと思ったら、15分程度の面談で終ってしまいそうだ…」

このように、自分なりにイメージしていた実習指導者との出会いが思ったように進まないと、がっかりしてしまうだろう。実習に対する期待よりも、不安の方が募ってしまうかもしれない。しかし、星野さんは、そんな実習指導者の姿を通して、初めて現場の様子にふれることができた気もしていた。自分の実習先はどんなところなのか。職員はどんなふうに働いているのか。利用者の様子はどうか。実習先の現状をありのままに感じ、観察することができた。自分がここで実習することにますます現実味を感じるようになったし、実習に対する意欲も高まったような気がした。そして、この現場での実習を充実したものにするために、実習指導者にどんな声かけをし、どんな関係を築いていったらよいのかということも考えることができた。

■実習指導者にとって実習生は初心を呼び戻してくれる存在である

　福祉現場において、職員は、ルーティン化された仕事のほかに、突発的、変則的な仕事に対しても、その都度、優先順位を決めて臨機応変に対応していく。実習指導者の杉本さんは、虐待通報を受けて緊急受理会議に出席していた。その他にも、利用者に対する対応や外部からの苦情や問い合わせへの対応など、優先して取り組まなければならないことが起こる。このような忙しく慌ただしい現場で実習生を受け入れ、指導するということは、必ずしもたやすいことではない。実習指導者が日々の仕事に追われて余裕を失いかけていると、実習生のことまで十分に指導できないこともあるだろう。実習指導者に対応してもらえないと、実習生は今、何が起こっているのか、状況がよく飲み込めないまま、置いてきぼりにされたような気持ちになるかもしれない。

　一方、実習指導者にとって、実習生とは、日常の忙しさのなかで忘れかけていた何かを思い起こさせてくれる存在でもある。忘れかけていた何かとは、実習指導者自身がまだ実習生だった頃や新人の頃に感じた素朴な疑問や純粋な感動であったり、福祉職が忘れがちな一般市民の普通の生活感覚であったりする。例えば、実習生は、外泊のために家族が迎えに来た利用者がうれしそうにしている姿を見て、利用者の家族を思う気持ちを強く感じるかもしれない。また、決められた食事を不満も言わずに食べている利用者を見て、施設では食事のメニューを選ぶことができないのだろうかと疑問に思うかもしれない。実習生のさまざまな反応から、実習指導者は施設での利用者の暮らしぶりについてあらためて考えることになる。そのことが、実習指導者自身の実践の振り返り、そして後進を育成する使命や責任を感じる機会になり、実習指導者のソーシャルワーカーとしての成長にもつながっていく。

■自分の考えや率直な気持ちを実習指導者に伝えてみる

　初対面の実習指導者にどんなふうに言葉をかけたらよいのか、戸惑ってしまうこともある。実習生は、実習指導者のほうから自分に気遣ってほしい、話をしてほしいと期待しているかもしれない。それなのに、実習指導者が忙しそうにしていれば、実習生としては気が引けてしまうし、事前訪問を早めに切り上げようかと不安になる。

　一方、実習指導者の感覚からすれば、質問や要望があるならば実習生のほうから伝えてくるものだと考えている。実習生から何もなければ、特に気に留めず、むしろ「積極性に欠ける」と受け止める可能性もある。

　このようなすれ違いを避け、事前訪問の段階で実習生と実習指導者がお互いの考えや気持ちを適切に伝え合い、関係を築き始めることができれば、実習は充実したものになる。実習生は、「忙しそうだから…」ではなくて、「忙しいとは思うが、それでも聞いてほしい、教えてほしい」という意思をもち、実習指導者に思い切って伝えてみよう。

　実習指導者との出会い――それは、もうすぐスタートする実習を大きく左右する大切な出会いなのである。

Close the Door

「今日はありがとうございました。実際に訪問させていただいたことで、児童相談所の臨場感や緊迫感みたいなものを感じることができました。学校で学んだだけでは、決してわからなかったことです。実は、自分なりに、実習で学びたいことを計画書としてまとめてみました。できれば一時保護所の子どもたちともかかわりたいと思っているのですが…」と言って、準備してきた実習計画書を指導者に手渡した。

杉本さんは、星野さんの意欲的な態度にハッとなった。「短い時間で何かを感じてくれたみたいですね」と言いながら、実習計画書に目を落とした。

「どこまで配慮できるかわかりませんが、星野さんの希望に近づけるように、所内で検討してみます。そして、後からお電話するようにしますね」

星野さんは、短い時間内で、自分が一番伝えたかったことを実習指導者に受け止めてもらえたような気持ちになった。もうすぐ実習が始まる。そんな高まる気持ちを抱きながら、児童相談所を後にした。

Thought & Feeling

学生

実習指導者は緊急対応に追われ、とても忙しそうだった。ここが私の実習先なのだという意識が高まった。最初、ちょっと落ち込みそうになったけれど、逆にわくわくする気持ちにもなった。こういう現場で実習をさせていただくのだから、自分から積極的にならないと何も学べそうにない。しっかりと準備をして、遠慮せずに、自分からどんどん積極的に実習指導者に思いを伝えていこうと思う。

実習指導者

現場での対応が忙しいあまり、実習生のことを十分に考えていなかった気がする。星野さんに大事なことを気づかせてもらった。反省、反省！ 目の前の仕事に対応することも、後輩を育てていくことも、私たちの大事な役割だ。短時間でも、実習生と向き合う時間をもつようにしたい。

14. オリエンテーションを振り返る

Open the Door

　オリエンテーションを終え、自宅に帰ってきた城田さんは、緊張と疲れのために居眠りをしてしまった。目を覚ますと、学校から指定された振り返りシートに記入を始めた。
　まずは、オリエンテーションの開始から終了までを思い出し、時間の流れに沿って指導内容を書き出すことにした。作業を続けるなかで、集中してメモを取ることができなかった部分があったことに気づいた。また、「何か質問はありませんか？」という実習指導者の問いかけに対して、すぐには思い浮かばなかったものの、記録を書く段階で疑問が出てきた。オリエンテーションが終わったときに実習指導者がかけてくれた「何かわからないことがあったらいつでも連絡してください」という言葉を思い出し、自分が支えられていることを実感した。
　数日後、オリエンテーションを実施したことを報告するために益田先生と面談の時間をもった。
「緊張しましたが、実習前に行くことができてよかったです。実習計画書は先生と面談して作成したので問題ないと思っていましたが、いざ自分で説明するとなると、実習テーマの理由や達成課題などをうまく説明できませんでした。それに、質問もあまりできませんでした。でも、実習計画書を事前に見ていただく必要が、何となくですがわかった気がします」
「今回のオリエンテーションで、指導、助言してもらったことを詳しく報告してくれますか？　報告書も書いてくれたようなので、あらためて自分の実習テーマを見つめ直し、修正すべき点がどこなのか、その理由も含めて考えてみましょう」

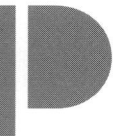

Practice

1．自分自身のオリエンテーションを振り返って、気づいたことをまとめてみよう。
2．すでにオリエンテーションを終えている人は、教員に報告すべき内容を考えて書き出してみよう。その際、ほかの人と共有したいことをいくつか選び、クラスで意見交換してみよう。
3．実習計画書に対して指導を受けた場合、その助言内容を整理してみよう。

■オリエンテーションの報告書は時間を空けずに作成する

オリエンテーションを終えたら、時間を空けず、帰宅してすぐに報告書を作成することが大切である。指導内容や疑問点をメモしていたとしても、時間がたつと会話の流れや詳細を忘れてしまう。また、急いで書いた文字が読めない可能性もある。次の学習につなげていくためにも、記憶が鮮明なうちに作成しよう。正確な記録を書くことは、専門職として特に求められているスキルであり、早いうちから訓練しておきたい。

■疑問や考察、理解は時間をかけることで深められ、新たな気づきにつながる

疑問や考察、理解などのように、時間をかけることで深められるものもある。たとえオリエンテーション実施中や帰宅後には思いつかなかったとしても、記録した内容を読み返し、クラスで意見交換をしてほしい。今は理解できなくとも、箇条書きやメモのような形で文字化しておくことで、後で深めることができ、振り返ることができる。それが、新たな気づきにつながっていく。以下に振り返りの手順を示す。

(1) 記録した内容を整理する

メモは、保管用のノートに書き写したり、書き直したりする。内容を整理するなかで、実習指導者に確認すべきことが出てくる可能性がある。その場合は、早いうちに実習指導者に電話などで確認するか、少なくとも実習開始前には確認する。

(2) 実習計画書の修正点を確認する

実習計画書は、利用者の事情や実習施設の方針、プログラムの都合などさまざまな理由によって変更が加えられることがある。その他、実習テーマや課題の妥当性、実習期間内における達成の見通しなどについて指導を受け、実現可能な実習計画書に修正することになる。

(3) 教員に報告・相談する内容を確認する

教員に報告・相談したほうがよい情報がある場合、内容を文章にまとめておく。判断に迷う場合は、教員に相談して適切な対応ができるようにする。

(4) 実習報告書を作成する

学校指定の用紙がある場合はそれに記入し、指定されていない場合はパソコンなどで作成して報告する。

■振り返りはさまざまな評価の機会となる

(1) 自己評価

自己評価とは、学生自身が評価の主体となって学習状況を把握・分析することである。オリエンテーションの内容を振り返ることは、自己評価として重要な学習行為の一つである。時間的な流れに沿って振り返り、原因と結果を丁寧に考察し、自分の状況を言語化し確認していくプロセスを経ることで、改善と成長につなげることができる。

実習計画書の作成を自己評価する場合、評価のポイントは、計画作成のプロセス、作成時の指導内容、その指導をどのように受け止めたのか、なぜその目標を設定したのか、実現可能な計画

だったのか、計画を実施するために必要な知識・技術は何か、自分自身の学習への準備は整っているかなどである。

(2) 形成的評価

　形成的評価は、教員や実習指導者の立場から、指導や学習過程を通してさらなる学習を要する部分を判断するための情報収集などのことである。目標に照らした進歩状況や、実践能力の修得状況に関する情報を学生にフィードバックするためにも活用される。実習指導者側と実習生がお互いに情報を共有化することにもなり、非常に重要である。

(3) 相互評価

　相互評価は、実習生同士で行われる評価である。オリエンテーションで学習した内容は、実習指導の授業などを通じて、ほかの学生と共有することによって考察がさらに深まることが期待される。クラスの学生とディスカッションやグループワークを通じて情報を整理したり、多角的な視点からさまざまな出来事を分析したりする作業を経験することは、今後の実習指導の授業だけではなく、現場に出てから必要となるチームアプローチについて学ぶことにもつながる。

Close the Door

「実習計画書を作成するときは、自分なりに考えて書いたつもりでした。実習課題もこれならできるだろうと思って書きました。でも、実習指導者から一つひとつの課題を達成するための方法や私自身の準備が整っているかなど質問をされているうちに、できないことをやろうとしてしまっていたのではないか、課題設定が間違っていたのではないかと、少し不安に思ってしまいました」

　城田さんは、オリエンテーションで感じたことを素直に吐き出した。これからオリエンテーションに行くクラスの学生が、心配そうに話を聞いていた。

　益田先生はその様子をみながら、オリエンテーションの実習生の受け止め方を整理する必要性を感じた。

　「課題が達成されないことは、悪いことではありません。実習は、約1か月と短い期間で行われます。そのため、課題については達成できない場合のほうが多いからです。ですから、課題を達成するために、自分がどこまで理解できたのか、何をしたのか、という途中経過を丁寧に記録し、原因と結果を分析することが大切です。実習後の振り返りがあるのは、実習で考察しきれなかったことを学校で継続して研究するためなのです」

　城田さんやほかの学生たちは、表情が少しずつ明るくなり、大きくうなずきながら話を聞いていた。

　「城田さんは、学習を積み重ねていくことの大切さを学ぶことができたのではないでしょうか。実習が始まるまでまだ時間があります。焦らなくても大丈夫ですから、しっかりと準備を整えましょう。クラスの皆さんも、オリエンテーションに行って帰ってきたら、このようにみんなで振り返りの作業をしましょう。ほとんどの実習生は一人で実習施設

に行くことになりますが、実習前の準備から実習後の振り返りまでの期間は、一人ひとりの学びを分かち合い、考え合い、協力し合うというチームワークだということも忘れないでください」

Thought & Feeling

学生
初めての施設訪問ということで、とても緊張したけれど、実習計画書の意味をあらためて考えることができた。また、オリエンテーションの時に実習指導者からもらったコメントだけを思い出すのではなく、前段階で実施した事前指導や学習内容にも目を向け、自分の学習の積み重ねを自己評価することも重要だと気づいた。クラスの仲間とも経験を共有し、相互評価しながら、実習に向けて準備を整えていきたい。

教員
初めての訪問で緊張したと思うが、事前学習の成果がきちんと伝わってきた。実習計画書は、厚生労働省の通知や日本社会福祉士養成校協会の実習ガイドラインなどを踏まえて作成したと思うが、そのような国家資格としての枠組みもきちんと押さえておくとよい。その場ではすぐに質問が思い浮かばないこともあると思う。確認し忘れたことがあれば、わからないままにするのではなく連絡してほしい。

15．実習テーマ・達成課題の修正

Open the Door

「事前訪問、どうだった？」
　救護施設に事前訪問した翌日、矢沢さんは友人から声をかけられた。
「実習指導者の人が用意した実習プログラムと実習計画のすり合わせがメインだったけれど、話をしていると、実習を通して学んでほしいという思いが伝わってきたよ」
「熱心そうな実習指導者でよかったじゃない」
「でも、結構つっこまれたよ。『利用者の基本的人権に関する業務を理解する』って書いたんだけれど、『基本的人権って何？』とか、『具体的にどういう業務をイメージしているの？』って聞かれて、うまく答えられなかった」
「そんなに聞かれるんだ」
「それに、救護施設の入所者の特性を聞かれたときも、はっきりと答えられなくて…。
　入所者のなかには精神に障害のある人の割合や、高齢化のため介護を必要とする利用者も増えていると説明を聞いたんだ。それで、逆に、実習開始までに精神障害を中心とした三障害の特性と、基本的な介護技術についても勉強しておいてくださいと言われちゃって…」
「それは大変だね」
「でも、行事などの日程表も見せてもらって、自分が実習で何をしなくちゃいけないのかが具体的にイメージできるようになったよ」と矢沢さんは答えた。
「それはよかったじゃない。事前訪問を終えて実習計画書の修正が必要な人は、次の授業までに書き直して提出することになっていたじゃない。それだけアドバイスをもらったんだから、直すのは楽じゃない？」

Practice

1．矢沢さんは、事前訪問からどんなことを学んだのだろうか？　また、あなたは自分の事前訪問から何を学んだだろうか？
2．事前訪問を終えた人は、あらためて実習計画書を見直して、追加、修正すべき点はないか。その理由も含めて、考えてみよう。
3．実習生、実習指導者、教員の三者で実習計画書を完成させることには、どのような意義があるのだろうか？

■実践を具体的にイメージできる実習計画書に修正する

矢沢さんは、「利用者の基本的人権に関する業務を理解する」というテーマを掲げた。しかし、基本的人権について質問されても、思うように説明できなかった。この場合、修正するべき点はどこにあるのだろうか？ 掲げたテーマとしては間違いではないとしても、基本的人権に関する業務とはさまざまな業務があてはまり、自分がどのようなことをするのかイメージできていなかった。つまり、「実際に救護施設で何を実践するのか」という具体性に欠けたということになる。もちろん、文章としては実習計画書に記載されていたかもしれないが、もっと十分に説明できる言葉を使って文章を修正するべきである。現場は、概念や文章での表現とともに、具体的に「何をするか」を求めている。説明できないものは、説明できる言葉に噛み砕いて表現するよう修正することが必要となる。

■現場の状況に合わせて、事前学習事項を追加する

事前訪問に行って初めて得た情報や、それまでに取り組んできた事前学習だけでは不十分な点に気づくことがある。そのような場合、事前訪問での実習指導者からの説明を踏まえて、実習開始までの事前学習を追加して行う必要がある。

矢沢さんは、救護施設の入所者の特性を聞かれて、明確に説明できなかった。ここで実習指導者は、実習生の情報収集不足を実感し、事前学習項目の追加を提案した。それは、現実に増えつつある精神障害について調べることや高齢の利用者を介護するための知識を把握することだった。現場の実習指導者は、単なる実習計画書の文章だけを読むのではなく、それについて質問し、事前学習が十分であるかを判断する。そして、不足している場合、計画書に追加しておくよう指示をする。

■実習テーマや達成課題の妥当性を、再度確認する

実習指導者は、たいていの場合、実習テーマや達成課題が妥当かどうか、現場の経験から口頭で大まかな助言をするが、内容を一つひとつ精査し、言葉や文章を修正してくれるわけではない。そこで実習生は、受けた助言をもとに自分で内容を点検し、文章にまとめ直す必要がある。また、実習先によっては、比較的、テーマ設定の自由度が高く、自主性に任せる実習指導者もいる。そうした場合、あまり助言を受けないかもしれないので、教員と相談しながら、事前学習を加えつつテーマも深めていき、最終的に完成していくことになる。

実習計画書は、「相談援助実習ガイドライン」に沿ったものでなくてはならないし、実習指導者が立てる実習プログラムも同様である。わかったつもりでいても、時間がたつにつれて曖昧になる。以前、高齢者デイサービスセンターに実習に行くことになった通信課程の学生は、運送業をしていて運転には自信があるのでぜひ送迎車を運転したいと事前訪問で申し出たが、却下された。また、別の実習生は、特別養護老人ホームでの事前訪問で「匂いの研究」が可能かどうか聞いてみた。そして、「興味深い研究ではあるが、実習のメインのテーマにはできない」と助言を受けた。相談援助実習は、ボランティアでも個人研究でもなく、社会福祉士養成課程のなかに位置づけられているものである。そのため、教員や実習指導者からの助言・指導を書き止め、「実習生として何をテーマとして学ぶべきか」を常に確認し続ける必要がある。

■実習計画書は、事前訪問後の修正・変更によって完成する

　本来、実習テーマや達成課題は、実習生と実習指導者が話し合って決めるものであり、それまでの準備として教員が手助けをする。つまり、実習生は自分が一生懸命考えた「未完成の実習計画書」をもって事前訪問に臨むことになる。そして、事前訪問で実習指導者から何らかの指導や助言をうけ、修正・変更をすることで実習計画書が完成する。よって、事前訪問において実習計画書の内容を修正・変更、あるいは追加することは当然のことである。

　ある実習生は、特に実習計画書の修正をしないで実習に入った。しかし、しばらくすると、取り組むべき達成課題が実習先の都合でできないということがわかり、実習の途中で実習計画書を大きく変更しなければならなくなった。事前訪問で実習指導者から何らかの指導や助言がない場合、実習生は未完成の計画書に基づいて実習に入ることになるので、必ず指導や助言を受けるようにしよう。

■実習計画書は、実習生・実習指導者・教員の間での学習契約となる

　実習指導者は、実習生が持参する実習計画書によく目を通し、想定しているプログラムとすり合わせ、実習生に指導・助言すべきである。その時点で大きなズレがあれば、教員とも打ち合わせをする。そして、最終的に完成した実習計画書は、学生と実習指導者、教員の間の最終的な学習契約（learning agreement）として尊ぶ必要がある。

　欧米のソーシャルワーク実習では、細かな学習契約書をつくり、実習指導者の提供するプログラムと学生がそこから何を学ぶべきかを細かく規定しており、最終的な評価もこの契約に基づいてなされる。わが国では、まだそこまでの規定はされていないが、それでも学習契約として尊ぶことで、実習がより専門的に深まる。

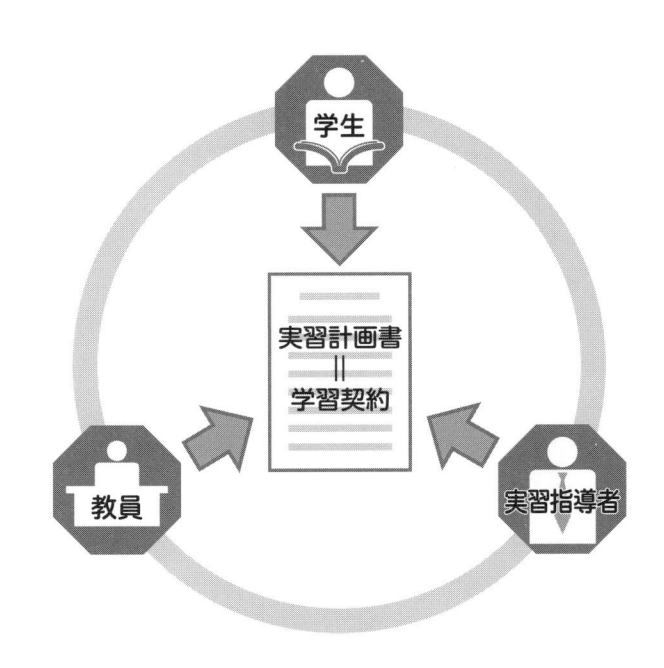

Close the Door

後日、矢沢さんは、担当教員の二宮先生に事前訪問の報告をするとともに、修正した実習計画書を提出してアドバイスをもらった。

「事前訪問に行く前より、だいぶ具体的になったと思います。今までは想像の部分が多かったけれど、実際に実習指導者と話をして、自分が実習で何を経験し、何を学ぶのかが具体的にイメージできてきたのではないでしょうか」そんな二宮先生の質問に、

「そう思います。計画を実施することが難しい部分もわかったと思います。もしかすると、今後、新たな課題が出てきたり、実習先の都合でテーマや課題を修正する場合もあるかもしれません」矢沢さんは心配そうに話した。

「その時は、実習指導者とよく相談してください。実習指導者は、矢沢さんの実習をじかに見ていますから、適切なアドバイスをしてくれると思います。それから、巡回指導に行く私にも相談できます」二宮先生は、柔らかい口調でアドバイスした。

「ぜひ、そうします。事前訪問で実習先にお伺いしたとき、実習指導者の人は、事前に実習プログラムを考えていてくれました。そのなかで、毎日夕方に、振り返りの時間が設けられていました。テーマや課題の変更だけではなく、もしわからないことが出てきたら、そのような時間を使って聞くようにします」

矢沢さんの声は、明るい口調に変わっていた。

Thought & Feeling

学生
実習計画書は、自分としてはうまく書けたと思っていたが、事前訪問では、実習指導者からの質問にうまく答えられなかった。つまり、このテーマは、まだ本当に自分のものにはなっていなかったということだと思う。しかし、訪問してみて、自分が実習で何をしなければならないのか、具体的にイメージできたような気がする。

実習指導者
実習生が事前訪問時に持参する実習計画書は、美しく書かれているが、中身は抽象的で具体的に何をしたいのかが明確になっていない。自分の言葉で話せないような実習計画書では、まだ自分のテーマになっていない。そのため、事前学習を追加する必要があった。準備をすることで、限りある実習期間を有意義なものにしてほしい。

16. 近づく実習にさらに備える

> Open the Door
>
> 　数か月後に始まる実習本番に向けて、実習指導の授業で昨年度実習した先輩との意見交換会が開催された。実習が目前に迫って来ていることもあり、先輩の経験にこれからの自分を重ね合わせていた星野さんは、今まで誰にも話したことがなかった不安を訴えた。
> 「実習計画書も何度も書き直して完成したし、オリエンテーションでも何とか自分のテーマや課題も伝えることができたと思う。でも、現実がわかっていないというか、学校の課題をやることと、現場で求められることが一致していないというか、今の状態では利用者ときちんと関係を築くことができない気がします。知らないことが多過ぎて不安です」
> 「うん。わかる、わかる」先輩は大きくうなずき、後輩の顔を見渡しながら語り始めた。
> 「私も実習が始まる前は、今のみんなと同じような気持ちだった。でも、初日のオリエンテーションで、勇気を出して不安な気持ちを実習指導者に伝えたの。そうしたら、『適切にサポートするためにもあなたの状況や気持ちを把握することは大切です。言葉にしないと伝わらないことが多いので、言ってくれてありがとう』って実習指導者が答えてくれたの」
> 　学生たちは、自らの言葉で実習への期待や不安を話していた。また、自分のことだけではなく、クラスの仲間にとっても必要なことや不足していることを語り合い、共有していた。

Practice

1. 星野さんの気持ちを想像してみよう。どんな不安を抱えていたのだろうか？　また、あなたは、どんな不安や期待をもっているだろうか？
2. 実習への不安を軽減し、モチベーションを高めるためには、どのような取組みが必要だろうか？
3. 実習前にボランティアや施設行事に参加したり、先輩の話を聞いたりすることで、モチベーションが高まったりする。それはなぜだろうか？

Lecture

■近づく実習に備えることで不安は軽減され、モチベーションが高まる

　星野さんのように、学生のなかには準備をすればするほど、不安が増してくることがある。次に紹介するさまざまな方法は、不安を軽減し、モチベーションを高めるのに役立つ。

■実習施設の行事やボランティアに参加する

　オリエンテーションなどの公的なプログラムだけではなく、ボランティアといった私的な活動を実施することもモチベーションや実習へのイメージをつくるきっかけとなる。

　ボランティアに参加することとオリエンテーションや施設見学とを比較すると、次のようなメリットや意義がある。

- 利用者と直接かかわることができる
- 利用者の生活の一部にかかわることができる
- 通常の生活とは異なった利用者の表情や行動などを確認することができる
- 利用者や職員と初めて会う緊張感はあるが、実習本番の初日には緊張がやわらいでかかわりやすくなる
- 時間が限られているため、初めてのかかわりとして緊張や集中力を維持しやすい
- 自分自身の学習の準備性を確認することができる
- 行事という目的や内容が決まっているため、利用者に対する支援やかかわりが比較的イメージしやすい

　ボランティアとはいえ、実習生としての立場を認識し、責任と自覚をもって臨まなければならない。

■実習生同士の対話を通じて、素直な気持ちを表出し、考察を深める

　実習生同士で実習に対する率直な気持ちを語り合うことは、教員や実習指導者との相談や面談とは異なる効果や意味がある。これは、ピアサポートの機能の一つとして考えることができる。例えば、友人や同じ立場の人と話をするときのほうが、先輩や教員と話すよりも安心感や満足感を得たり、些細なことでも恥ずかしがらずに話ができたり、等身大の自分で話をしたり、アドバイスを素直に受け入れられたりする。実習という特別な状況に置かれたとき、仲間の存在が支えになる。

　実習では、実習生の個人的な価値観や予測を超える課題に直面し、普段の生活では経験しにくいストレス状態に身を置くことになる。例えば、利用者の権利擁護や守秘義務の遵守などの徹底、利用者の虐待の経験や被害の詳細の把握、利用者との援助関係の構築などである。このような状況に対して、実習という経験を共有できる者同士が対話を重ねることで、喜怒哀楽に共感し合い、もう一度トライしようという気持ちが生まれる。

■実習経験のある先輩から話を聞く

　実習した経験のある先輩から話を聞くことは、実習生の事前準備において、例えば以下のようなメリットがあると考えられる。

- 実習生としての立場から経験を話すことができる唯一の存在である
- 実習の全体像や期間を通した経験やプログラムを確認できる
- 実習生としての不安に共感できる

- 自分が実習する施設で実習した先輩であれば、より相談内容と回答が一致しやすくなり、問題解決やモチベーションの向上につながる

一方で、先輩の経験を理解する際の注意点としては、先輩の経験はあくまでも一個人のものであり、全員に適用されるものではない。つまり、先輩の成功や失敗が、必ずしも後輩の成功や失敗につながるわけではない。しかし、情報を得ておけば有益な実習につながる。ある障害者の支援施設の実習で、関係性をつくるのに苦労した先輩がいたが、同じ苦労をさせたくないと思い、後輩たちに何をどう準備しておいたらよいかを話した。そのことで後輩たちは普段以上に準備ができて、よりスムーズな関係づくりができた。こうした例からも、先輩との情報交換は後輩にとって大切な機会といえる。

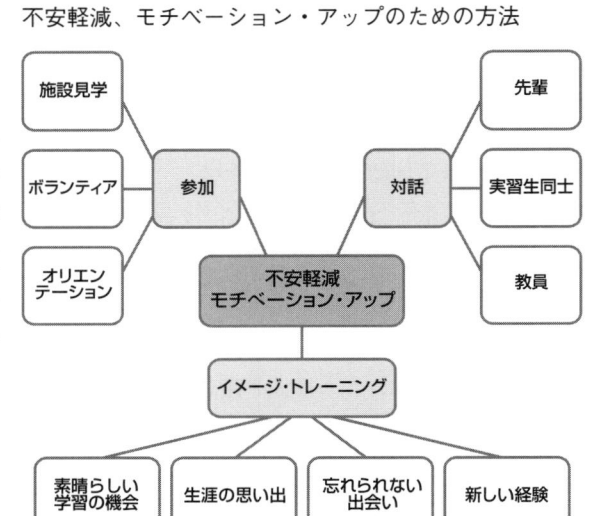

不安軽減、モチベーション・アップのための方法

[図：参加（施設見学、ボランティア、オリエンテーション）／対話（先輩、実習生同士、教員）／イメージ・トレーニング（素晴らしい学習の機会、生涯の思い出、忘れられない出会い、新しい経験）→不安軽減 モチベーション・アップ]

■ケース研究に備える

実習では、アセスメント、ニーズ把握、個別支援計画の立案（プランニング）、評価などといった支援のプロセスを学習することが目的の一つとして設定されている。具体的には、ケース研究として、担当の利用者を決め（実習生が選ぶ場合と実習指導者が選ぶ場合がある）、実際に施設・機関が使用しているアセスメントシートなどを用いてアセスメントを行い、プランニング、実施、評価まで行うものである。実際は、実習生という立場や力量、時間などの制約により、支援過程のすべてを実施しない場合が多い。ただし、支援計画の目標によっては、実施、モニタリング、評価まで実施する場合もあるため、実習指導の方針や実習指導者の指示に従って進めてほしい。

事前学習の段階では、実習種別または実習施設・機関ごとにケース研究の進め方や個別支援計画の立案方法が異なることを念頭に置き、あらためて支援のプロセスを復習していくことが重要である。

■イメージトレーニングを行う

あなたは自分の実習に対して、どのようなイメージを浮かべているだろうか？ 実習は「嫌だ」「行きたくない」「怖い」など、否定的なイメージをもっていると、行く前から萎縮し消極的になってしまう。しかし、実習を「すばらしい学習の機会」「生涯の思い出」「忘れられない出会い」「新しい経験」など、肯定的なイメージをもつようにすると気持ちが前向きになり、モチベーションも高まる。実際、実習はすばらしい機会を提供してくれる。そのことを多くの先輩たちの話からも聞くことができるはずである。

> **Close the Door**
>
> 多くの学生がオリエンテーションに行った後は、現場の状況や利用者の生活を想像する力がついているようだった。相葉先生は語りかけた。
> 「皆さんは、実習生として現場で利用者や職員の人たちと一緒に活動し、学ぶ姿が想像できているように感じます。皆さん自身が利用者の人生にかかわり、大切な時間を共有することの意味を考えることができるようになってきたと思います」
> 学生たちは、自分自身の変化を感じ取っていたようだった。
> 「皆さんのテーマを達成するには、そのための準備が必要になります。実習が始まるまで間がありますが、これからの期間は、本番につながる大切な時間となるので、ボランティアや施設で企画されている行事に参加してみてください。また、授業時間外になるかもしれませんが、先輩と語り合う時間も設けたいと思います」

Thought & Feeling

学生
実習が近づいてきた。これまで十分に準備してきたが、それでも不安は消えない。これからは机上の準備よりも、実際に行動したほうがよいと学んだ。ボランティアや見学、先輩から話を聞いたりして、近づく実習に備えたい。知らず知らずのうちに、実習に対して否定的なイメージをもっていた自分に気づいた。「実習はすばらしい機会なんだ」と言った先輩の言葉が胸に響いた。

教員
この時期は、実習生は不安になる。彼らが語るさまざまな感情や考えを受け止め、もう一歩踏み出す決意や勇気を引き出すような支援的なかかわりが求められる。もちろん、利用者が直面している問題や障害などに対する差別的な考えや意見があった場合は、実習が始まる前に二者面談などを通じて納得のいくまで話し合わなければならない。利用者の権利をしっかりと擁護できるよう、自信をもって実習に送り出したい。

第3章　実習シミュレーション1

17. 実習先全体をみる

> 「やっぱり、病院って白衣を着ている人が多いなぁ」
> 　実習生の平田さんは、院内で行きかう職員の服装をみて、そんなことを考えていた。
> 「首に聴診器をかけている人は医師だってわかるんだけれど、その隣の人が着ている詰襟のような白い服は何というのだろう」
> 　休憩のとき、実習指導者の国村さんにその質問をしたところ、「それはケーシーといってね、主に理学療法士や作業療法士などリハビリを行う人が着るんだよ」と教えてくれた。そして、病院に勤務している職種が載っているパンフレットを見せてくれた。そこには、医師、看護師、臨床検査技師、作業療法士、理学療法士、言語聴覚士、薬剤師、管理栄養士、助産師、保健師、介護福祉士、精神保健福祉士、事務員、そして社会福祉士と書かれてあった。ページをめくると、院内学級の様子についてもふれていた。
> 「教員も働いているんですね。事前学習で病院に勤務する職種を調べたところ、医療やリハビリ系の職種はありましたが、教員までは気づきませんでした。実習で何か教員の方とかかわることはあるんでしょうか？」
> 　平田さんの質問に国村さんが答えた。
> 「先月も小児病棟の子が退院する前にカンファレンスを開いたのだけれど、その子の担当教員にも出席してもらったんだ。これからの実習で平田さんもいろいろな職種とかかわることがあるだろうから、しっかりと調べておいたほうがいいよ」

Practice

1. 平田さんは、病院ではさまざまな職種の人が働いていることを実際に確認した。この知識は、後でどのようなことに役立つと思うか？
2. 実習先を観察するということは、具体的に何をどのように観察すればよいのだろうか？
3. 多職種の連携（チームアプローチ）を理解するために、どのような点に注意を向けたらよいだろうか？

Lecture

■実習先の全体像に目を向ける

実習が始まって1週間くらいまでは、以下のような視点で実習先の全体像に目を向ける必要がある。

> 実習先は
> - どのような地域にあるのか
> - どのような目的や役割をもって運営しているのか
> - どのような人々を対象としているのか
> - どのような事業（サービス）を実施しているのか
> - どのような職種が勤務しているのか
> - それぞれの職種はどのような目的や役割をもっているのか　など

　平田さんは、事前訪問の後で病院のさまざまな職種について調べてはいたが、実際に働く姿を知ることで、より病院という職場がどのような組織であるのかを身をもって理解した。この時期に職場（実習先）の全体像を知ることで、平田さんは、ソーシャルワーカーの仕事がさまざまな組織で働く専門職と連携して進んでいくことをより理解できた。

■さまざまな視点から詳細に「みる」ことが重要である

　ある実習生が、後輩から「先輩が行った実習先ってどんな施設だったんですか？」と聞かれ、「普通の施設だったよ」と答えた。この実習生は何を見てきたのだろうか？　実習の初期は、観察することが多くなると思われる。そこで「観察」という言葉を正しく理解したい。

　観察とは、物事を注意深く、よくみることである。この「みる」という言葉には、見る・観る・視る・診る・看るという漢字があてられるが、それぞれ成り立ちが違い、少しずつ意味も違う。人（儿）の上にある大きな目で物事を明らかに「見る」、広範囲をぐるりと眺め（雚）「観る」、まっすぐに眼差しをむけ（示）て「視る」、病気の具合を隅々まで「診る」、手を目の上にかざして遠くまでよく「看る」。このように、さまざまな視点で具体的にみれば、前述のような「普通の実習先」という表現はありえない。そして、実習生は実習先のみならず、実習指導者の実践内容や、利用者の言動や表情、彼らをとりまく環境、そして自分自身のことなども、さまざまな視点から詳細にみるようにする。そうすることによって、実習での学びがより豊かなものになっていく。

■多職種について理解し、どのように連携しているのかを知る

　ほとんどの現場では、ソーシャルワーカー以外のさまざまな職種が利用者にかかわっているため、多職種との連携（チームアプローチ）がとても重要になる。このチームアプローチをスムーズに運用するには、相手（多職種）の業務内容や役割などをよく理解しておくことが基本となる。例えばチームカンファレンスを見学する際、どのような職種がどのような目的で利用者にかかわっているのかということを事前に理解しておかなければ、観察の内容が浅いものになってしまう。また、実習生自身が多職種からコンサルテーションを受けることもある。そのためにも、実習先でど

のような職種がどのような専門性をもって働いているのかをしっかりと知っておく必要がある。

■「もし自分だったらどうするだろうか」と考える

　実習生の多くは、学校で学んだ専門的知識・技術・価値が実際の現場でどのように活用されているかを知りたいと考えている。これを効果的に知る方法の一つは、実習指導者やほかの専門職の業務を観察しながら、「もし自分だったらどうするだろうか」と考えることである。

　例えば、平田さんは患者の退院前カンファレンスに出席し、ソーシャルワーカーが患者の退院後の生活に必要なことを詳しく説明するのを目にするかもしれない。その時、「自分だったら、どう説明するだろうか？」と考えてみる。そして、「専門用語をあまり使わないほうが、家族にとってよいのではないか？」とか、「一方的に話すより、患者や家族に質問してもらうほうがよいのではないか？」と考えるかもしれない。こうした気づきは、日々の振り返りや記録に記載して整理しておき、その後の実習で、あるいは将来、実際に自分の考えた通りにやってみる機会が訪れたなら、その気づきを活用してみよう。

■事前学習との相違を確認する

　どんなに事前学習をしっかりやっても、実習に行って初めてわかることがある。また、事前学習で学んだ内容が、現場における状況や実践と違うことがある。

　介護老人保健施設に実習に行くことになったある実習生は、事前学習で、「介護老人保健施設の位置づけは、病院と家の中間的施設であり、在宅復帰を目指す施設」だと学習した。しかし、実習先の介護老人保健施設では、在宅に戻らず特別養護老人ホームなどの施設へ入所する利用者が少なくなかった。そこで実習生は、なぜ事前学習と状況が違うのか自ら考えるとともに、実習指導者に質問をした。それにより介護老人保健施設の利用者が重度化しているということ、特別養護老人ホームへの入所待ちで介護老人保健施設に入所している人がいるということ、在宅生活を支える社会資源が不十分だということなどの課題が浮き彫りになった。

　このように、絶えず現場は変化している。実習生は、事前学習と現実とのズレや違いがなぜ生じるのかを考えつつ、より現実に対応した実践を学んでほしい。

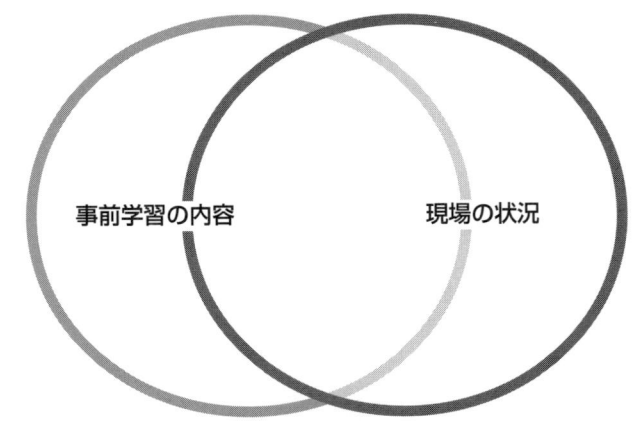

事前学習の内容　　現場の状況

なぜ事前学習の内容と現場の状況がズレていたり違っているのか考える

Close the Door

　数日後、平田さんは関連機関について学ぶため、併設する介護老人保健施設で1日実習をした。

　午前中、多くの利用者が広いテーブルの周りに座り、卓上ボール転がしという集団レクリエーションをしていたので、そこに参加した。「このように皆でやることで、楽しみながら体を動かすことができるんですよ」と説明してくれたのは、介護福祉士であった。

　一方、この集団レクリエーションには参加せず、廊下の端で平行棒を使いながら歩行訓練をしている利用者もいた。「佐藤さん、随分足が上がるようになってきましたね。その調子ですよ」と理学療法士が声をかけつつ、歩行動作を確認していた。

　昼食時、栄養士や調理員は、入所してまもない利用者がしっかりと食べているかを気づかっていた。午後になると、看護師が利用者一人ひとりにバイタルチェックをしながら、入浴できる状態であるかを確認していた。

　こうした専門職たちの姿を実際にみることで、平田さんは、自分が学ぼうとする場所がどういうところなのか、少しずつ理解できていると感じた。

Thought & Feeling

学生
　病院での実習を通して、さまざまな職種がそれぞれの専門性を活かしながら働いているということをあらためて勉強した。各職種と利用者が実際にかかわっている様子を観察させてもらったり、気になったことを質問できたことはよかった。そして、チームアプローチの重要性も理解した。外からお客様のように観察するのではなく、人と交わり、話し、仲間になってこそ、多職種やチームが理解できるのだと思った。

実習指導者
　チームアプローチでは、それぞれの専門的立場から利用者支援を考えていく。時に意見の食い違いがあるが、そこを調整していくこともソーシャルワーカーの仕事の一つである。そのためにも、実習生は連携する多職種の役割や業務内容について理解しておいてほしい。特に、病院の中で多職種と対等に話すには、医療の知識が不可欠であることを覚えておいてほしい。

18．利用者との関係を築き始める

Open the Door

　実習生の樫原さんは、自分こそ児童養護施設の子どもたちのことを理解してあげられると意気込んでいた。というのも、樫原さんは、お酒が入ると暴力を振るう父親のもとで育ったので、施設の子どもたちの境遇に、自分の境遇と近いものを感じていたのである。

　実習初日、そんな親しみや使命感のような気持ちを抱きながら、自分が担当するひまわり寮に入った。ちょうど夏休みで、幼児から小学生ぐらいの子どもたちは、寮内で自由に活動していた。実習指導者の中原さんに促されて、
　「今日から実習でお世話になりますＡ大学の樫原です。よろしくお願いします」
　と少し大きめな声で自己紹介した。
　すると、何名かの小学生と思われる子どもたちが興味深そうに近寄ってきて、
　「一緒に遊ぼう」
　と声をかけ、樫原さんの手を引っ張って中庭のほうに連れていった。
　中庭にはバスケットボールのリングがあって、みんなで楽しくボール遊びを始めた。ところが、何かの拍子に子どもたちはお互いに怒鳴り合い、激しいボールの奪い合いを始めた。樫原さんが、
　「けんかはやめよう。みんなで仲よくしようよ」と声をかけたが、子どもたちは「うるせぇ、黙れ！」「お前に何がわかるんだ！」などと言って、争いはさらに激しくなった。
　樫原さんがどうしたらよいかわからずに立ちすくんでいると、中学生の子どもたちが部活着で帰宅した。彼らは小学生の争いを気に留めることなく、また樫原さんにも目もくれず、寮の中に入っていった。

Practice

1．子どもたちにとって、実習生とはどのような存在なのだろうか？　多くの実習生が入れ替わり立ち替わりやってくる。その現状も踏まえて考えてみよう。
2．樫原さんは、児童養護施設の子どもたちとどのような関係を築きたいと思って実習に臨んだのだろうか？　また、それはなぜか？
3．実習生として、利用者との関係を築くということはどういうことだろうか？

■実習生は利用者にとって新鮮な風を運び入れてくれる存在である

　実習施設は特別な場所であり、そこで過ごす時間は、実習生にとっては特別な経験となる。一方、多くの施設にとって、実習生の受け入れは日常的な業務の一つである。また、利用者にとって、実習生は次から次へとやって来て、時期が来れば立ち去る訪問者である。実習生は、こうした自分の立場の曖昧さに戸惑うことがある。職員と同じように利用者支援に携わりたいと思って臨んでも、利用者は自分のことを職員のようにはみてくれない。そのため、利用者は職員の指示や注意に耳を傾け、職員には心を開くかもしれないが、実習生に対しては違った態度をとるかもしれない。実習生はそのような利用者の態度の違いをみて、困惑したり、疎外感や無力感のようなものを感じることがある。

　しかし、実習生は利用者にとって、外から新鮮な風を運んでくれる存在でもある。外部の人であり、一時的にしかいない人だからこそ、職員にはなかなか言いづらいことを話してくれる可能性もある。例えば、どんな気持ちで家族のもとを離れて施設で生活しているのか、職員の対応についてどう感じているのか、自分の夢や希望など、職員には気兼ねして言いにくかったり、あらたまって話すのは恥ずかしいと感じていることも、実習生には話してみたいと思うかもしれない。職員とは異なる立場にあるからこそ、実習生としてどのような経験ができ、何を学ぶことができるのか、意識して考えてみよう。

■関係を築く基本原則に立ち戻る

　実習先で利用者と関係を築いていくためには、自分の思いにとらわれず、受容、傾聴、共感、個別化などの原則に立ち戻ることが大切である。樫原さんは自分自身の生い立ちとの共通点から、児童養護施設の子どもたちのことをわかってあげられると思い込んでいた。しかし、子どもたちから最初に浴びせられた言葉は、「うるせぇ、黙れ！」「お前に何がわかるんだ！」というものだった。こうした経験をするとショックを受け、自信を失いそうになるが、関係づくりに焦ることなく、まずはじっくりと利用者の様子を観察し、利用者の言葉に耳を傾け、気持ちを理解することを優先しよう。利用者は、自分のことをよくみてくれた、自分の話を聴いてもらえた、わかってもらえたと感じたときにこそ、実習生を信頼し、もっと心を開いてみようと思うようになる。お互いの関係が築けていない段階で、実習生から紋切り型の言葉を投げかけられても、利用者の心にはまったく響かない。樫原さんは、子どもたちと出会ったばかりだ。関係づくりに近道はないのである。

■あらゆる機会をとらえて利用者を理解する

　利用者を理解するための機会は、面接室での一対一だけに限らず、ほかにもたくさんある。先の事例のなかで、楽しく仲よく遊んでいたはずの子どもたちが、突然、怒鳴り合い、ボールの奪い合いを始めた。いったい何が起きたのだろうか。このような場面においては、きっかけとなった何らかの出来事に、利用者の気持ちの動きを理解するヒントがある。だからこそ、実習先がどこであれ、利用者の様子を注意深くとらえる必要がある。

　また、利用者がどのような状態にあるのか、利用者同士がお互いにどのような関係にあるのか、日頃からあらゆる場面を利用者理解の機会ととらえ、よく観察しよう。問題となるような特別な場

面だけにとらわれるのではない。むしろ、日常的な平凡な場面のなかに、利用者を理解するうえでのヒントとなるさまざまなエピソードが隠れている。

■利用者とのコミュニケーションの方法はいくつもある

　実習生は、自分の実習先の利用者がどんなふうにコミュニケーションをとっているのか、その方法を把握しておく必要がある。コミュニケーションの方法は言語によるものだけでなく、あらゆるボディ・ランゲージを使った非言語によるものもある。言葉によって、自分の気持ちや考えを適切に伝えようとすることは大切だ。とはいえ、すべての人がその方法をとるとは限らない。障害者や高齢者のなかには、何らかの障害や疾病によって言葉によるコミュニケーションが得意でない利用者もいる。子どもを含めて、何らかの理由で心に傷を負っているために、自分の気持ちや考えをうまく言葉にできない利用者もいる。絵を描いたり遊具を使ったりするなかで、他者とのコミュニケーションを図る利用者もいる。また、利用者の顔の表情やからだの動きから、利用者の状態を推測し、把握しようとする方法もある。実習生は、利用者一人ひとりに合ったコミュニケーション方法を考えておこう。

■支援に必要な適切な関係を築く

　利用者との関係を構築するにあたって、実習生は支援に必要な適切な関係を築く必要がある。適切な関係とは、「利用者を中心に据え、利用者を支援することを目的とした関係」である。実習生は早く利用者と仲よくなりたい、利用者に認めてもらいたいなどの焦りや不安の気持ちから、彼らに不適切なかかわりをすることがある。例えば、利用者の好意を得たいために、彼らからの過度な要求を無条件に受け入れてしまったり、必要な場面で適切に注意できなかったりといったことがある。あるいは、利用者に自分の存在を認めてほしいために、高圧的、指示的な態度に出てしまうこともある。一方、利用者のほうも実習生に対し、職員には要求しないようなこと（おやつの量を多く要求するなど）を求めたり、普段は抑制している甘えや攻撃性を表現（実習生を独占しようとするなど）することがある。

　実習生は、実習がソーシャルワーカーになるための訓練の場であることを意識しよう。実習の目的をよく理解し、自分の一時的な気持ちを満たすために利用者との関係を利用せず、誠実な関係づくりを心がけよう。

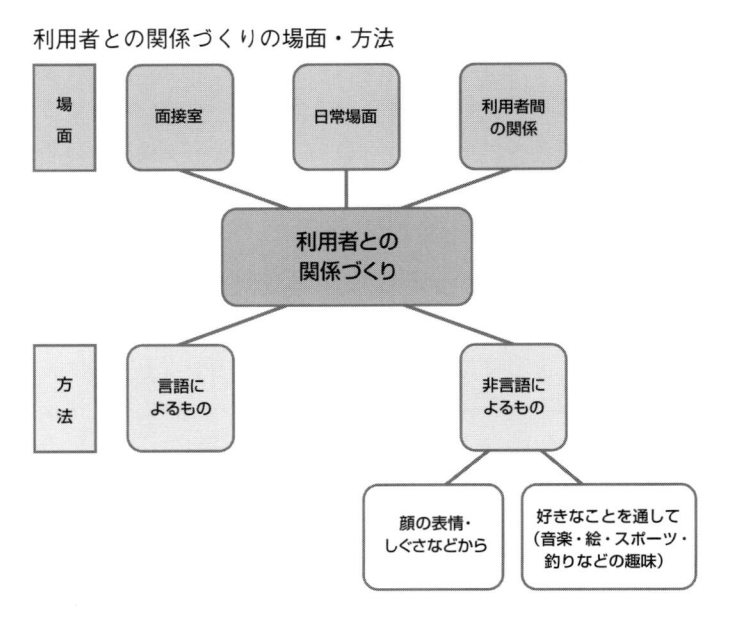

利用者との関係づくりの場面・方法

```
場面 ─ 面接室　日常場面　利用者間の関係
          　　　　│
      利用者との関係づくり
          　　　　│
方法 ─ 言語によるもの　非言語によるもの
                          │
                   顔の表情・しぐさなどから
                   好きなことを通して
                   （音楽・絵・スポーツ・釣りなどの趣味）
```

Close the Door

　実習初日の夕食時、浩司君が食卓の魚を見て、「また魚か。おいしくない！」と言った。実習指導者の中原さんは「あらまあ、お気の毒に！」などとかわしながら、にこにこしている。樫原さんは浩司君の言葉に反応して「好き嫌いはいけないよ」と諭そうとしたが、まず様子をみることにした。
　しばらく経っても、浩司君は魚だけを残している。
　樫原さんは尋ねてみた。
「魚、好きじゃないの？」
「魚、嫌い。肉がいい…」
「私も肉のほうが好きだな。特に好きなのはハンバーグ」
　すると浩司君は、一瞬「あれっ！？」という表情をして、「僕もハンバーグ好きだよ！」と答えた。
「ハンバーグ、おいしいよね。私はケチャップをいっぱいかけるよ。浩司君は？」
「僕もケチャップいっぱい！」
　しばらくの間、これが好き、あれが嫌いという話を続けたあと、浩司君は「魚より肉だ」と言いながらも魚に箸をつけ、ついに食べ切った。
「そうなんだ。まず、魚が嫌いという気持ちをそのまま受け止めることが大事なんだ。もし私が、最初から説教していたら…」
　樫原さんはそんなことを思いながら、実習初日の夜になって、ようやく子どもとの関係を築き始めた気がした。

Thought & Feeling

学生
　子どもたちがボールの奪い合いを始めたときには、自分でどうにかあの場を収めなければと焦ってしまった。夕食のときに、魚が嫌いという浩司君の気持ちを否定せず、どうにか会話を続けた。少しだけ関係を築くことができたかなと思う。

実習指導者
　子どもたちに対して、手に負えないような気持ちになることがある。そんなとき、「何を訴えているんだろう？」とよく考える。結局、支援者としてできることは、一人ひとりの子どもをしっかりと見つめること。ささいなことであっても、その積み重ねで子どもは安心し、そして成長する。

19．利用者との関係を深める

Open the Door

城田さんは、老人デイサービスセンターに来ている利用者の顔もなんとなく覚えてきた。

しかし、城田さんには気になる利用者がいた。誰ともしゃべらず、ずっと黙って外を眺めている83歳の男性、佐藤さんだった。本日も送迎車で来て、看護師の方が血圧を測り、「体調ですぐれないところはありませんか？」と尋ねると「ありません」とだけ言って、一人、窓側の席で座っている。

城田さんは、佐藤さんのことが気になっていたので声をかけてみた。

「佐藤さん、おはようございます。今日は天気がよくてよかったですね」

「そうですね…」

話は続かず沈黙になってしまった。近くを利用者の田中さんが通った。彼女はよくしゃべる80歳代の女性で、昔、近所でクリーニング店をやっており、この界隈のことなら何でも知っている生き字引のような人であった。その田中さんが教えてくれた。

「佐藤さんはね、昔、電車の運転手だったんだよ」

「佐藤さんは、運転手さんだったんですね」そう城田さんが尋ねると、突然、佐藤さんは、

「この辺りにも昔は路面電車が走っていたんだよ」と窓の外を指さし、

「ちょうど、あの辺りでカーブしていたんだよ」と話し出した。

「そうだよね。あんなビルなんかなかったし、向こう側からちょうど直線になっていたよね」田中さんも懐かしそうだった。

「そうそう、あの辺りには、駄菓子屋があってね。よく子どもたちが路面電車を追っかけて来ていたよ」

「そうなんですね。佐藤さんは、電車の運転手さんだったから、この町の昔のことをよく知っているんですね」城田さんが思わず聞くと、佐藤さんは、ほほ笑みながらうなずいた。

Practice

1．城田さんは、なぜ佐藤さんに話しかけたのだろうか？　また佐藤さんとの会話から何を学んだのだろうか？

2．あなたの実習先では、どのような利用者と関係を深める機会があるだろうか？　想定して話し合ってみよう。

3．「利用者と距離がある」と感じた場合、どのように接していくとよいのだろうか？　さまざまな場面を考えながら話し合ってみよう。

Lecture

■利用者一人ひとりの人生を知り、尊重することで関係が深まる

実習先の種別によって利用者は違う。しかし、種別の枠だけで利用者をひとくくりに理解してはならない。城田さんは、老人デイサービスセンターで、多くの高齢者と出会った。彼らは、見た目には同じように高齢であるが、一人ひとり違う人生史をもったかけがえのない人たちだった。

今ではほとんど誰ともしゃべらない佐藤さんも、かつては地元で路面電車の運転手として活躍していた頃があった。ほかの利用者もそうである。彼らはみんなこれまでの人生で、それぞれに違う経験をしてきた、かけがえのない存在なのである。城田さんは、佐藤さんやほかの利用者、一人ひとりの価値を認め尊重することで関係が深まっていくことを学んだ。

■さまざまな利用者と関係を深める努力をする

実習では必ずといってよいほど、自分とは違う価値観をもった利用者に出会う。佐藤さんのように静かな人もいれば、田中さんのように気軽にしゃべってくる利用者もいる。実習生は、自分が話しやすい人だけではなく、さまざまな特質の利用者たちと、どのように関係を深められるかを模索する。

自分とは違う価値観をもった利用者に対し、時に、その利用者を自分の価値観に当てはめて理解して、「どうしてあのような行動を取るのか？」と否定的に感じることもある。これは、私たちが気づかないうちに「色眼鏡（偏見）」で見ているからではないだろうか。偏見や苦手意識を乗り越え、関係を深めるには、自分の価値観と向き合う必要がある。

実習中、利用者によっては、すぐに関係が深まる場合と、逆に短い期間ではなかなか深まらない場合とがある。たとえ短い実習期間のなかでは変化がなくても、あくまで利用者にとって心地よいペースと効果的な距離感で、少しずつ信頼関係を深めるようにしよう。

■自分のもっている能力を効果的に使って関係を深める

利用者一人ひとりが違う経験をしてきたのと同様に、実習生のもっている能力も一人ひとり違う。こうした自分に与えられた能力や経験、学んだ知識、技術を効果的に使って、利用者との関係を深めることができる。

障害のある利用者の個別支援計画を作成することになった実習生がいた。話を聞いていると、その利用者の趣味は釣りであった。実習生も年に何回か釣りをしていたのでその話をすると、利用者の表情が生き生きとしてきた。そこで、この実習生は、その後、会うごとに釣りの話をするようになり、いつしかこの利用者と深い話をするようになった。このように、自分のもっている能力を効果的に使うことで、利用者との関係を深めることができる。

■利用者との関係を深めるために、職員の力を借りる

地域包括支援センターで実習した学生は、最初の数日、特に訪問もなく、ほとんどの時間を事務所で過ごすしかなかった。そこでその実習生は、事務所にいる社会福祉士、保健師、ケアマネジャーに多くの質問をした。また、彼らが電話で話す様子を観察したり、彼らのかかわったケース

の話を聞いたりした。こうした学習は、後に実習生が利用者との関係を深めるのに役立った。

一方、ある実習生は、利用者とは話すが、それ以外は誰とも話さず、事務所に戻っては自分の気づいたことをノートにまとめるのに忙しくしていた。実習指導者が「もっといろいろな人と話し、質問したほうがよい」と勧めても、なかなかそのことを実行しなかった。その結果、この実習生は利用者を詳しく観察することはできたが、関係を深めるまでには至らなかった。利用者を最も知っているのは、職員たちである。彼らを重要なリソースとして、積極的に話したり、尋ねたりすることで、利用者との関係をどのように深めたらよいのか学ぶことができる。

■利用者との関係を深めることで、ニーズを知り、サービス、制度の存在意義を理解する

利用者との関係を深めようとする過程で、実習生は利用者のニーズをよく知ることができ、そこからニーズを満たすためのさまざまなサービスや制度の必要性をも理解できるようになる。城田さんは、老人デイサービスセンターに来ている佐藤さんと言葉を交わし、関係を深めていった。そしてその過程で、佐藤さんが昔話をすることで生き生きとした表情になることに気づいた。その時、城田さんは、なぜデイサービスセンターが存在するのか、また、それを支える制度についてもあらためて理解した。

実習生は、ともすると最初からサービスや制度が存在していると思いがちである。しかし、問題を抱える利用者がいてこそ、さまざまなサービスや制度が生まれたことに気づいてほしい。施設サービスや在宅サービスも、それを必要とする利用者のためにつくられたのである。つまり、さまざまなサービスや制度の中心にいるのが利用者であり、その利用者との関係を深め、彼らのニーズをよく理解することなしに、サービスや制度の存在意義は理解できない。

実習生の多くは、「児童養護施設の意義・役割を知る」とか、「福祉事務所の機能を理解する」などのテーマを掲げ、サービス提供の内容や仕組み、職種などをみようとするが、まず、目を向けるべきスタートラインは、利用者を知り、彼らとの関係を深めることだと気づいてほしい。

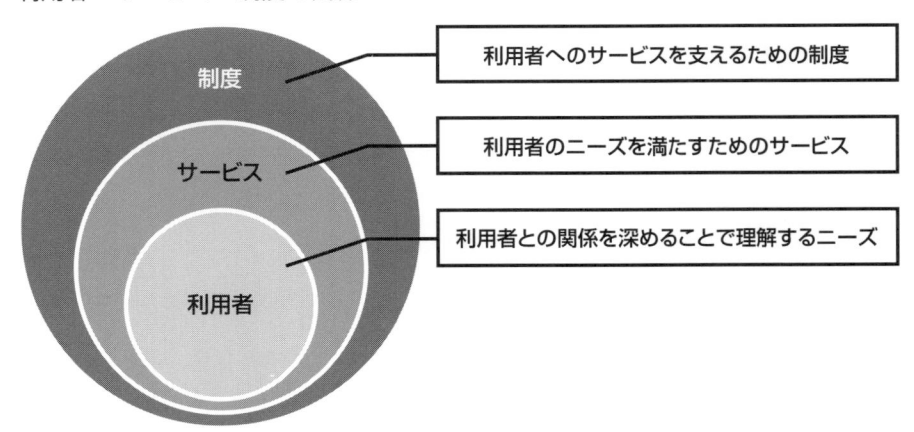

利用者・サービス・制度の関係

- 制度 —— 利用者へのサービスを支えるための制度
- サービス —— 利用者のニーズを満たすためのサービス
- 利用者 —— 利用者との関係を深めることで理解するニーズ

Close the Door

その後も城田さんは、佐藤さんに話しかけるときは、「電車の運転手さんだったんですね」と一言声をかけてから話しかけた。

すると佐藤さんは、普段とは違った生き生きとした表情で話してくれた。また、話のはじめは必ず窓の外を眺めて、

「この辺りにも昔は路面電車が走っていたんだよ…」

と同じ話を繰り返した。しかし、城田さんは同じ話を聞いても、これは佐藤さんの生きてきた証なんだと思えた。

実習指導者の矢野さんはその話を聞き、佐藤さんの口数が増えていったことを話した。その話を聞いた城田さんはうれしく思った。そして、実習では、思いがけない利用者の一言からも学ぶことができると感じた。

Thought & Feeling

学生

最初、佐藤さんのことを「物静かな人だ」と思っていた。でも、話題が変わった瞬間、彼が突然話し出したので本当に驚いた。私は彼が物静かな人なんだと決めつけていただけで、本当にその人に寄り添って話を聞いていなかったのだと思う。何事も印象だけで相手を判断せず、一人ひとりに寄り添って話を聞いてみたいと思った。そうすることで、利用者との関係が深められることを学んだ。これから、もっといろいろな人と関係を深めたい。また、利用者だけでなく、いろいろな専門職の人から話を聞いてみたい。

実習指導者

利用者は話すことによって、さまざまな表情やメッセージを出している。だから、その裏に潜む本心への理解を深めることによって相手のニーズを知り、支援へとつながっていく。城田さんが話すことで、佐藤さんが変化してきたことを覚えておいてほしい。利用者は一人ひとり違うので、その人にあった支援は何だろうと考えながら実習を続けてほしい。

また、職員たちとも話してほしい。彼らは、質問すれば、いつでも利用者との関係を深める方法を教えてくれる。職員たちは、有益なリソースなのである。

20. 実習中の困難を解決する―職員から学ぶ

Open the Door

　障害者の支援施設の利用者たちは、午後1時間、生活訓練でビーズ通しや簡単な計算に取り組むことになっていた。今日は別室で職員のミーティングがあるため、実習生の与野さんは一人で利用者の様子を見ることになっていた。彼らは「面倒で、いやだ」「つまらないから、やりたくない」などと言って、部屋を飛び出して歩きまわったり、あるいは床に座り込んだりして、なかなか集中しようとしなかった。
　そのなかで、森田さんだけはいつになく黙々と訓練に向かっていた。与野さんは、「みんなもしっかりがんばろうよ。森田さんはがんばっているよ」とほかの利用者を励ますつもりで言った。すると彼らは、「なんで森田さんばかりほめるんだ。ひいきだ」などと口ぐちに言って、ますます訓練に集中するどころではなくなってしまった。
　与野さんは、これまでもこのような場合には自分なりに工夫して努力してみた。しかし、どうしても同じ状況になってしまうことに落胆し「一体どうしたらいいんだろう…」と考え込んでしまった。

Practice

1．与野さんは、どのようなことで困っているのだろうか？　このような場面を改善するために、与野さんはどんな努力をしてみたと思うか？
2．あなたの実習先で想定できる困った場面を再現し、ロールプレイをしてみよう。
3．このような場面において、あなたが実習生、あるいは職員だったらどのように対応するだろうか？

Lecture

■どうしたらよいのか、行き詰まってしまうことがある

　利用者一人ひとりと関係を築くことが難しい場合がある。利用者が障害や疾病を抱えている場合や、複雑で困難な人生を歩んできている場合など、それがより顕著になる。これまで与野さんは、利用者の気持ちや行動を理解しようと努力してきた。しかし、彼らは集団でいることが多く、そのような場面で一人ひとりを理解し支援するということが、どういうことなのかわからなくなった。
　実習生は、しばしば与野さんのように感じることがある。自分なりにさまざまな努力や工夫をしてみるが、どれもうまくいかない。そして自分の目には、利用者がいろいろなことに対してやる気

がなさそうに見えたりする。自分にはなかなか理解できない利用者に対して、どう対応したらよいのか、行き詰まってしまう。このような場合、どうすればよいのだろうか？　さまざまな打開策があるなかで、ここでは職員（実習指導者を含む）から学ぶことを取りあげたい。

■状況を知ってもらうために、職員に相談する

　困った状況に陥ったときは、職員に相談し、自分が何に困っているかを伝え、状況を知ってもらうようにしよう。そのうえで確認したり質問したりすることは、直面している課題を整理することや助言を受けることにつながる。例えば、「利用者が不安定になっているときには、しばらく隣に一緒にいることが効果的なのでしょうか」と自分が学んだことを職員に伝えてみる。また、自分が困っている場面や状況を具体的に伝え、「利用者に何度声をかけても反応してもらえない場合、どうしたらよいでしょうか」と率直に尋ねてみる。このように自分の言動やふるまいをそのまま報告し、何が問題なのか、どう改善していったらよいのか、自分の気持ちや考えも含めて伝えてみよう。実習生が困っているような場面や状況については、職員も同じように悩んだ経験がある。そうした彼らからの助言が役立つ。また、実習生からの問いかけは、職員が自らの実践を振り返る機会ともなる。

　もちろん、問題に直面しても、自分で考え続けるべき場合もあるだろう。しかし、与野さんのように、さまざまに努力したがうまくいかずに行き詰まってしまった場合は、職員に相談し、彼らから学ぶべき時である。

■職員の働きを観察し、その働きから学ぶ

　もう一つの方法は、困った状況の場面において、「職員は利用者にどのように支援しているのか」、また、「職員のかかわりによって利用者の反応はどのように変わるのか」をよく観察し、その働きから学ぶことである。

　ある実習生は、自閉症のある人たちへの対応に悩んでいた。あるとき、利用者の一人がパニックを起こし、いきなり暴れたため、実習生はそれを抑制しようと大声で注意した。すると、パニックはさらにひどくなった。実習生は、こうした経験が繰り返されるたびに、どうすればよいのか行き詰まってしまった。そのことに職員が気づき、自分の方法をよく見て学ぶようにと助言してくれた。その職員は、利用者がパニックになっても落ち着いていた。静かな声で安全な場所に誘導し、おだやかに対応していた。しばらくすると状況が収まり、普段の姿に戻った。実習生は、自分のかかわり方が利用者にますます刺激を与えてしまっていたことに気づいた。

　職員の実践には、参考にできることや自分の実践に取り入れられそうなことがたくさんある。実習のスタート時には、自分が利用者にどう対応するかばかりに気をとられて、職員の様子から学ぶ余裕がないかもしれない。しかし、うまくいかないと感じるときこそ、職員の動きをじっくり見てみよう。きっと何かヒントを得られるはずである。

■ほかの専門職の視点からも学ぶ

　ほかの専門職の視点との比較のなかで学ぶならば、ソーシャルワーカーの役割をより理解できる

場合もある。例えば、体重コントロールの必要な利用者が甘いコーヒーを飲みたいと望んでいるとする。ソーシャルワーカーは、生活の質の向上や自己決定の尊重という視点から、「利用者が1日1杯のコーヒーを飲むことができるように」と働きかけるかもしれない。一方、医療職は、体調管理の視点から、糖分やカフェインの摂取に慎重になるだろう。コーヒーをめぐる複数の視点のなかで、「何が利用者の最善の利益なのか」、そのためには、「どのような選択をすればよいのか」と深く考えるならば、利用者を多面的に理解し、支援することにつながっていく。また、ほかの専門職の視点についても学ぶことになる。

困ったときの対処法

- 自分で考える
- 困ったときの対処法
- 職員から学ぶ
  - 観察する
  - 質問する
  - ほかの専門職から学ぶ
  - チーム・アプローチから学ぶ

　ほかの専門職から学ぶためには、実習中、可能な限り、さまざまな立場の職員とかかわる機会をもつとよい。職種や立場、役割の異なる職員が連携しながら、どのような視点に立って利用者を支援しているのかに着目しよう。

■チームで行う支援方法を学ぶ

　実習生は、利用者支援を個人で行うものではなく、チームによって行うことを学ぶ必要がある。言い換えると、実習生一人でどうにかしようと孤軍奮闘するのではなく、支援チームのなかで情報共有し、意見交換し、職員それぞれが自分の役割を探っていくことを学ぶのである。自分に与えられた役割に責任をもつことは重要であるが、一人で解決しようと背伸びすることは、決してよい支援につながらない。一人で無理をすることで、ミスを隠したり、問題を大きくしたり、ほかの職員からのサポートを得にくくなったりしてしまう。

　チームアプローチによる支援のあり方を学ぶには、実習生自身がさまざまな職員と関係を築いていくことが重要である。自分から積極的に支援チームのメンバーに声をかけ、自分の状況、感じていること、困っていること、学んでいることなどを伝え、そのつど、情報共有できる関係を築いていこう。そうすることで、実習生は信頼を得て、支援チームの一員になることができる。

Close the Door

　その日の午後、利用者たちは自分たちで洗濯物を畳むことになった。さっさと畳んで自分の好きなことをしたいという利用者もいれば、なかなか畳もうとしない利用者もいた。実習指導者の庄司さんは、畳んでいる利用者にも畳もうとしない利用者にも、一人ひとりに声をかけていた。庄司さんの様子を見ながら、与野さんは「畳んでいる利用者だけをほめたり、畳んでいない利用者をひとくくりにして叱ったりするのではないんだな」と気づいた。与野さんは、た

とえ利用者が集団でいるとしても、一人ひとりをしっかりと見て、個別に声かけすることの重要性について学んだ気がした。

夕方、与野さんは調理室に行って、調理員の林さんに夕食のメニューを確認した。すると林さんは、

「今晩は夏野菜のカレーライスですよ。最近、森田さんは、嫌いな野菜を残すことなく食べているでしょう？　きっとお盆のときに家に戻れることを励みにがんばっているんだろうな」と話してくれた。

与野さんはハッとして、今朝の訓練の場面についてあらためて思い返していた。なぜ、森田さんが一生懸命取り組んだり、嫌いな野菜をがんばって食べたりしているのか、職員はさまざまな視点から観察していた。与野さんは、なぜほかの利用者たちがそんな森田さんにやっかみを感じていたのかも、何となくわかったような気がした。

「利用者のことを理解するためには、いろいろな職員の視点から学ぶ必要があるのかも…」そう気づいたとき、与野さんの１週目の実習がようやく終わろうとしていた。

Thought & Feeling

学生

目の前で自分には手に負えないようなことが起こっているとき、そのことをどう理解し、どう対応したらよいのか。利用者一人ひとりを理解することはとても難しい。正直言って、そんな余裕はなかなかない。

でも、職員の対応を見たり、話を聞いてみたりするなかで、「なるほど…」と思うことがあった。自分一人で見えることはわずかだとしても、職員の複数の目が集まれば、たくさんのことが見えてくるんだなと思う。先輩たちの経験を財産として受け取っていきたい。

実習指導者

一つの施設に複数の職種が配置されているのだから、それぞれの専門性を十分に発揮することで、利用者理解は深まるはずだ。そういうことを実習生にも伝えていきたい。とはいえ、必ずしも職員間で十分に連携がとれているとはいえない。また、職員が一丸となって実習生を育てていこうという合意ができているかどうか…。私たち自身、自分たちの実践を振り返り、実習生をどう育てるか、所内でもっと話し合いをしていきたい。

21. 実践力（情報収集、支援計画とモニタリング、ネットワーク）

Open the Door

　土屋さんの実習先の地域包括支援センターでは、毎朝「昨日の相談」を中心に、短い事例検討をしており、今日は実習指導者の田所さんが話している。
「酒井さん（84歳、女性）について、民生委員さんから相談がありました。最近、ゴミのにおいや服装の乱れがあり近隣が心配しているそうで、伝い歩きをしている状態で認知症の可能性があるとのことです。介護サービス利用を勧めたものの、本人は『大丈夫』と言っているそうです。近隣から孤立し始めていて身寄りもないと聞いているので、早く施設を探してあげてほしいという話でした」
　検討の結果、次のように決定した。
- 市も何らかの情報をもっている可能性があるため、情報収集を行う
- 今日の午後行われる民生委員・自治会長の連絡会で、自治会長から情報収集を行う
- 心配しているという近隣の人のところに民生委員とともに行って、直接話を聞く
- 酒井さん本人宅に社会福祉士の田所さんと保健師の小嶋さんとで一緒に訪問し、ニーズを把握する
- 本人が「大丈夫」と言っている理由がわかるまで、「介護保険」「施設」という言葉は使用しない
- 本人宅の訪問後に、緊急性の判断を行い、必要と思われる支援を再度検討する

　事例検討が終わった後、土屋さんが尋ねた。
「なぜ本人が『大丈夫』と言っている理由がわかるまで、『介護保険』『施設』という言葉は使用しないんですか？」
「それはね、『大丈夫』という言葉には、やんわりとした拒否があるって、みんな経験してきたからかな」と田所さんは答えた。

Practice

1．あなたが土屋さんの立場なら、訪問の際に何を見て把握してこようと考えるだろうか？
2．実習先で、ソーシャルワーカーはどのような情報をどのように収集しているだろうか？　また、個人情報の取扱いについてどのように配慮しているだろうか？
3．あなたの実習先で求められる「ソーシャルワークの実践力」には、どのようなものがあるか考えてみよう。

Lecture

■正確な情報を必要に応じて収集し、課題を把握する

客観的事実を把握し、利用者の真のニーズをつかむことが、ソーシャルワーク実践のなかでは重要である。そのためには、正確な情報を必要に応じて収集する力が求められる。このことは、実習生も同じである。

例えば、この事例検討では、酒井さんに会う前に、酒井さんに関する情報を集めようと、市や自治会長、近隣住民等といった情報収集先を決めている。これは、民生委員からの「認知症の可能性がある」「身寄りがないと聞いている」という曖昧な情報だけを頼りに訪問するのではなく、酒井さんから信頼を得るアプローチ方法としてどのような方法がよいのかを検討するためのものである。また、訪問した際、もれなく必要な観察や確認をするための情報収集でもある。

地域包括支援センターのように、利用者に関する相談が、利用者以外の人から寄せられることが多い実践現場では、アプローチを行う際、情報収集は欠かせない。それ以外の実習先でも、裏付けをとりながら正確な情報の収集に努めているソーシャルワーカーに出会うことだろう。これは、利用者やその家族が面接で話すことは、その人からみた「主観的事実」であり、「客観的事実」とはかけ離れている場合があるからである。

例えば、相談室で利用者が「申請窓口で、身体障害者手帳に該当しないと言われた」と話したとしても、本当は「半年後に、申請できます」という窓口担当者の説明を誤解している場合もある。この場合、ソーシャルワーカーは利用者の同意を得て、手帳申請の窓口担当者から直接情報を収集すべきである。正確な情報収集はアセスメントの基本であり、生活課題の抽出には欠かせない。

実習先で、利用者の生活課題を把握するために、どのような情報が収集、整理・分析されているのか把握してこよう。必要ならば、アセスメントシートを見せてもらうとよいかもしれない。

■個人情報は利用者に帰属し、同意なき収集は例外的なものである

基本的に、利用者の情報は利用者に帰属するものである。利用者の許可なく情報を使用したり、情報を取得したりすることはできない。あなたの情報を誰かが勝手に集めたり、あなたが提供したあなた自身の情報を同意もなくやり取りされる不快さを考えれば、この意味を理解できるだろう。

しかし、利用者本人を守るために必要な情報収集と提供については、例外的に許される。そして、それがどのような場合を指すのかは、個人情報保護法の例外規定として示されており、このルールにしたがって個人情報は取り扱われている。

1　法令に基づく場合

2　人の生命、身体または財産の保護のために必要がある場合であって、本人の同意を得ることが困難であるとき

3　公衆衛生の向上または児童の健全な育成の推進のために特に必要がある場合であって、本人の同意を得ることが困難であるとき

4　国の機関もしくは地方公共団体またはその委託を受けた者が法令の定める事務を遂行することに対して協力する必要がある場合であって、本人の同意を得ることにより当該事務の遂行に支障を及ぼすおそれがあるとき

例えば、この事例では、酒井さんの許可なく市や自治会、近隣住民から酒井さんの情報を収集しようとしている。これは、地域包括支援センターの行っている「総合相談・権利擁護業務」に基づく情報収集であり、上記の「4」に該当しているため、例外的に許されているからである。ソーシャルワーカーが収集した個人情報を提供する場合にも、同様の考え方で行われている。また、例外に該当しない場合、ソーシャルワーカーは、同じ組織内であっても本人の望む方法で情報を管理する。

個人情報の収集と提供

情報は利用者本人に帰属し、あくまでも本人のための情報のやり取りである

■計画的に、緊急性に応じた支援を行う

専門職は、その専門性に応じたアセスメントを行い、計画的に実践を行う。この事例の地域包括支援センターでは、頻繁に短い事例検討を行ってケースへの支援方針を立てており、「Open the Door」で箇条書きになっているものは、支援計画の一部である。この後、もう少し酒井さんの生活課題が明らかになったところで、本格的な計画書が記されることになるだろう。

ソーシャルワーク実践の場によって、支援計画が計画書の形で残されているところもあれば、生活保護のケースワークのように、経過記録に落とし込まれているところもある。実習先で、どのように支援が計画されているか、それがどのように残されているのか確認してみよう。

生活課題はいくつもあることが多く、課題の緊急性を見極めて何を優先的に解決するべきかという視点をもつことが、支援計画立案のうえで重要になる。例えば、この事例の場合、酒井さんに認知症の可能性があることが示唆されているが、認知症の高齢者は体調不良に気づきにくくなるため、しばしば脱水や低栄養状態になっていることがある。また、消費者被害や虐待の被害に遭っていることや、光熱費の滞納によりライフラインが止められたりしているような場合もある。

実習先で、利用者はどのような緊急性のある課題を抱えている可能性があるだろうか？ 想像しておこう。また、緊急性のある課題へのソーシャルワーカーのかかわりについて、実習中に確認してみよう。

■モニタリング、評価を行い、支援計画を修正する

　ソーシャルワークは、本人と環境との相互作用にかかわるものなので、利用者やその環境の変化に応じて、適宜、支援計画を見直すことが求められる。支援計画の修正にあたっては、モニタリングの時点での利用者の状態・意向確認を行い、それまでの支援を評価することが前提となる。

　例えば、この事例の場合は「訪問の際に『介護保険』『施設』という言葉を使用せずにニーズを把握する」という支援方針を立てているが、訪問後に支援を再検討することを決めている。このように、短時間で見直される支援もあれば、生活保護のケースワークのように1か月や半年単位の計画の見直しの場合もある。

　実習先の支援計画、モニタリングや修正についても確認しよう。

■ネットワークを柔軟に活用し、必要性に応じて構築する

　情報を収集する際にも、利用者の支援を行う際にも、ネットワークが重要となる。ソーシャルワーカーの組織が、何のネットワークももたないということはまずないし、利用者もさまざまなネットワークをもって生活している。例えば、この地域包括支援センターでは、すでに市の担当者や自治会長と顔の見える関係性を築いているし、酒井さんは近隣の人に心配される関係性をもっている。これらの関係性は、今後、酒井さんを見守り、支えていく際にも重要となるだろう。すでにそこにあるネットワークを活用していく力が、ソーシャルワーク実践では求められる。

　ネットワークを活用していくうえで重要なのは、関連する機関のやり方を尊重して協力を求めつつ、支援の目的を共有していくことである。例えば、地域包括支援センターと自治会とでは、組織の存在目的が違う。自治会活動にとって妨げになるような協力を求めることはできない。しかし、酒井さんが地域で、酒井さんらしく生活し続けていくという目的を共有しながら協力を求めなければ、酒井さんに施設に入ることを強要することにつながりかねない。したがって、ソーシャルワーカーは、自治会が協力しやすい形で協力を求める工夫をし、支援について理解を得るために粘り強くかかわる。実習先では、どのようにネットワークを活用しているだろうか。そのために、どのような工夫をしているだろうか。このことを観察して確認しよう。

　また、必要なネットワークがない場合、ソーシャルワーカーはネットワークを構築する。それは「○○連絡会」という会議形式や、ゆるやかな協力関係の構築の場合もある。実習先で、どのようにネットワークが構築されてきたのかも確認しよう。

■本人を中心に据えた、根拠のある実践を行う

　「なぜ支援を行ったのか」（支援の目的や根拠）、「なぜそのような方法での支援なのか」（支援の理由）を説明できる実践は、専門的な実践といえる。よって、ソーシャルワーカーは、先に「経験に基づく直感」がある場合でも、根拠ある実践を目指している。例えば、田所さんは「『大丈夫』という言葉には、やんわりとした拒否があるって、みんな経験してきたからかな」と言っているが、「本人が『大丈夫』と言っている理由がわかる」よう情報収集を行うとともに、直接、酒井さんと会って状況や意向を確認しようとしている。そして、これらのアセスメントに基づき、根拠のある実践をしようとしている。

このような「なぜ」に答えられる実践を行ううえでは、数値やデータで示されたものや、ほかの専門機関の見立て（例えば、医師の診断や法律家の助言）といった「形としてしっかりしているもの」も重要である。ただし、これらは大切な情報の一つではあるが、ソーシャルワーカーとしての判断の根拠のすべてとはなりえない。なぜなら、ソーシャルワーカーが生活を総合的にアセスメントする中心には、必ず「本人」がいなければならないからである。本人を中心に据えた「根拠」のある実践を心がけることが大切である。

　実習先で行われているソーシャルワーク実践について、支援の目的、根拠、理由を把握しよう。ただ質問するのではなく、「なぜなのか」をまず自分で考えてみてから尋ねてみよう。また、ソーシャルワーカーが「本人中心」でかかわることによって、利用者にもたらされるものについても想像してみよう。

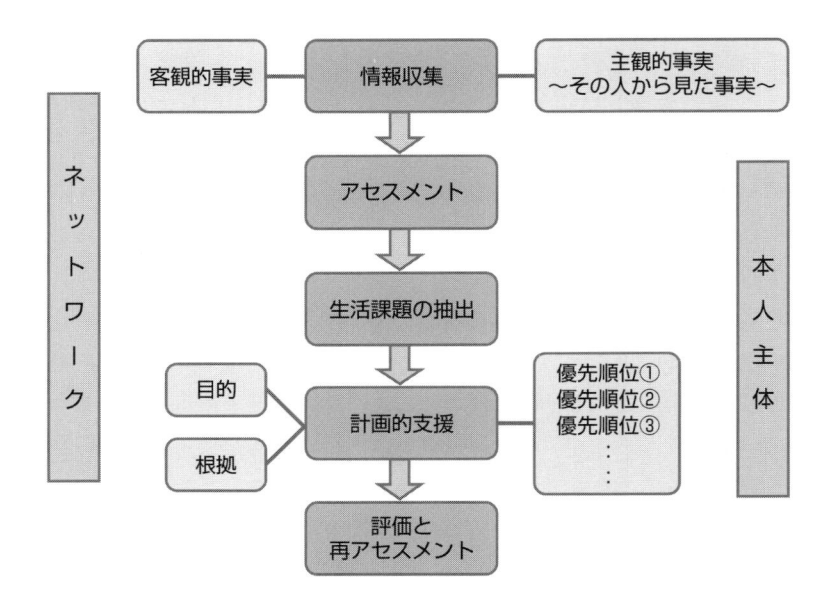

Close the Door

　市の相談履歴や自治会長への問い合わせの結果、酒井さんの新たな姿がつかめた。単身の姉妹二人でずっと生活していたが、昨年、6年間寝たきりだった姉の最期を看取っていた。「寝たきりになりたくない」「最期まで自分の力で生活したい」と強く思っている様子が、酒井さんにはある。最も信頼しているのは、毎週金曜日に膝の痛みをみてもらっている接骨院の先生だということもわかった。

　その後、センター長とも相談のうえで、金曜日、接骨院の待合室に地域包括支援センターの紹介パンフレットを置きにいき、酒井さん本人と話してみた後で、自宅への訪問の約束を取り付けることになった。

　「やはり、いきなり介護保険の要介護認定の申請を勧めると、酒井さんの思いを否定することになりかねなかったのだ」と土屋さんは思った。

　田所さんが、記録を書きながら「酒井さんって『自立して生活したい』って気持ちが強い人のような気がするよね」と言った。土屋さんは、「もしかしたら『大丈夫』と言っている理由はそこにあるのかもしれない」と思った。

　「土屋さん、接骨院の受付の人に、地域包括支援センターの紹介をどのようにするか、考えてみて。ネットワーキングのよい勉強になると思うよ」という田所さんの言葉に、土屋さんはあわてた。

Thought & Feeling

学生
　今までの学習で、相談面接のなかで利用者と一緒に目標や計画を立てていくというイメージは描けていた。けれど、今日は、利用者に適切にアプローチするために情報収集したり支援を計画したりすることも大切なんだということを学ぶことができた。

実習指導者
　地域包括支援センターの場合は、利用者本人に課題意識がないことが多いため、アプローチをまちがうとかかわれなくなってしまうことがある。各担当者の判断でアプローチをしていた頃はトラブル続きだったので、今は多職種で方針を話し合うことを大切にしている。短時間で事例検討することにも、私自身も段々と慣れてきた。

22. 自立支援・権利擁護を学ぶ

Open the Door

　金曜日、実習指導者の田所さんと一緒に接骨院の待合室に行った実習生の土屋さんは、一人暮らしで認知症の可能性があり、民生委員に心配されている女性高齢者の酒井さんに会うことができた。さらに、実習生が訪問同行することについても「私でお役に立つなら…」と酒井さんの許可をもらうことができた。

　そして、今日は酒井さん宅への訪問の日である。庭は荒れていたが、室内がゴミでいっぱいということはなかった。ただ、日めくりカレンダーがずいぶんと先までめくられ、訪問中も同じ話を繰り返し、「物忘れ」が気になる場面があった。民生委員が「乱れてきている感じが気になるよ」と言っていたことを、土屋さんは思い出した。

　「この家で死にたい」「姉のように管がついて、寝たきりになって、人の手を煩わせて死ぬのは嫌、自然が一番…」「このままそっとしておいてほしいの…」

　酒井さんは、何度もそう繰り返していた。膝に痛みがあり、今までは買い物に困っていたが、水や健康食品を届けてくれる会社があるので、それを使ってみようかと思っているとのこと。玄関先には、その会社の商品サンプルの段ボールが山積みになっていた。

　帰り道、土屋さんが「『自立して生活したい』という気持ちが強い人でしたね」と言うと、田所さんは「『人の手を煩わせて死ぬのは嫌』という酒井さんの言葉には、お姉さんを介護していた当時の思いがにじみ出ている気がするよね。何を悲しんできたのか、何を恐れているのか、酒井さんが思いを言葉にして整理できたとき、『そっとしておいてほしい』という気持ちは変化していくのかもしれないね」と答えてくれた。

　地域包括支援センターに帰ってきて、田所さんは市の担当者に電話を入れた。電話を終えると、「まずは権利擁護が先！　消費者被害を何とかしなくちゃ。あの段ボールは、悪質事業者のものだったよ！」と田所さんが言った。

Practice

1．田所さんはなぜ、「権利擁護が先！」と言ったのだろうか？
2．あなたが「自分は自立している」あるいは「自立していない」と感じるのは、どのような状態だろうか？　書き出してみよう。
3．あなたの実習先で、「自立支援」や「権利擁護」について、どのようなかかわりがなされているだろうか？　調べたり、想像したりしてみよう。

Lecture

■その人なりの「自立」を思い描けるようにかかわり、その「自立」を支援する

「自立支援」とは、何を大切に、どのように生きていきたいかを、本人と一緒に思い描き、それを実現していく支援である。「その人なりに自立したい」と思って、人は生きている。そのことを前提にかかわっていくことが大切である。

自立について、「自分で立つ」という字を書くことから、「人の手を借りないこと」「自分一人で何でもできる」というイメージをもつ人が多いかもしれない。身体的自立、精神的自立、経済的自立、社会的自立…これらすべてにおいて、誰の支えもなしに生活している人はいない。人はさまざまに、「誰か」や「何か」に支えられ、「自分なりの立ち方」で生活をしているものである。

土屋さんと酒井さんと、実習指導者の田所さんとでは、必要とする「支え」も、「自分なりの立ち方」も違っていることだろう。「支えられて自立している」というあり方が、人によって違うし、人生の段階や時期によっても違う。制度上、便宜的に使われている「自立」という言葉の安易な押し付けをすることが「自立支援」だと理解してはならない。

実習先で「自立」という言葉はどのような意味で使われているだろうか。また、実習先でかかわる利用者は、どのように「自立したい」と考えているだろうか。観察し、想像してみよう。

■アドボカシーによって自己決定を支援し、尊重する

人は時に、自分の思いや求めていることが何なのかわからなくなったり、相反するさまざまな思いに混乱してしまったりすることがある。そして、ソーシャルワーカーがかかわる人々は、しばしばそういう状況におかれている。

「このまま、そっとしておいてほしいの…」と、酒井さんは言っているが、酒井さんの言葉どおりに「そっとしておく」ことが「自己決定の尊重」だろうか？ 実習指導者の田所さんが示したような、「お姉さんを介護していた当時の思い」の表れであり、「管がついて、寝たきりになること」の恐怖の表現である可能性がある。決してすべてのサポートの拒否とは限らない。

自分では気づけなかった思いに気づき、その思いを発して自己決定し、示された自己決定が実現できるよう支援していく「アドボカシー」を行うことが、「自己決定の尊重」の際には重要となる。田所さんは、「何を悲しんできたのか、何を恐れているのか、酒井さんが思いを言葉にできて整理できたとき、『そっとしておいてほしい』という気持ちは変化していくのかもしれない」と感じているのである。この支援は、過程を大切にし、利用者のエンパワメントを目的としてかかわっていくことになるため、時間をかけて行うことになる。自信をなくして混乱している時に、支援者が安易に「結論」を先取りし、「こうすればよい」と決めてかかることによって、自分の力をますます信じられず、取り戻せないことにならないように注意しよう。

酒井さんへのアドボカシーの例
① 侵害されている、あるいはあきらめさせられている本人（仲間）の権利がどのようなものであるかを明確にすることを支援すること
「人の手を煩わせて死ぬのは嫌」「このままそっとしておいてほしいの」

> ↓共感・受容、意思表出への支援
> 「姉をあんなふうに看取りたくなかった」「管をつけられて、苦しませてしまった」
> ② その明確にされた権利の救済や権利の形成・獲得を支援すること
> 「姉のお墓参りをして、このことを詫びたい」「私はどんな医療を受けたいか示しておきたい」
> 実際にお墓参りに行くことや、医療についての意思表示をする文書を残すことを支援する。この支援の過程において酒井さん本人がエンパワメントされていく。

　実習先では、どのような思いを抱えている人に出会うだろうか？　あらかじめ想像しておこう。ソーシャルワーカーによる自己決定への支援を通して、利用者が変化していく場面に立ち会うことができたとき、これを見逃さないようにしておこう。

■人が権利侵害を受けているとき、権利擁護のための「介入」を行う

　過程を大切にしてアドボカシーのかかわりを行っていく一方で、酒井さんの消費者被害への対応は、すぐに行わなければならない支援である。酒井さん自身はだまされたことに気づいていないが、これに対しても「自分の思いに気づき、これからどうしていきたいのか」を表出できるよう、じっくりと時間をかけてかかわっていくのでは、被害が拡大してしまう。

　ソーシャルワーカーがかかわる人々は、時に消費者被害や虐待といった「他者から人権を侵害された状態」におかれていることがある。さまざまな事情を抱えた家族介護者が虐待という事態に陥っているような「支援を必要としている虐待」もあれば、消費者被害の悪質事業者のような「金銭狙い」もある。人権を侵害している側にどのような事情があるにせよ、侵害されている人の人権が回復されるよう、早急にかかわる必要がある。

　特に、生命・身体・財産が重大な危険にさらされているような緊急性が高い場合には、本人の「安心・安全の確保」を最優先事項として、人権と社会正義を根底に据えた介入的かかわりをしなければならない場合がある。自己決定の尊重よりも、介入することが本人の最善の利益となる場合には、介入を行う。このような介入の場合は、ソーシャルワークの価値に基づいたかかわりを大切にするだけでなく、法的根拠を明確にすることも大切である。実習先に関係する分野の権利擁護の法的知識を必ず確かめておこう。また、虐待防止関連の法律や、成年後見制度等に関する制度が関係している実習先もあるだろう。実習中、これらの緊急性を見極めた介入を行い、「安心・安全の確保」をしながら、どのように「本人の思い」を尊重して、その人らしさを支えていくかを考えてみよう。さらに、利用者のサービスを利用する権利を擁護していくものとして、苦情申立て制度や第三者評価、情報公開制度が確立している分野もあるだろう。これらに、ソーシャルワーカーがどのようにかかわっているのか尋ねてみよう。

Close the Door

「えっ？　それってどういうことですか？」土屋さんが思わず田所さんに質問すると、

「今、市の消費生活相談の担当者に確認したから間違いない」と言って田所さんは続けた。

「無料サンプルと思わせて商品を送りつけ、費用請求するところから始まって、最終的には銀行引き落としが続くのに商品が届けられないこともあるんだって。解約しようとすると、脅されたりすることもあるみたい。ほかにも被害者が出てるってさ。酒井さん以外の人が被害に遭っていないかも確認していかなくちゃなぁ」

「田所さん、どうしてあの段ボールの会社が悪質事業者だって思ったんですか？」土屋さんが尋ねた。

「食品や水の『サンプル』が山のように段ボールでいくつも届くなんて変だと思ってね。段ボールの上に貼ってあった送付状の会社名をメモして帰ってきて、消費生活相談の窓口に問い合わせをしてみたんだよ。

クーリングオフの支援や今後の被害予防の支援を急がなくてはね。急いでやらないといけないことと、じっくりかかわること、これからの支援がどう組み立てられそうか、一緒に考えて。明日の事例検討のとき、方針案を出そう」と田所さんは続けた。

土屋さんはうなずくばかりだった。

Thought & Feeling

学生

学校の授業で、自己決定の尊重の重要性は学んだつもりだった。でも、実習に来て利用者の意見をそのまま鵜呑みにすることが自己決定の尊重ではないということを学んだ。酒井さんの言葉を表面的にとらえるのではなく、その裏にある心理面にも着目していた田所さんのような専門職になりたいと思った。また、緊急対応についても考えさせられた。

実習指導者

私自身も、その時その時の優先事項は何か、どのようなかかわり方が本人に寄り添った支援となりうるのか、悩みながら支援をしている。そのことに悩みながらかかわること、本人中心の支援といえるか常に振り返りながらかかわることが、権利擁護の基本姿勢だと信じている。

23. 専門職の倫理から実践を評価する

「父は暴力団員なんです…女の人たちも何人かいて、誰が私の本当のお母さんなのかわからないんです。小さい頃からいろいろな人たちから『お前の母親、誰なの？』って言われたりして…自分でも答えられなくて、すごくつらかった。お父さんに聞いてみたいと思うけれど、怖くて聞けない…」児童養護施設で智子さんから相談を受けた樫原さんは、「暴力団員」「女の人たち」こういう言葉を突きつけられて、複雑な感情がこみ上げてくるのを感じていた。

与野さんは会議で、「利用者に対するコーヒー支給頻度」について話し合っていた。「施設オンブズマンから、週2回しかコーヒーを出さないのは少ないとの意見が出されています。コーヒーを出す頻度を多くすることはできないでしょうか」という主任支援員の提案に対し、看護師は「週2回としているのは、カフェインや糖分の摂取が心身に影響する利用者がいるからです。利用者から回数を増やしてほしいという要望も特にありません」と反論した。また、経理担当者も「頻度を多くすれば経費もかさむ。予算計上もされていないので、今年は無理です」と反対した。与野さんは、すべての利用者に一律に週2回の限定と知って、やや違和感を覚えたが、どう判断したらよいかわからなくなってしまった。

知的障害者の通所の就労施設に通っている利用者が、道中、地域の小学生から物を投げられたり、傘で叩かれそうになったりする事件が数回にわたって起きた。利用者のなかには、また何かされるのではないか、自分も何かされるのではないかという不安から、施設に通えなくなる者まで出ていた。利用者の保護者からも、不安や怒りの声が上がった。社会福祉協議会で実習している和田さんは、この問題に対して、何ができるのだろうかと考えてみた。

Practice

1. 樫原さんは、なぜ複雑な感情になったのだろうか？ 専門職の倫理に沿って実践する場合、どのようなことに配慮したらよいのだろうか？
2. 与野さんは、なぜ違和感を抱いたのか？ 今後、どのように解決したらよいのだろうか？
3. 和田さんは、地域で起こっている問題に対して、社会福祉協議会の立場から何を行うと思うか？

■先入観や偏見を排し、受容できているか評価する

智子さんの父親が暴力団員で母親は誰かわからないと知った樫原さんは、両親に対する恐怖と怒りの気持ち、告白に対して困惑した気持ちのまま、返す言葉を失った。実習生がこのような気持ちになるのは自然で、そのために利用者を受容するのが難しくなることもある。そうした心の状態を乗り越えて利用者を受け入れるには、自分のなかの考えの偏りを自覚し、意識し、修正していくことが不可欠である。利用者の状況を実習生の側の先入観や価値によって拒否せず、しっかりと受け止めているか評価してみよう。

■自分の支援が自己決定を尊重するものであるか評価する

生みの母親について父親に尋ねてみようかと悩む智子さんにとって、事実を知ることも知らないでいることも、大きな心の負担であり続ける。それでも彼女は、自分なりに納得のいく決断をすることで、前へ進もうとしている。樫原さんは、自分のかかわりが利用者の自己決定を支援しているものであるかどうか、評価を継続していく必要がある。あなたも同様に、自分が行っている支援が利用者の自己決定を尊重するものであるかどうか評価してみよう。

■プライバシーを尊重し、知り得た秘密を保持しているか評価する

樫原さんのように、個人的な相談を受ける場合、あらかじめ内容を「実習指導者には伝える必要がある」ことを利用者に理解してもらう。また、話を聞く場合、支援に必要な範囲の内容にとどめ、それ以外は詮索しない。知り得た情報は、どこにも口外してはならない。

実習先での写真や動画撮影などは、基本的にはしない。また、どのような情報でもインターネットのソーシャルメディアで共有してはならない。こうした情報に対する倫理感覚を厳しく評価してみよう。

■ほかの職種・専門職との連携・協働のなかで、専門性を発揮する

ソーシャルワーカーは、ほかの職種や専門職の価値や専門性を尊重しながらも、自らの専門性を存分に発揮する必要がある。与野さんの実習先では、看護師がコーヒーの成分の心身への影響について説明した。カフェインを摂取することで興奮状態になる利用者がいることや、糖分の摂取によって肥満や糖尿病になる可能性のある利用者がいることなど、該当する利用者の氏名をあげて説明した。また、経理担当者は、今年度の予算書を提出し、会計上、新たな項目を追加することが困難であることを、具体的な数値によって説明した。

ほかの職種・専門職との連携・協働とは、彼らの主張を受け入れ、ソーシャルワーカーとしての考えを譲歩するという意味ではない。彼らの主張に理解を示し、受け入れながらも、ソーシャルワーク独自の立場からの考えを伝えることである。ソーシャルワーカーは、看護師や経理担当者がそれぞれの立場から主張しているのと同じように、なぜコーヒーを出す頻度を増やすように提案しているのか、独自の視点、価値から説明し、他職種への説得を試みなければならない。そして、職種や専門職間の異なる考えのなかから、必要不可欠な点、譲れない点を話し合いによって選び、何らかの結論を導いていく。

あらためて、自分が配属されている実習先に、何のためにソーシャルワーカー（あるいは社会福祉士、支援員など）が配置されているのかをよく考えてみよう。

■人間の尊厳と社会正義の実現のため、地域社会に働きかける

和田さんは、まず、地域の子どもたちが、なぜ障害者に物を投げたり傘で叩こうとしたりするのか、また、子どもたちにとって、障害者とはどんな存在なのかを考えた。その結果、お互いのかかわりや理解が不足していると実感した。

その後も、障害者も地域住民も安心して地域で暮らすためには、どんな条件が必要になるのかを考えてみた。そして、解決のためには、地域住民をも含めて、さまざまな人々の協力を得ながら実践を展開する必要性を感じた。例えば、子どもたちの保護者に理解を求めたり、子どもたちの登下校を見守る地域のボランティアの人たちに協力を求めたりする方法も考えられる。このように、地域の問題を解決するには、地域の人材をどれだけ適切に活用できるか、また、必要に応じて、新たな人材を発掘できるかが鍵となる。

実習生は、実践現場を自分が所属する施設や機関に限定せず、地域社会という広い場面においても考え、自分の実践を評価してみる必要がある。

実習生個人の価値と利用者個人の価値との関係

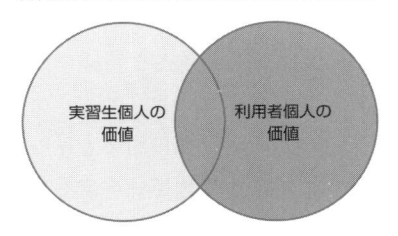

（実習生個人の価値　利用者個人の価値）

ソーシャルワーカー個人の価値とソーシャルワーク専門職の価値との関係

（ソーシャルワーカー個人の価値　ソーシャルワーク専門職の価値）

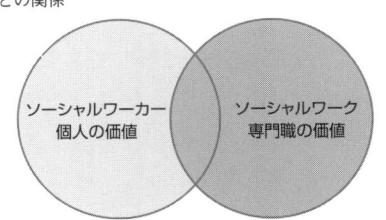

ほかの専門職の価値とソーシャルワーク専門職の価値との関係

（ほかの専門職の価値　ソーシャルワーク専門職の価値）

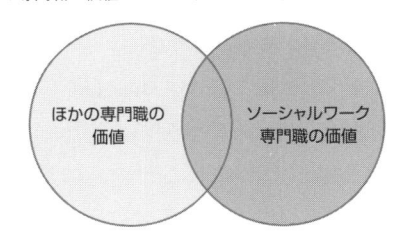

社会に優勢な価値とソーシャルワーク専門職の価値との関係

（社会に優勢な価値　ソーシャルワーク専門職の価値）

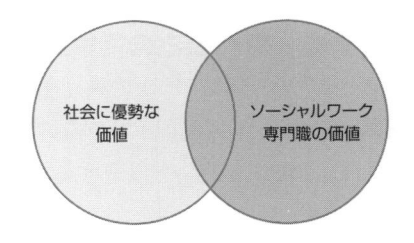

> **Close the Door**
>
> 「話してくれてありがとう。これまでずっとつらかっただろうね。正直言うと、私、こうした話を聴くのは初めてで、何て言ってあげたらよいかわからないんだ…」と樫原さんが正直に伝えると、智子さんは「わかっている。私のような経験をしている人はほとんどいない。なかなか人には話せないし、なかなかわかってもらえないのも知っている。お母さんのことは、自分で考えて決めていくしかないのもわかっている。だから、聴いてもらえるだけでうれしいです。聴いてもらえるだけで、少し気持ちを整理できるから」と答えた。

「自分は、ただ聴くことしかできない…でも、聴くこと、受け止めることによって、智子さんのなかに大きな力が生まれるのかもしれない」と樫原さんは実習指導者に報告した。樫原さんは、受容すること、自己決定を尊重することの意味が、少しわかった気がした。

　主任支援員は次のように主張した。「要望がないのは、『要望を出す』ということを利用者が思いつかない、知らないからなのかもしれません。私たちの多くは、好きな時にコーヒーを飲んでいます。それが一般的なことです。確かにカフェインや糖分の摂取によって、体調に影響が出る利用者がいることも事実です。しかし、利用者全員ではありません。一律に週2日とする根拠は見当たりません。カフェインレスのコーヒーや糖分カットの甘味料を活用する方法もあります。コーヒーを飲む回数を増やすことによって生じる追加の費用については、利用者に一部負担してもらうという方法を検討してはいかがでしょうか」
　看護師や経理担当者は、主任支援員の主張にも一理あるし、改善の余地はあるのかもしれないと感じ始めていた。

　社会福祉協議会では、職員と利用者とで話し合いを重ね、子どもたちが通う小学校の校長に事実を伝え、全校児童に注意を促してもらうことにした。同時に、利用者のリーダーたちと支援員とで、子どもたちにもっと直接的に働きかける方法はないだろうかと検討を重ねた。その結果、利用者自身が学校を訪問し、子どもたちと交流しながら、障害について理解してもらう機会をもってはどうかという案が出された。

Thought & Feeling

学生　ソーシャルワーカーは、個人の見解ではなく、専門職の倫理基準に基づいて実践を評価していく必要がある。特に、実践現場や地域社会で連携するには、施設内外の人々の理解を得ることが大切だ。施設という空間だけが自分の実践現場ではなく、地域全体を実践現場ととらえる必要もある。

実習指導者　職員だけで解決しなければという思いや態度は、利用者の意思や能力を弱めることもある。また、専門職同士の連携や協働とは、単に仲がよいことではなく、お互いの役割を理解するためにきちんと主張し合い、確かな信頼を築くことである。そうした基盤があってこそ、さまざまな人々と連帯し、社会に働きかけることができる。

24. スーパービジョンを受ける

> Open the Door
>
> 　城田さんは、特別養護老人ホームでの実習に移っていた。施設の雰囲気にも慣れ、日常業務では、多くの場面で自分から動くようにしていた。しかし、利用者への対応では苦心する場面が多かった。特に、言葉があまり明瞭でない高齢者、何度も同じことを繰り返して話す高齢者、こちらから声をかけてもまったく反応のみられない高齢者とのコミュニケーションが成り立たないことも多く、どのように関係を深めたらよいのか悩んでいた。
>
> 　また、城田さんには、疑問に感じることもあった。城田さん自身は、一人ひとりの利用者に丁寧に接するよう努めていたが、一部の介護職員のなかには、利用者に対する言葉遣いや態度が強い口調で指示的な職員もいた。まるで大人が子どもを一方的に叱りつけているような職員もいた。またある日、認知症の利用者をベッドにベルトで固定しているのを見て「これは身体拘束ではないか」と疑いをもった。こうしたことは、学校で学んできた支援の原則とは相容れないものだった。
>
> 　しかし、自分の悩みをうまく表現できなかったため、毎日の実習日誌には差し障りのないことしか書けなかった。また、実習生という立場でもあり、自分が疑問に感じていることを、実習指導者の矢野さんに正直に伝えることはためらわれた。一方、城田さんの無難な記録内容に対して、矢野さんも「明日もがんばってください」程度のコメントしか書かなかった。
>
> 　今日も矢野さんは、午後の時間になると、「高齢者と自由にコミュニケーションをとるように」と指示し、その後、あえて城田さんに声をかけることはなかった。
>
> 　「矢野さんは、私のコミュニケーション方法についてどう思っているのだろう。また、ほかの職員の態度や行動についてはどう考えているのだろう。矢野さんに、自分の疑問を聞いてもらいたい」城田さんはそう考えるようになっていた。

Practice

1. 実習生の城田さんは、実習指導者の矢野さんに何を期待しているのだろうか？
2. 一般に実習指導者は実習生に何を期待するのだろうか？
3. 事例をみた限り、両者の間に、個別のスーパービジョンはあまり行われていない。何が原因だろうか？　どうしたらこの状況を打開できるだろうか？

Lecture

■スーパーバイザーとスーパーバイジーの関係を見直してみる

　実習生として実習指導者から何を学んでいるのか考えてみよう。特にこれといって何を学んでいるのかがはっきりしないようであれば、スーパーバイザーとスーパーバイジーとしての関係がうまく機能していないことが考えられる。城田さんと矢野さんの関係もこれと似ている。もちろん、関係が機能しない責任は両者にあるが、ここでは、実習生の側に何ができるのかを考えてみよう。

　実習生は、自分が抱える疑問や問題に対して、実習指導者のほうから声をかけてくれると考えているかもしれない。また、実習生としての遠慮もあるだろう。逆に、社会人である実習指導者は、学生のほうから積極的に質問したり、行動したりするべきだと考えていることが多い。その結果、学生のほうから声をかけてこなければ、「特に問題はない」「学ぶ意欲がなく、消極的である」と判断しがちである。では、実習生として、どのように関係を改善できるだろうか？

■「悩んでいること」「教えてほしいこと」を率直に相談する

　城田さんは、高齢者の話すことがよく聞き取れず、何度も聞き返すことにもためらいを覚えてしまい、次第に、高齢者とコミュニケーションをとることに不安を覚えていた。また、ほかの職員の態度にも疑問を感じていた。こうした問題を抱えたならば、一人で悩んだり、たいしたことではないと過小評価したり、自分だけで解決するのをやめ、その日のうちに実習指導者に「相談したい」と申し出ることを勧めたい。実習指導者は、可能な限り早い時期に、きちんとしたスーパービジョンの時間を設け、相談に応じてくれるはずである。話し合いのなかでは、悩んでいること、教えてほしいこと、実習指導者に話してみたいことなどを具体的に整理するとよい。

■職員の態度や行動に疑問を感じたとき、三つの点から整理してみる

　利用者に対する職員の態度や行動に疑問を感じたとき、次の3点について考えるとよい。第一に「なぜ、その職員はそのような方法を採ったのか」である。職員が利用者に強い口調で接していたのは、単に腹を立てていたのか、あるいは実習生の立場ではわかりにくい何らかの理由や目的があるのかを考えてみる。緊急上、そうした対処がやむを得なかったのかもしれない。

　第二に「それぞれの場面で最優先しなければならないことは何だったのか」である。例えば、ベッドから落ちる危険がある場合、自傷や他害のある場合、また、医療上の理由で特別な配慮を要する場合など、「安全」や「命」を最優先しなければならない場面がある。もちろん、そのような場合であっても、職員が利用者との普段のかかわりのなかで「すべきこと」「できること」がある。職員が日常的に利用者としっかりと向き合うことで、利用者の自傷や他害の行為を少なくできる。特定の場面で最優先しなければならない突発的なことなのか、それとも日頃のかかわりや直前の対応によって防止したり回避したりできることなのかを話し合うとよい。

　第三に「もし、自分が職員の立場だったら何ができるか」である。職員の対応を批判的にとらえたり、逆にそのまま受け入れたりすることは簡単である。しかし、それだけでは学びにはつながらない。次に同じような場面に遭遇した時、どんな対応ができるのか、自分が職員だったらどうするのか、なぜそうするのかといったことについて考えてみよう。

■実習指導者との問答(スーパービジョン)によって学びを深める

　前述の3点については、実習生が一人で考えて整理できることもあるが、実習指導者との問答、つまりスーパービジョンのなかで学びを深めるべきである。スーパーバイザーである実習指導者は、実習生が抱いている疑問を理解し、共感しながら、実習生が全体的な視点で物事をとらえることができるように導いていく。実習指導者は実習生に対して、「どう感じたか?」「なぜそう感じたか?」「何が問題だと思うか?」「なぜ問題だと思うか?」「自分だったらどうするか?」「なぜそうするか?」などの問いかけを通して、実習生に考える機会を提供する。実習生は繰り返し質問されることによって、自ら考え、これまで気づかなかったことに気づいていく。

■スーパービジョンのなかでスキルの指導を受ける

　コミュニケーションに対する城田さんの悩みについても、スーパービジョンのなかで話し合うことができる。脳血管障害や脳性麻痺などの障害がある利用者は、通常の言語によるコミュニケーションだけでは難しいことが多い。そのため、矢野さんは城田さんに非言語による効果的なかかわり方を指導するかもしれない。

　利用者とのコミュニケーション法は、実習生が多く掲げる共通のテーマであるが、同時に多くの悩みを抱える分野でもある。スーパービジョンの機会に、ぜひ指導を受けてほしい。

■実習指導者はスーパービジョンを通して、自らの実践を振り返る

　実習生が実習指導者から学ぶ一方、実習指導者も実習生から多くのことを学ぶ。実習指導者のなかには、指導経験が浅い人もいる。彼らの指導は手探りのなかから始まる。また、実習指導の経験はあっても、自分の経験の蓄積だけで指導してきた人もいる。このような場合、自分の経験で対応できないような事態に出会うとき、困難さを覚える場合もある。

　実習指導者は、スーパービジョンを通して実習生との対話を経験し、状況を理解し始める。そして同時に、ソーシャルワーカーとしての自分の実践を振り返り、指導者としての自己を見つめ直し、どう指導したらよいのかを考え、後進を育てるという自分の役割に対してより自覚的になる。スーパービジョンは、両者にとって大切なものと自覚しよう。

職員の態度や行動に疑問を感じたとき

実習生と実習指導者との関係

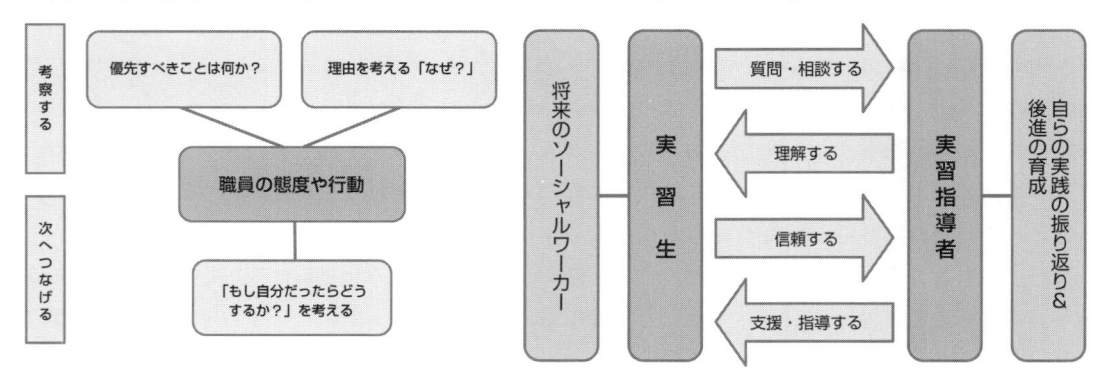

Close the Door

城田さんが「相談したいことがあるので、お時間をとっていただけませんか」と頼むと、矢野さんは、「わかりました」と面接室に通した。

城田さんは、自分が感じてきたことを正直に伝えた。

「話してくれてありがとう。城田さんが言ってくれたことは大切なことですね。利用者の立場に立った支援について、一生懸命に考えていることが伝わってきます。少し一緒に考えてみましょう」

その後、矢野さんは、城田さんの抱える高齢者とのコミュニケーションに対する不安に耳を傾け、言語や認知に障害のある人との効果的な意思疎通の方法を示唆した。また、職員の言動や態度、身体拘束の疑いについても、率直な考えを話し合ってくれた。こうした時間は、城田さんにとっても、矢野さんにとっても、有意義な時間となった。

矢野さんは、「これからもう少ししっかりとスーパービジョンの時間をもちましょう。城田さんの疑問について一緒に考えていきたいと思います。それに、実習日誌にも率直なことを書いてください。そうすることで、私も城田さんをサポートすることができます」と伝えた。

城田さんは、矢野さんに対する信頼の気持ちを感じながら、ソーシャルワーカーの仲間入りをしたような気持ちになった。

Thought & Feeling

学生

実習生という立場上、どうしても言いにくいことがあったり、施設や職員に対して疑問を投げかけると、自分の成績に影響があるのではないかと不安になってしまう。でも、何のために実習に来ているのか、限られた期間内でどれだけのことを学べるのか、そう思ったら、今後は、実習指導者に疑問を伝え、スーパービジョンの時間をつくってもらい、活用していこうと思った。

実習指導者

私たちは、時に実習生に職員の補助的な役割を期待したり、自ら質問をしてくるなどの積極性を期待するところがあるかもしれない。しかし、「後輩を育成している」という意識をしっかりともちたい。忙しい業務のなかでの指導は難しいが、特に問題がないように見えていても、毎日10分でもスーパービジョンの時間をもつことで、実習生のつまずきや変化に気づけるのではないだろうか。

25. 巡回指導・帰校日のスーパービジョンを活用する

Open the Door

　平田さんは、病院実習が7日ほど過ぎたところで、二宮先生の巡回指導を受けた。久しぶりに先生の顔を見たことで、緊張がほぐれた。
「どう？　元気で頑張っている？　これまでどんな実習だった？」
「患者さんと面接する実習指導者の隣に座って、観察する機会がありました。すごく緊張したけれど、たくさん学べました。それに昨日、初めてインテーク面接もしました」
「それはよい経験になったね。観察した様子を記録したものが、何かあるかな？」
　その後、二宮先生は、平田さんが記入した用紙を見ながら言った。
「主訴やアセスメントの項目が詳しく書けているね。それに、問題解決能力のところで、その人の強さを探そうとしているのがわかる。インテーク面接はどうだったの？」
「相談票を使って主訴を確認するだけの、本当に簡単なインタビューなんですが、とても緊張しました。でも、MSWの仕事をしているっていう気持ちになりました。その後は実習指導者の人も一緒に主訴を深く掘り下げていったのですが、面接でどう焦点づけるのか把握できたと思います」
「そうだね。実習は順調みたいだね」二宮先生は、実習日誌に目を通しながら言葉を返した。それから、平田さんの目を見ながら言った。
「じゃあ…次は気持ちを聞いてもいい？　実習は楽しめているかな？」

Practice

1．平田さんは、二宮先生の訪問を受けて、これまでの実習経験や学んだことを振り返ってみた。そこから何を得られたと思うか？　また、最後に「気持ちを聞いてもいい？」と言われたが、これはどういう意図があったと思うか？
2．実習生は、実習が進むごとに、さまざまなことで悩み、問題を抱える。あなたの悩みや問題は、1週目から4週目でどのように変化していくだろう？　巡回指導の際、そのことをどのように伝えるだろうか？　シミュレーションしてみよう。
3．全く問題を抱えないと思う場合であっても、巡回指導や帰校日を通してスーパービジョンを受ける。それはなぜだろうか？

Lecture

■巡回指導時や帰校日のスーパービジョンを積極的に活用する

実習中、実習指導者に相談できないさまざまな問題も起こり得るが、それらを抱えたままでは、いつまでも前に進めないまま実習が終わってしまう。教員は、巡回指導時や帰校日でのスーパービジョンを通して、実習生と問題について話し合い、次のステップへと踏み出せるよう助ける。

二宮先生は、平田さんの学習面について確認したが、それだけではなく、「実習が楽しめているかな？」と聞いた。もし、平田さんが何らかの悩みや問題を抱えているならば、そのことを教員に伝え、話し合う必要がある。それは、とても貴重な時間となるだろう。スーパービジョンや帰校日は、学生のためにある。問題のあるなしを問わず、積極的に活用しよう。

巡回指導と帰校日によるスーパービジョン

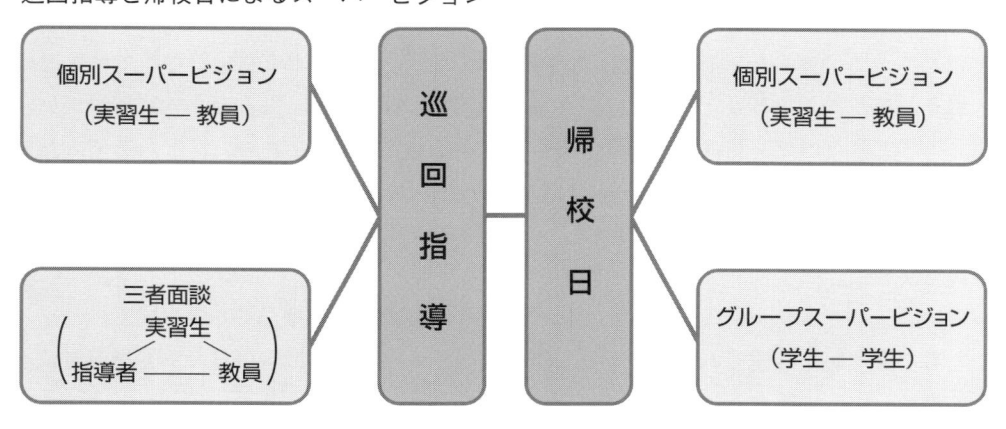

```
個別スーパービジョン              個別スーパービジョン
（実習生 ― 教員）                 （実習生 ― 教員）
         \                              /
          巡回指導 ―― 帰校日
         /                              \
三者面談                           グループスーパービジョン
（実習生                           （学生 ― 学生）
 指導者 ―― 教員）
```

■個別スーパービジョンでは、悩みや疑問を話し合い、課題達成を確認する

巡回指導の方法はさまざまであるが、主に、実習生と巡回教員との二者による面接（個別スーパービジョン）により、実習先での不安や疑問、悩み、実習指導者に言えないことなどを確認して解決する。また、実習のテーマや達成課題の達成状況も確認する。さらに、実習指導者とも面談することで、実習指導者からの学生の評価や要望事項についても話し合う。三者での面接も行い、実習の現状と課題点、今後のテーマや課題を共有する。

実習5日目の児童養護施設で、すっかり落ち込んでいた実習生と巡回指導の教員が面接を行った。最初に教員は、「利用者とのかかわりについてはどうですか？」と聞いた。すると、この実習生は、初日から子どもたちから無視されたり、「うざい」といったことを言われたことを告げ、その後、無言で泣き出してしまった。教員は実習生が泣き止むのをしばらく待った後、次のように聞いた。

「例えば、このように思えないかな？　1日目は、知らない人が来たので無視をした。2日目も来たので、本気でかかわる気持ちがあるのか試してみた。ひどい言葉だけれど、メッセージを出していたと考えられない？」

学生は、「そのような考え方は思ってもみなかった」と話し、その後、「確かに自分のことばかり

考えていました。子どもたちの態度や言葉ばかり気にしていて…どうしてそのような態度になるのか、本当のメッセージは何なのかとは考えていませんでした」と、子どもの行動の意味を考えることが重要だと気づいた。

■グループスーパービジョンで、実習体験を見直す

　帰校日指導は、実習巡回指導に代わるもので、実習生は大学等の養成校に戻り、学生同士のグループスーパービジョンや教員からの個別スーパービジョンを受ける。そこに、実習指導者はいない。いったん実習先を離れて学校に戻り、ほかの実習先で実習する学生とも意見交換ができるため、自分の実習体験を新しい気持ちで見直すことができる。

　特に、自分とは違う分野や施設で実習する学生は、自分とは違う課題や悩みを抱えていることが多い。お互いの立場に置き替えて話し合うことによって有意義な時間となる。

　あるグループには、先ほど紹介した児童養護施設で実習している学生が参加し、知的障害児の施設で実習している学生の発言を聞いた。その学生は、「子どもと仲よくなっただけでは専門職ではないと思う。確かに、子どもとの関係は最も重要だ。でも専門職としてみたときに何かが欠けているよね。そう感じたので、私は職員の人の動きを思い出してみた」と語った。それを聞いた児童養護施設で実習している学生は、ようやく子どもと仲よく遊べるようになってきたと満足していたが、再度テーマについて考え直し、「子ども一人ひとりに合った支援について考える」ことを次の達成課題に決めた。

　グループスーパービジョンは、こうした気づきをもたらすだけではなく、学生同士の励まし合いの機会ともなる大切な時間である。こうした場所で得た新たな経験は、後日、実習指導者にも報告し、今後のテーマや課題の設定に役立ててほしい。

■三者面談において、共通の目標を確認する

　実習先では、実習指導者、教員、実習生の三者面談を開く。中間反省会や最終反省会という形で、実習生に学んだことを発表させることもあれば、自由形式の場合もある。このような三者面談は、実習生の個人的な悩みや問題を話し合う場というより、これまでの実習の成果を共有し、残りの実習に向けて共通の目標を確認する場である。実習生の立場としては、教員と実習指導者に挟まれ、何も話せない雰囲気があるかもしれないが、この面談の主役は実習生である。教員も実習指導者も、実習生がこれまでの実習の成果を感じてほしいと願っている。また、残された課題を達成するために、三者でできることを確認したいと考えている。実習生はそうした思いを感じながら、自分の役割を果たしてほしい。

　ただし、教員と実習指導者は、実習巡回を三者面談のみで終えてはならない。三者面談の前後に必ず、訪問した教員と実習生が十分に話し合える時間と場所を確保するべきである。

Close the Door

「ほかの人たちはどうですか？　頑張っていますか？」平田さんが尋ねた。二宮先生は、これまで訪問した学生たちの近況を伝えた。

「障害者の就労支援施設で実習している波多野さんは、毎日、障害のある利用者と一緒に元気に働いているよ。実習指導者と一緒に地域をまわりながら、自分たちの仕事を支えてくれる人たちを増やそうとしている。まだ地域では、障害のある人への偏見が根強いことに驚いていた。

与野君を覚えている？　彼も障害者の施設で頑張っているよ。最初はなかなか利用者と意思疎通ができなくて、かなり落ち込んでいたみたいだった。でも、その後、実習指導者の様子をよく見たり、話を聞いたりしながら、いろいろと自分で工夫をしたみたい。訪問したときには、一山乗り越えた顔をしていたよ」

平田さんは、二宮先生が話す学生の近況を興味深く聞きながら、みんなが同じように悩んだり、立ち直ったりしていることに気づいた。

Thought & Feeling

学生

今日、巡回指導で二宮先生が来てくれてうれしかった。実習に入ってから、ずっと緊張していて、頑張り続けてきた。正直、指導が厳しくて、つらいと思ったことが何度もあったけれど、考えないようにしてきた。先生から、「気持ちを聞いてもいい？　実習は楽しめているかな？」と聞かれたとき、つっかえ棒がはずれて、思わず泣いてしまった。でも、そのおかげで楽になった。自分は頑張っていることもわかったし、今では、すべての経験を楽しもうというリラックスした気持ちになれた。

教員

平田さんの表情が硬くて気になったが、気持ちをほぐすことができてよかった。厳しい指導だと知っているので、心が折れないようにサポートしたかった。学習面では貴重な経験を積んでいる。指導にもついてきている。ただ、もっとリラックスできたら、本来の平田さんのよさが出てくると思う。つらい経験も含めて、実習を楽しんでほしい。それが心の余裕につながり、すばらしい実習になると思う。

第 **4** 章　実習シミュレーション 2

26. チームアプローチの基礎知識を学ぶ

Open the Door

「チームアプローチはとても重要ですので、基礎的な知識を学んだうえで、問題意識をもって実習に臨んでください。まずはこの病院に配置されている部門や職種、チームはご存知だと思います。では、そのチームが具体的に、どんな患者さんのために、どのような状況で連携しているかイメージできますか？」

実習指導者の国村さんの言葉に、平田さんは、当たり前のように使っていたチームや組織などについて、あらためて基礎から学ぼうと考えた。さらに実習中は、時間をうまく活用して医師や看護師、理学療法士や言語聴覚士などのリハビリテーションのスタッフにもインタビューをした。生の声を聴くことにより、病院に配置されている職員の種類を覚えるだけではなく、事例を踏まえながら各職種の機能や役割を学ぶことができた。

平田さんは、チームアプローチの具体像が、日を重ねるごとに明らかになっていくことを実感していた。

Practice

1. 実習施設・機関の組織体制について、パンフレットや公式ウェブサイト等で調べ、図式化してみよう。
2. 実習施設内における職種はどのような目的や使命をもち、ほかの職種と役割を分担して仕事をしているのだろうか。
3. チームアプローチやネットワーキングにおいて、ソーシャルワーカーはどのような役割を担っているのだろうか。

Lecture

■組織とチーム、チームワークの違い、関係性を理解する

バーナード（C.I.Barnard）は、経営学の立場から組織を公式組織と非公式組織に分けて論じた。公式組織とは、「意識的で、計画的で、目的をもつような人々相互間の協働である」と述べ、①伝達（コミュニケーション）、②貢献意欲、③共通目的という三つの要素から成り立つとした。

チームとは、「ある目的のために協力して行動するグループ」「一人ひとりの職員が組織内においてほかの職員から認められ、お互いに協力する必要性を認識し、そのことが明確になっているグループ」である。チームワークとは、「チームの成員が協力して行動するための、チーム内の団結

や連係、協力態勢」である。チームワークは、部署の内と外の両方で行われ、職種を問わずに展開される。

■**組織とチームを図式化し、その目的を確認する**
病院を例にして、組織体制とチームおよびチームワークを図式化して確認してみよう。

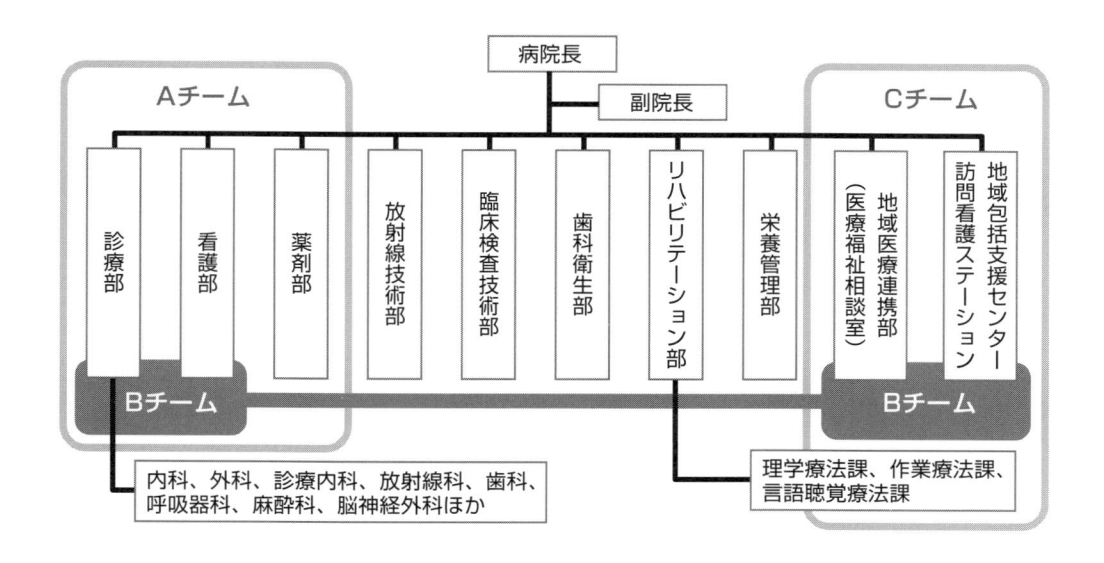

```
                    病院長
                     │
                    副院長
```

Aチーム：診療部、看護部、薬剤部
　放射線技術部、臨床検査技術部、歯科衛生部、リハビリテーション部、栄養管理部
Cチーム：地域医療連携部（医療福祉相談室）、地域包括支援センター、訪問看護ステーション

Bチーム（診療部～リハビリテーション部、地域医療連携部を横断）

診療部：内科、外科、診療内科、放射線科、歯科、呼吸器科、麻酔科、脳神経外科ほか
リハビリテーション部：理学療法課、作業療法課、言語聴覚療法課

　この場合、組織は「病院全体」であり、院長をトップに、その下に目的やプロジェクト、専門性の違いによってさまざまな「部」や「室」が設置されている。医療ソーシャルワーカーは、医療福祉相談室、地域医療連携室、医療福祉支援センター、保健医療連携室など、病院独自の名称がつけられた部署に設置されることが多い。
　チームは目的別に編成される。例えば、診療部と看護部とリハビリテーション部、看護部と地域医療連携部、地域医療連携部と地域包括支援センターなど、患者の状況や治療方針等に合わせて編成され、それらのチームの目的が達成されるよう、メンバーが協力して行動するのがチームワークということになる。
　利用者のウェルビーイングを実現し、問題を解決していくには、組織内の職員が共通の目標をもち、役割や機能を発揮し、チームとして組織内の専門職同士が信頼関係を築き、協力しながら仕事をすることが重要となる。

■組織の理念や基本方針、各職種の役割を理解する

実習施設・機関は、さまざまな職種が集まって構成される組織である。職種（資格）の例をあげてみよう。

病院	医師、看護師・准看護師、薬剤師、助産師、栄養士・管理栄養士、診療放射線技師、理学療法士、作業療法士、言語聴覚士、視能訓練士　など
特別養護老人ホーム	医師、生活相談員、介護職員、看護師・准看護師、栄養士、機能訓練指導員、調理員　など
児童養護施設	児童指導員、嘱託医、保育士、家庭支援専門相談員、栄養士　など

実習生は、自分の所属する組織の理念、基本方針、職員配置の根拠法や通知、職業倫理、業務指針や役割などを確認しておく。例えば、医療ソーシャルワーカーの業務の範囲は、①療養中の心理的・社会的問題の解決、調整援助、②退院援助、③社会復帰援助、④受診・受療援助、⑤経済的問題の解決、調整援助、⑥地域活動の六つが示されている（医療ソーシャルワーカー業務指針（厚生労働省保健局長通知　平成14年11月29日健康発第1129001号））。

■利用者の個別性に対応させてチームアプローチを理解する

組織や職種の役割について学習する際は、単に暗記したり、一般的な利用者像（高齢者、障害者、虐待を受けた子どもなど）にとどまらず、具体的な利用者像をイメージする。前述した医療ソーシャルワーカーの業務範囲の「②退院援助」に着目して考えてみよう。

> Aさん（52歳、男性）は、高所からの落下により緊急入院し（救急救命）、脊髄損傷と診断が下された。Aさんには妻と2人の子どもがおり、職場に復帰したいという気持ちが強かった。リハビリテーション医療に移行し（リハビリテーション科転科・転院）、意欲的に取り組んだが、思うように回復しなかった。職場復帰の希望も叶わず、車いすを利用して生活することになることを知り、自暴自棄になって家族に対して暴言を吐くようになった。子どもたちの笑顔が少なくなり、学校に行かない日も増えてきているとのことであった（学校教諭）。退院後の生活に対する不安が大きくなっていたため、家族のサポートも必要になっていた（医療福祉相談室）。体重や薬剤の管理の観点から栄養指導を受けることになった（栄養管理部、薬剤部）。約半年が過ぎ、家庭復帰の目途が立ったため、住宅改造をすることになった。地域のリハビリテーション機関との連携を取りながら支援を進めた。

実習生は、チームが、患者（利用者）の個別の状況に対応させながら、さまざまな部門の専門職チームで治療や支援を行い、最終的に退院をサポートしていることを知る必要がある。

Close the Door

国村さんとのスーパービジョンにおいて、平田さんはこれまでの実習を振り返った。

「多くの専門職が働く現場では、まずは、それぞれの職種の使命や目的を正確に理解したうえで、個別の状況まで考えることが重要だと再認識できました。大切なことは、わかったつもりにならず、当事者の声に耳を傾けるなどして実像に迫っていくことだと痛切に感じています」

「チームアプローチや連携という言葉は曖昧で漠然としたイメージがあります。これらが自分の働く職場では何を指すのかしっかりと整理するなら、それぞれの専門職種が組織を越えて、一人の患者のために力を合わせていく様子がもっと見えてくると思いますよ。結局は、チームアプローチは患者や利用者のために行うものですから」国村さんは答えた。

平田さんは、今後、「患者を中心に置いたチームアプローチとそのなかでのソーシャルワーカーの役割」について、もっと理解したいと思った。

Thought & Feeling

学生

あらためて、病院の組織やチーム、所属している職種について調べた。こうした基礎知識を整理することがチームアプローチでは重要だと気づいた。また、チームを理解するには、それぞれの専門職の人と実際に話すことも不可欠である。彼らの仕事を正確に知ることで、「チームが患者や利用者のためにある」ということが、よりわかってくるのだと思う。今後、患者の個別性の高い状況や問題に対応したチームアプローチについても理解したい。

実習指導者

チームアプローチやネットワーキング、連携については、事前学習だけでは理解しにくい。だから実習を通してそれらを具体的にイメージできるようになってほしい。そのためには、それぞれの専門性を理解し、チームメンバーとして尊重し合い、それぞれの共通の目標を明確にしていくことが重要である。信頼関係は、患者や利用者との関係だけではなく、チームにおいても特に大切である。

27. チームアプローチを体験する

Open the Door

　初めてケース会議に参加する日を迎えた。チームアプローチや連携に関心があった実習生の平田さんは、この日を楽しみにしていた。
　会議が始まり、医学モデルに対して批判的な思いをもっていた平田さんは、ソーシャルワーカーの説明に対して理解を示そうとしない医師に対して違和感を覚え、実習指導者の国村さんがどのような対応をするのか注意深く様子を見ていた。
　国村さんは、面接で得られた情報やアセスメントの結果を丁寧に説明し、患者の思いをわかりやすく説明していた。こうした説明に対して、医師は普段の診察で見せることがない患者の心理的な側面や家族関係などに対して理解を示したように平田さんは感じた。
　会議が終わり、平田さんは自分が抱いた感情と疑問を伝えた。それに対して国村さんは、「平田さんが言いたいことはわかります。会議の場では、ソーシャルワーカーはほかの保健医療スタッフから必要な情報提供を得ることが大切です。同時に、診療や看護、保健指導に参考になるように、患者の経済的、心理的、社会的側面の情報を提供する役割を担っています」
　平田さんは、会議はソーシャルワーカーが面接で得た情報を提供するだけではなく、患者や家族の意思を伝える貴重な場となることを実感した。

Practice

1. 国村さんの説明に医師が理解を示したのは、どのような理由によると思うか？　国村さんは、会議では何が大切だと考えているだろうか。
2. 連携やチームアプローチにおいてソーシャルワーカーが果たす役割とは何だろうか。利用者の代弁者になるということは、具体的にどのようなことだろうか。実習施設の利用者を具体的にイメージしながら、事例を用いて説明してみよう。
3. チームをよくするために必要なこと、不必要なことを考えて書き出してみよう。そして、グループディスカッションをして模造紙などに整理してみよう。

Lecture

■会議において、ソーシャルワーカーは利用者の代弁者となる
　会議では、医師や看護師、理学療法士など各専門職の目的や使命に基づいて診断や方針の説明と意見交換がなされる。ソーシャルワーカーとして会議に同席する理由は、単に面接結果を伝えることだけではない。利用者が病院や施設内で安

心して生活を送ることができるように環境を整える役割を有している。

さらに、利用者本人や家族が退院後の生活の見通しをもつことができるよう、彼らの声を代弁することが重要となる。すべての利用者や家族が、医師や看護師などの専門職に対して現状や気持ちなどを理路整然と伝えられるわけではない。また、子どもや知的障害者、外国にルーツをもつ人々のように、自分の状況や他者との関係などを言葉にして相手に説明することが困難な場合もある。そのような人々の立場に立ち、権利を擁護し、利用者の状況をほかの専門職に伝える代弁者としての役割を果たさなければならない。

■権利擁護活動の二つの方向性を見極める

実習生は、ソーシャルワーカーが、倫理綱領や行動規範に規定された原理・原則を基盤としながら二つの方向性を意識して権利擁護を行っていることを見極めるとよい。それは、①不特定多数の利用者への権利擁護実践と、②個別性を配慮した特定の利用者への権利擁護実践である。

下記は、医療の現場で不特定多数および特定の人への権利擁護実践のイメージ図である。ここから不特定の人々への実践は全体的で予防的な実践となり、特定の人々への実践はきわめて個別的で介入、治療的であることがわかる。

アドボカシーや権利擁護の学習のポイント（イメージ）

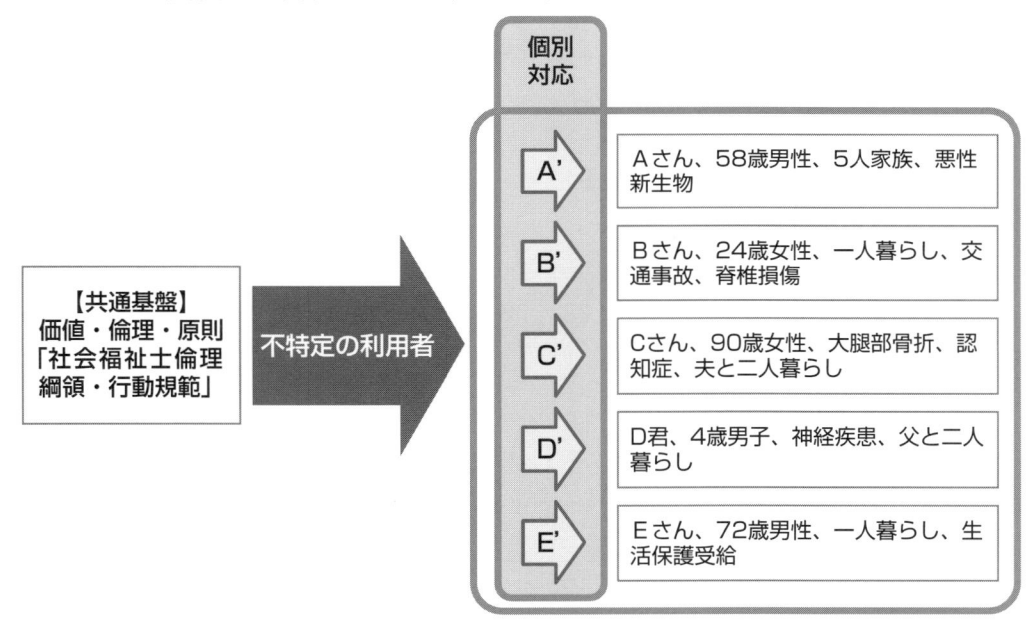

```
【共通基盤】
価値・倫理・原則
「社会福祉士倫理
綱領・行動規範」
  → 不特定の利用者 → 個別対応
    A' Aさん、58歳男性、5人家族、悪性新生物
    B' Bさん、24歳女性、一人暮らし、交通事故、脊椎損傷
    C' Cさん、90歳女性、大腿部骨折、認知症、夫と二人暮らし
    D' D君、4歳男子、神経疾患、父と二人暮らし
    E' Eさん、72歳男性、一人暮らし、生活保護受給
```

これは、ほとんどの実習先に当てはめて考えることができる。例えば、児童相談所のソーシャルワーカーが主体となり、学校に出向き、子どもたちに「権利ノート」を配布し、自分たちにどんな権利があるのか教える活動は、不特定多数の利用者への権利擁護実践であるが、虐待を受けていると通報があったフィリピン国籍の小学5年生の少年を、家族から引き離し、安全に保護しようとするのは、特定の利用者への権利擁護実践である。また、地域包括支援センターのソーシャルワーカーは、地域で孤立する人がいないように不特定多数の高齢者のためにさまざまな情報を提供して

いるが、同時に、一人暮らしで生活困難になっている特定の認知症の人の権利を守ろうとする。

■チームワークを構築する際に重要となる「信頼関係」について理解を深める

　実習施設・機関は、さまざまな専門職によって構成されており、業務遂行にあたっては、組織内外の施設・機関と協力することになる。そのような現場では、相互に尊重し、信頼関係のもと、目標達成に向けてお互いに協力し合うことが求められる。そのようなチームとしての機能を発揮するための取組みをチーム・ビルディングという。

　チーム・ビルディングにおいて重要となるのが、メンバー同士の信頼関係である。信頼関係とは、メンバーが共通の目標をもち、その目標を達成するために責任をもってやり遂げようとする個々人の気持ちと、ほかのメンバーがやり遂げてくれるというお互いに信じ合う気持ちがかみ合っている状態といえる。

　実習中、信頼をテーマに、各職種にインタビューをしてみるとよい。例えば、「組織内の自分とは異なる職種の専門性と役割をどの程度、信頼しているか」「他職種の信頼に応えるために、あなたは、自分の役割をどのように果たそうとしているか」などの意見を聞くことが効果的な学習となる。

■コンサルテーションに着目して、ソーシャルワーカーの役割を分析する

　コンサルテーションとは、異なる専門職が利用者の問題解決や業務の遂行にあたり、よりよい支援内容や方法を検討し、生み出していくプロセスをいう。特に、コンサルティがより効果的に支援するための取組みといえる。自分の専門性に基づいてほかの専門職を支援する者を「コンサルタント」、そして支援を受ける者を「コンサルティ」と呼び、両者は対等な関係のもとで行われる。

　このテーマを実習プログラムとして学習するには、以下の図のように、利用者の支援を進めるにあたり、医師や看護師、その他の職種がソーシャルワーカーに求める役割や技術、視点などを明らかにすることである。国村さんは、医師に患者の生活者としての思いを伝えていたが、こうした情報は医療職が見落としがちなものである。

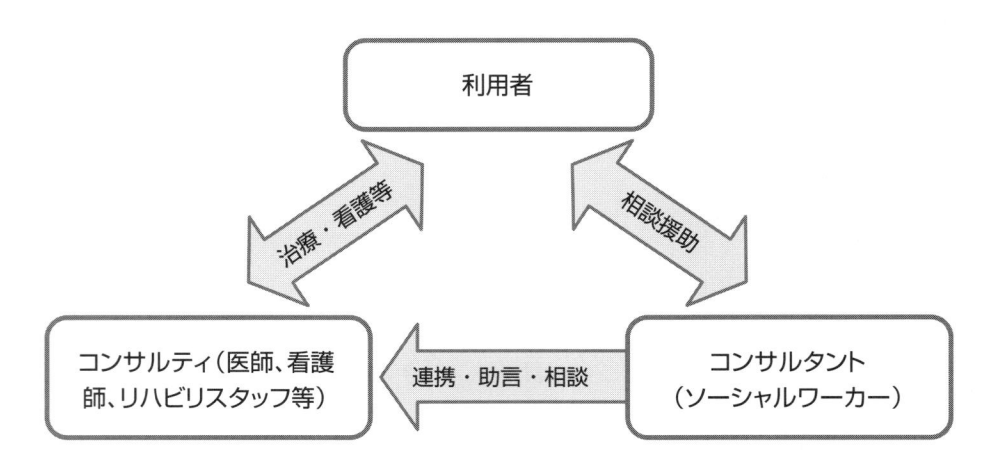

Close the Door

その日のスーパービジョンを迎え、平田さんの質問に対して実習指導者の国村さんは次のように説明した。

「病院など保健医療の現場では、患者に対してさまざまな専門職がかかわり、チームとして働いているので、チームワークが求められます。チームワークは病院内だけではなく、関連機関や施設の専門職との間においても必要になってくるので、ネットワーキングがとても重要になります。

患者は、傷病のことだけではなく、経済的、心理的、社会的な問題を抱えることもあります。それらの問題は単独で発生するとは限りません。問題が複雑に絡み合い、傷病の状況が関連していることもあるので、スタッフとの日頃からの連携や協働が必要になります。

実践現場においては、利用者に対して最善を尽くすことが共通の価値です。その共通価値のもとで連携することが求められています。相互に理解し合い、それぞれ工夫と努力を怠ることなく、協力関係を維持していくことが必要なんです」

チームアプローチは誰のためのものなのか。そして、ソーシャルワーカーの役割は何なのか。平田さんは、さらに考察を深めていくことができると希望をもった。

Thought & Feeling

学生

一人ひとり異なる患者に対して、具体的なネットワーキングの実践やチームワークについては考えることができていないことに気づかされた。個別性を尊重することを忘れないようにして、ネットワーキングにおけるソーシャルワーカーの役割や意義についてさらに学んでいきたい。また、他職種のことをしっかり理解しておかなければ連携できないということも学んだ。医療職やリハビリスタッフの理念もしっかり理解していこうと思う。

実習指導者

職種ごとに目的や使命は異なるので、役割が違うのは当然のことである。したがって、ソーシャルワーカーとして、各職種のサービスや情報を整理し、利用者が安心して生活していくことができるように「つなげる」役割を果たすことが大切になるのではないだろうか。ソーシャルワーカーの専門性を発揮することができるよう、現場でも日々模索している。

28. 問題を抱える家族と向き合う

> **Open the Door**
>
> 　木槌さんの福祉事務所実習も10日目。今日から児童福祉課の濱崎さんの指導を受ける。明日行われるケース会議の見学に備えてこれまでの経過記録を読んでいた木槌さんは、貼り付けられていた子どもの写真を見て、茫然となった。子どもの額や目の下には青黒い大きなあざがある。太ももや背中には、つねった跡のような青黒いあざ、赤いあざ、黄色いあざが、20数か所残っている。母親が3歳の男の子を虐待しているという児童虐待対応の記録だった。難病を抱えた父親が派遣切りにあい失業、家で療養中だという。母親が昼も夜もパートをしながら、3歳の子どもと9歳の姉を育てていて、そのなかで起きた虐待であった。
>
> 　完璧な子育てなんてないだろう。難病の夫の看護もしつつ仕事と子育てをするのは大変だろう。しかし、この写真のあざは「大変だから」と言われて「しょうがないよ」とうなずけるようなものではなかった。記録には、児童相談所による3歳の子どもの一時分離が検討されていることが記されていた。母親が保護に強く抵抗するだろうことも予想されると書かれている。木槌さんは、一刻も早くこの子を助けてあげたいと強く思った。
>
> 　実習指導者の濱崎さんは相談室で、3歳の子どもが通っている保育園の園長から、日頃の保育園での親子の様子の聞き取りをしていたが、終了後、木槌さんに記録を読んだ感想を尋ねた。
>
> 　木槌さんは涙をこらえて答えた。「自分の子どもにこんな傷をつくるなんて、この人は母親失格です！　普通の親ならこんなことできませんよ！」
>
> 　濱崎さんはしばらく黙っていたが、ぽつりと「『普通』ってなんでしょうね？」と言った。

Practice

1. あなたが「家族」に対してもっているイメージや思いを自由に書き出し、その後、自分以外の人のイメージや思いに耳を傾けよう。そこから「普通の家族」とは何かを話し合ってみよう。
2. この事例のなかで、子どもたちや母親、父親はそれぞれ、家族のなかでどのような役割を求められ、また役割を果たすうえで、どのような思いを抱いて生活してきたのだろうか？
3. 実習先で出会う利用者の「家族」が、どのような役割を求められ、どのような思いを抱いて生活してきたのかを想像してみよう。

■個人を守りつつ、家族を支える方法を考える

「虐待」のような重大な人権侵害、時に命にかかわるような事態が、家族内で予見される場合、たとえ家族に対して「痛み」が生じる対応になっても、利用者の生命や安全を優先させることが原則である。例えば、この事例では児童相談所による3歳の子どもの一時分離が検討されていて、母親はこのことによって深く傷つくことが予想される。しかし、「家族の絆」を守るために、家族内の個人をないがしろにしてはならない。家族内の個人を守りつつ、家族の関係性を支える方法を考えることが大切である。

また、家族がいくつもの課題を抱えるような場合には、一つの組織で家族全体を支えることは難しい。例えば、3歳の子どもの虐待防止を担当する児童福祉課がその子の母親までも支えることには限界がある。母親のほうは、難病の家族支援や婦人相談員からの支援を受けることが考えられる。「○○の家族」として扱われるのではなく「本人」としてサポートを受けることが必要な場合があることも知っておこう。

■「求められる役割」を果たせず、疲弊している家族の姿を知る

「求められる家族役割」が果たせないことを責められると、家族は疲れ果て、失望や自己嫌悪、落胆、過大な心理的ストレスを抱え、さまざまな問題を引き起こす場合がある。そのような家族の現実の姿を知る必要がある。

この事例の母親は、難病の夫を支える役割、一家の家計を支える役割、子どもたちの母親としての役割を求められてきた。外部の支援者が、それを求めることもあっただろうし、家族のなかで、お互いに役割を果たすことを求め合うこともあっただろう。母親自身が「求められる自分の役割を果たしたい」と、望んだこともあっただろう。では、難病と闘う父親はどうだろう？ 求められる役割を果たせない悔しさや、役割を求められなくなる悲しさが、病気をさらに重くしたかもしれない。子どもたちは、そのような親の思いを感じながら、よい子でいようと頑張ったり、甘えられない寂しさから不穏になったりしただろう。求められた役割を果たせない家族は、さまざまな心理的ストレスを起こす。それが負のスパイラルとなり、結果として児童虐待という形で表面化している。

■社会のサポートシステムの不足に苦しむ家族の姿を知る

社会のサポートシステムの不足が家族の機能不全を誘発することが多い。難病の夫は、不況等の経済問題が引き起こす派遣切りにあい、家で療養するしかなかった。そのため経済的な重圧が、妻に重くのしかかった。この時、家族を経済面、情緒面でサポートする十分なシステム（法律、制度、政策、事業、サービス、資源など）があれば、家族は機能不全に陥ることはなかったかもしれない。もし、派遣切りを認めない法律があれば、父親は働き続けることができたかもしれない。子育てをしている女性が正規職員として働きやすい社会システムであれば、長時間のパートタイム勤務は必要なかっただろう。心理的ストレスを抱えることもなく、虐待は起こらずに済んだかもしれない。家族が役割を果たせないとき、家族を非難の目で見つめるのではなく、代替システムをどう増やしていくかを考えなくてはならない。

■家族が抱えてきた思いに寄り添う

　問題を抱える家族を責めても解決はしない。彼らに本当に必要なのは、「家族としての役割」を果たすために何をしたらよいのかを一緒に考え、家族が抱えてきたであろう思いに寄り添ってくれる人である。あなたが家族と向き合いながら、「この家族が求められ続けてきた役割とは何なのだろうか」「その役割を果たせない結果、今、どんな心理的ストレスを感じているのだろうか」「その心理的ストレスが、直面する問題につながっていないだろうか」さらに、「この家族を支える社会システムをどうつくれるのか」といったことを考えるとき、家族の抱える問題を正しくとらえることができる。

■無力感を抱かない

　「社会のなかで困難を抱える家族」また「家族のなかで困難を抱える個人」の真の姿を知れば知るほど、彼らが社会の被害者であると気づく。現実の支援の場面では、さまざまな問題が影響し合っていて、複雑に絡み合った糸を解きほぐそうとすることで、家族をより傷つけてしまうこともあり、無力感に襲われ、「何もしないほうがいい」とさえ感じてしまうこともある。しかし、支援者は、こうした無力感を乗り越え、自らをエンパワーしながら、熱意をもって解決に取り組む必要がある。家族というシステムを正確にとらえ、負のスパイラルをどこで断ち切れるのかを考え、家族がもともともっている力を強めることで家族自身の解決力を高めることが大切である。これらの過程を通すことで、ソーシャルワーカーも自らをエンパワーできるし、家族の変化の可能性を信じることができる。

■実習先での家族支援について、具体的に想像し把握する

　実習に行く前に、実習先で利用者が受けているサポートやサービスのなかに、かつて家族が担っていたものがあるかどうか考えてみよう。例えば、病院のクリーニングシステムはどうだろう？かつては入院している患者のために、患者家族は、毎日洗濯物を回収し新たな衣類を届けに通わなければならなかった。実習先の施設のなかだけで考えるのではなく、社会システム全体でも考えてみよう。育児休暇や介護休暇の制度も家族支援のシステム化といえるだろう。

　実習中は、利用者は家族からどのようなサポートを受けているのかを把握してみよう。今、家族が担っていることを、もしも社会システムが代替するとしたら、どのようなシステムがあればよいかを考えてみよう。また、社会システムに代替できないものにどのようなことがあるのかについても想像してみよう。家族にしか果たせない役割があるとしたら、家族の支援が望めない利用者に、ソーシャルワーカーがどのようにかかわらなければならないのかも、考えることができるだろう。

　さらに、ソーシャルワーカーが「寄り添うこと」によって、支えられる家族がいることを知っておこう。実習指導者には、具体的な支援が特にできなかったにもかかわらず、利用者の家族から「話を聞いていくれてありがとう」「あなたがわかってくれたから乗り切ることができた」と言われた経験をもつ人がいることだろう。実習指導者の経験も尋ねてみよう。

Close the Door

濱崎さんはしばらく黙っていたが、木槌さんに次のように話した。
「私は児童虐待担当ですし、子どもへの暴力をこのままにしてよいとは、思っていません。ただ、木槌さんが言った『普通』という言葉が、この母親を追い詰めてきたのかもしれないと思っています。保育園の先生の話によると、子どもをとても愛しているよい母親なんだそうです。この人にこんなことをさせてしまった何かに働きかけることができないかなぁと思うんです。この家族に、関係機関がどのようにかかわっていくか、明日、合同ケース会議をする予定です。『ファミリーソーシャルワーク』という意識をもって見学してください」
木槌さんは、「子どもをとても愛しているよい母親」に「こんなことをさせてしまった何か」を知りたいと、強く思った。

Thought & Feeling

学生
写真に写っていた子どもの瞳を忘れることができない。ファインダーの向こうにいる大人を信用していない瞳だった。ケースから適切に距離を取れていない自分を感じている。濱崎さんの「この親にこんなことをさせてしまった何か」という言葉の意味を、明日つかみたい。

実習指導者
木槌さんに言った「『普通』ってなんでしょうね？」という言葉は、私自身が自分に問いかけている言葉だ。障害のある子どもへの支援では「普通の暮らし」「ノーマライゼーション」という価値を大切に支援をしている。でも、私が思う「普通であること」を、家族に押し付けて、家族を追い詰めないようにもしていきたい。

29．問題を抱える家族へのアセスメント

Open the Door

　実習生の木槌さんは、実習指導者の濱崎さんに連れられて、児童虐待対応の合同ケース会議を見学していた。会議室には、ホワイトボードが用意されており、市の児童虐待対応担当である濱崎さんのほか、児童相談所の児童福祉主事、難病担当の保健師が来ていた。それぞれの把握している情報や支援状況が報告され、ホワイトボードに描かれていたジェノグラムやエコマップに情報が加えられていった。

　濱崎さんは、民生委員・児童委員からのこれまでの聞き取りについて報告した。難病発症前の父親は、子ども好きな「頼りになるお父さん」だったというが、不況のあおりを受けて昨年失業、病状も重くなってしまった。子ども部屋に面した１階の居間に父親が布団を敷いて寝ている（２階の部屋は物置になってしまっている）ため、子どもの声や足音が癇に障るようで、父親の罵声が隣近所まで響き渡ることがあるとのことだった。

　さらに、保育園の園長から聞き取った内容として、父親に「静かにさせろ！」と怒鳴られる母親が３歳の男の子に手を上げているということについても濱崎さんから報告された。子どものあざについて尋ねられた母親は、涙ながらに「主人にストレスをかけると病気がどんどん悪くなる」「苦しいときに主人を見捨てることなんてできない。私がしっかりしなくては」と言ったという。

　難病支援で訪問している保健師からは、主治医から「ストレスが病気によくない」と言われたことを、父親も母親もすごく気にしていること、母親にうつがあるのではないかと感じ受診を勧めたことがあるが受診につながらなかったこと、最近、母親が疲れ果てて家事が満足にできず、それによって父親がますますイライラしていることなどが語られた。

　さらに児童相談所からは、父親の症状に障ることを気にしている母親が、児童相談所の訪問を拒否していることも報告された。

　木槌さんはわからなくなってきて首をひねった。「一体、悪いのは誰なんだろう？」

Practice

1．この家族のジェノグラムやエコマップを書いて、情報を整理してみよう。
2．この家族で起きている悪循環を書き出してみよう。
3．この家族に強さ（ストレングス）があるとしたら、それは何だろうか？

Lecture

■ジェノグラムやエコマップを用いて、家族をアセスメントする

　支援の必要な個人と家族の関係、家族同士の関係をとらえるときはジェノグラムを、個人が環境のなかでどのように生活しているのか、それぞれの思いや与えあっている影響も含めてとらえるときはエコマップを、それぞれ利用できる。こうした方法は、文章で書くよりもコンパクトにたくさんの情報を把握できるうえ、個人や家族、また、その環境を俯瞰してとらえることができる。

①ジェノグラムを書く

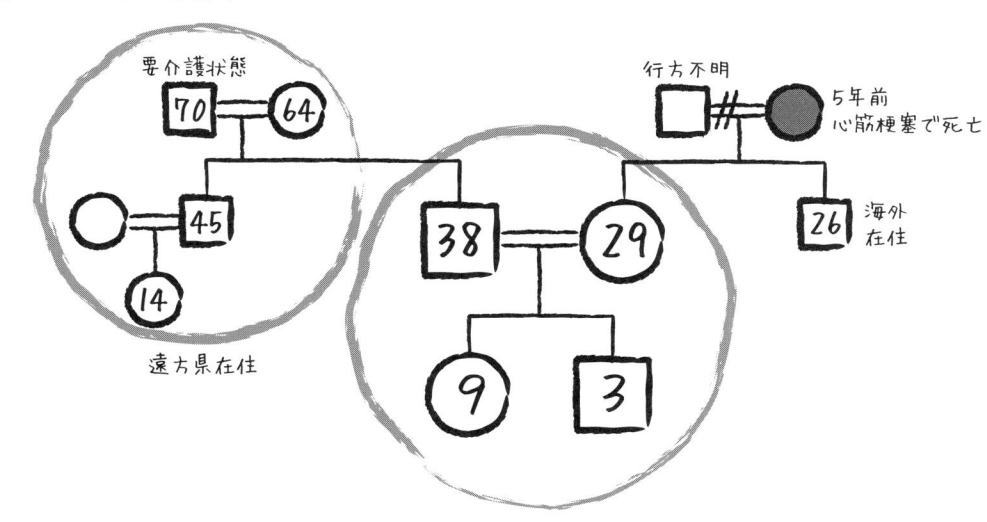

②エコマップを足す

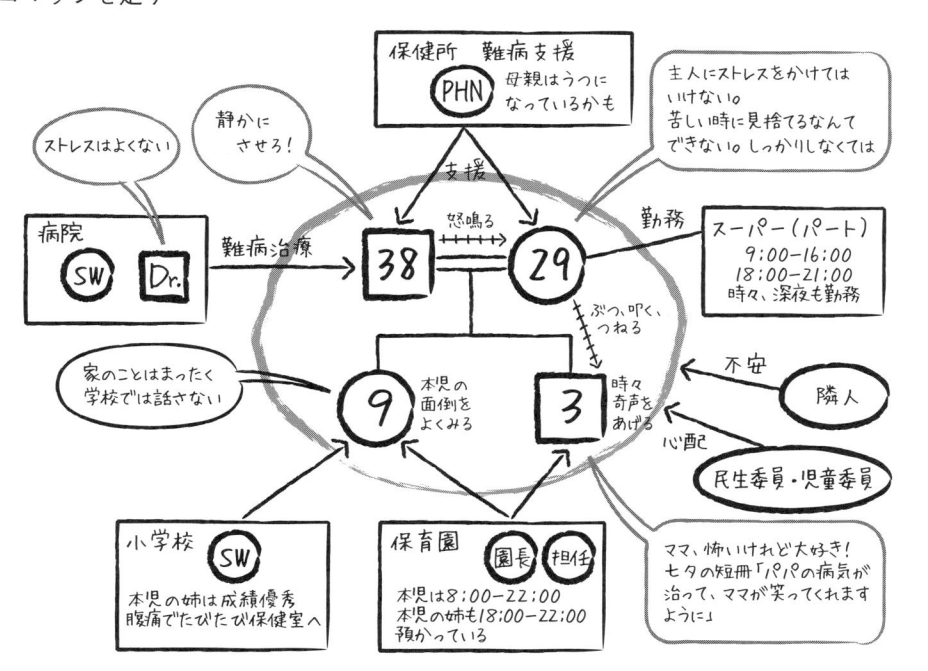

ジェノグラムやエコマップは、この事例のように会議のなかでそれぞれのもっている情報を統合していくときにも活躍するし、面接のなかで利用者に話を聞きながら一緒に書いていくこともできる。さらに、利用者が環境をどのようにとらえているのかについても聞くことができる。

　実習中に利用者家族にかかわることがあれば、ジェノグラムやエコマップを書くことを意識しながら情報収集してみよう。直接話を聞くことができなくても、記録を読むことで把握できることがあるかもしれない。

　エコマップを例に考えてみると、3歳の子どもと一緒に生活している家族、家族へかかわっている隣人、病院や学校、会議に出席しているソーシャルワーカーも、3歳の子どもにとっての環境である。また、2階が使えない状態になっている家も、3歳の子どもにとっての環境である。これらがどのように影響しあって、子どもの生活に課題が生じているのかを把握していく。

③ジェノグラムやエコマップに家族の情報を足す

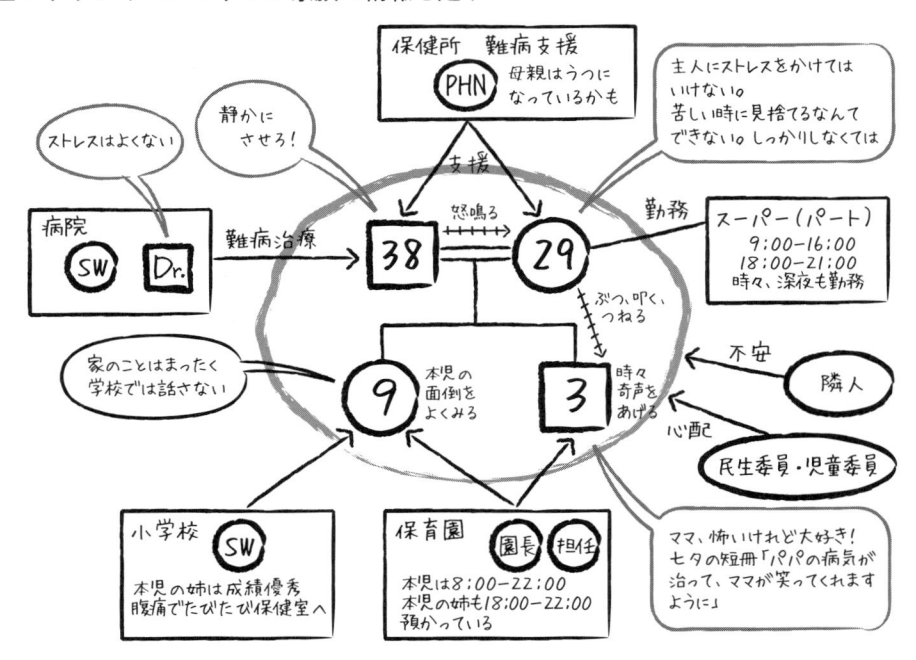

■家族の「習慣」や「ルール」をとらえる

　家族には、それぞれの家族の習慣やルールがある。迷ったときの決定はどのようにされるのか（されないのか）、家族全体がトラブルを抱えたときにどのように対応するのか、家族は、同じようなパターンの行動を繰り返す傾向がある。そして、このパターンによって負のスパイラルに陥ってしまうことがある。家族のメンバーがお互いにどのように影響し合い、どのような習慣やルールをもっているのかを探り、何に働きかければよいのかを考えると、負のスパイラルをストップできる方法を見つけやすい。

④この事例で起きている悪循環を整理する

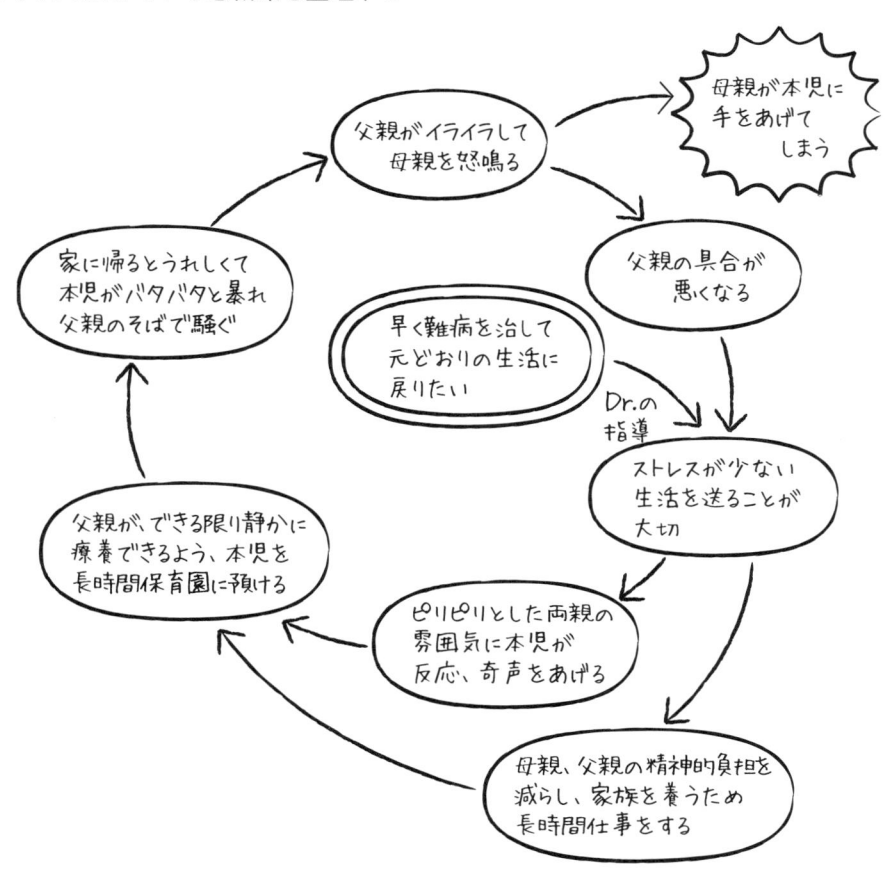

```
父親がイライラして母親を怒鳴る → 母親が本児に手をあげてしまう
　↑　　　　　　　　　　　　　↓
家に帰るとうれしくて　　　　父親の具合が悪くなる
本児がバタバタと暴れ　　　　　↓（Dr.の指導）
父親のそばで騒ぐ　　　　　　ストレスが少ない生活を送ることが大切
　↑　　　　　　　　　　　　　↓
父親が、できる限り静かに　　ピリピリとした両親の雰囲気に
療養できるよう、本児を　　　本児が反応、奇声をあげる
長時間保育園に預ける　　　　　↓
　↑　　　　　　　　　　　　母親、父親の精神的負担を
　←―――――――――――――減らし、家族を養うため
　　　　　　　　　　　　　　長時間仕事をする

（中央に）早く難病を治して元どおりの生活に戻りたい
```

■家族の変化をとらえる視点をもつ

　家族の状況をアセスメントする際、時間軸での家族の変化の整理を同時に行うとよい。家族がどのように変化してきたのか、今まで家族は問題をどのように解決してきたのか、さらに、家族が変化のなかでどのような思いを抱いてきたのかをとらえることができるだろう。

⑤家族のタイムスケールを書いてみる

26年前 ── (本児の)母親3歳の時、両親離婚(祖母(母親の母)に引きとられる)。

16年前 ── (本児の)父親22歳、書店に就職。本県に転居。

11年前 ── 母親18歳、アルバイト先の書店で父親27歳と知り合う。

9年前 ── 父親29歳と母親20歳、結婚。4か月後に本児の姉が誕生。

6年前 ── 本児の祖母(母親の母)、リンパ腫瘍の診断。
　　　　　↓ 1年の闘病生活を、母親が隣市に通って祖母を支える。
　　　　　↓ 父親が姉(3歳)の面倒をよくみる。
5年前 ── 祖母、リンパ腫瘍で死亡。

3年前 ── 本児誕生。

2年前 ── 父親36歳、体調不良出現。仕事を休みがちになる。

1年前 ── 父親37歳、難病の診断を受ける。書店を退職。
　　　　　派遣会社に登録し、自動車工場で働き始める。
　　　　　同じ頃に母親、パートを開始。本児が保育園に通い始める。
半年前 ── 父親37歳、派遣切りにあい、自宅にいるようになる。1か月程でふせりがちに。
　　　　　保健所が難病患者家族支援の訪問開始(MSWの紹介)。
4か月前 ── 近隣に、父親の怒鳴り声が響くようになる。
2か月前 ── 本児の体にあざができはじめる。
1か月前 ── 児童虐待の通報(近隣→児童相談所)。
　　　　　「夜、怒鳴り声がたびたび聞こえる」「子どもの顔にあざ」。
　　　　　児童相談所が訪問するが、母親が拒否「主人の体に障る」。

「家族は変わっていく」ということを信じることは、家族をアセスメントするなかで大切なことである。「どうせ変わらない家族だから」と思ってしまうならば、家族から力を奪うことになる。家族と向き合うとき、ソーシャルワーカーは、家族が本来もっている力を取り戻していけると考え、メンバーの変化の可能性を信じて関与する。

この事例の場合、父親も母親も、病気を治したいという強い思いをもって生活している。親として子どもを育てることを放棄してもいない。このような家族の「強み」にも目を向け、その力を信じたい。実習では、この「強み」を考える姿勢を忘れずに、家族とかかわってほしい。

Close the Door

　話し合いのなかでは、3歳の子どものあざの状態から緊急性が高いこと、母親の精神状態が不安定で暴力が抑止できる見込みが立たないことが確認された。そして、母親に休息の必要があることを説明して、児童相談所がこの子を一時保護することとされた。ショックを受けるであろう母親への支援をどのように行うか綿密に検討されたほか、父親の療養環境を整えるために2階の片付けを支援すること、「ストレスによる病状悪化」という説明が父親や母親を追い詰めていることを主治医に伝え、病状についての正確な理解ができるように、もう一度病状説明をしてもらう必要があること、3歳の子どもの保護という状況変化に伴って9歳の姉がストレスを感じる可能性があることをスクールソーシャルワーカーに伝えることなどが決定された。

　帰り道、濱崎さんから感想を聞かれた木槌さんは次のように話した。

　「途中まで、誰が悪いんだろう？　って考えながら聞いていたんです。でも、見学していてわかりました。誰が悪いのかを考えるのではなくて、悪いことを解消するために、それぞれどう支えていくかを考えていくんですね」

Thought & Feeling

学生
　アセスメントシートの情報や会議での報告内容をジェノグラムやエコマップで整理し直してみると、そこに生活しているお父さん、お母さん、子どもたちの声が聞こえてくるような気持ちになった。ほかのケースでもやってみたいと思う。

実習指導者
　「何がどの事態を引き起こしたのか」「これからどのように支えていくのか」という考え方で「環境」や「強み」を把握して、そこに働きかけていくということが伝えられてよかった。この視点での働きかけは、ソーシャルワーカーの大きな役割の一つだと思う。

30. 地域に目を向ける

Open the Door

和田さんは、実習指導者の松本さんに対して率直に疑問をぶつけた。
「社会福祉協議会は本当にいろいろな事業を実施していることがわかりました。でも、サービスを利用している個人に対する支援は何となくわかるのですが、地域福祉の推進とか地域支援とか、住民や地域に対する具体的なかかわり方が今一つイメージできないんです」

松本さんは、和田さんの不安や疑問が、社会福祉協議会で実習する多くの学生が直面するという印象を伝え、次のように説明した。

「地域福祉の推進というと難しく聞こえるかもしれませんが、その基本は一人ひとりの希望やニーズを把握し、どうすれば生活が豊かになっていくかを考えることだと思います。いきなり地域という大きな枠で問題を解決したり、住民全体を理解するのは難しいでしょうね。和田さんだったら、何から始めますか？」

「何から始めるかですね…地域って何でしょう。言葉の意味から考えてみたいです」

Practice

1. 実習施設・機関の地域（自治体）の自然的特性（例：位置・地勢、気候、自然環境、緑地・公園など）、社会的特性（例：人口構造、世帯数、産業、交通、ごみ処理など）、住民意識などの地域特色を既存のデータを活用して調べてみよう。
2. 実習先のある地域の問題解決に活用できる「人的資源」（例：医師、看護師、介護支援専門員、警察官、小中高校教員、民生委員・児童委員、NPO、精神保健福祉士、住民など）や「物的資源」（例：病院、保健所、福祉事務所、地域包括支援センター、福祉施設、教育施設など）をあげてみよう。
3. 実習施設・機関がある自治体の「社会資源関係図」を作成してみよう。

Lecture

■「地域」の定義を確認し、特性を整理する

和田さんは、「地域って何でしょう」と自問した。多くの人が地域という言葉を使う。しかし、地域という言葉は、使用する人や聞く人によってイメージが異なる。したがって、実習生が学習対象として「地域」を選ぶのであれば、それが何を意味するのか、事前に明らかにしておく必要がある。

まず、実習施設・機関の職員が「地域」という言葉をどのような意図や認識をもって使用しているのか、また「地域」の範囲はどこまでを指しているのかなど、実習の初期段階（可能であれば、事前訪問時）で確認しよう。その際は、地理的な範囲だけではなく、人的資源を指している場合もあるので注意が必要である。

　次に、地域の特性を知る。地域には、さまざまな種類がある。顔の見える人々で構成された小さな集落から、都市圏の大きな自治体まである。例えば、地域特性の一つである気象現象と生活との関係性に着目することも重要である。雪や雨などの降水、風などの気象現象に着目することが、人々の生活様式や生活問題を理解するために必要となる。積雪量が多い地域の一人暮らし高齢者の冬期間の生活問題は、夏に実習に行ったとしても理解することは難しい。利用者や地域住民から話を聴いたり、時期をずらして訪問したりするなどの学習の工夫も必要となるだろう。

　自分がこれからかかわろうとする地域を明らかにすることで、支援の対象や範囲が明確になり、おのずと支援方法も見えてくる。学習方法としては、職員へのインタビュー、ヒアリングの実施、また、根拠となる法律やパンフレットなどでも確認できる。

■地域に存在する生活関連施設に精通する

　社会資源の分類の例として、以下に示す「生活関連施設」が参考になる。これらの枠組みを参考にしながら、利用者と社会資源との関係を整理してみよう。その際、個々の利用者が日常生活を送るうえで社会資源をどのように利用しているかということにも注目する。

生活関連施設（参考：高齢者、障害者等の移動等の円滑化の促進に関する法律）

種類		区分	主な施設の例		区分	主な施設の例
建築物	01	医療施設	病院、診療所	11	公衆浴場	公衆浴場
	02	娯楽施設	劇場、観覧場、映画館、演芸場等	12	飲食施設	飲食店
	03	集会施設	集会場、公会堂　等	13	サービス施設	理髪店、質屋、貸衣装屋　等
	04	展示施設	展示場	14	金融機関	銀行　等
	05	購買施設	百貨店、マーケット、物品販売店舗	15	駅舎等	車輌または船舶もしくは航空機の乗降場
	06	宿泊施設	ホテル、旅館	16	自動車車庫	自動車の駐車の用に供される自動車車庫
	07	社会福祉施設	老人福祉センター、児童厚生施設　等	17	公衆便所	公衆便所
	08	体育施設	体育館、水泳場、ボーリング場等	18	官公庁施設	郵便局、保健所、税務署　等
	09	遊技施設	遊技場	19	学校	学校、専修学校、各種学校
	10	文化施設	博物館、美術館、図書館	20	共同住宅	共同住宅
道路	21	道路	道路法に規定する道路			
公園・その他	22	公園	都市公園、児童遊園	24	遊園地等	動物園、植物園、遊園地
	23	緑地	緑地	25	路外駐車場	路外駐車場（建築物を除く。）

■地域の社会資源の確認とリスト化を行う

　実習生は、地域踏査や地域アセスメント、また、前記の「生活関連施設」なども参考に、実習施設・機関がある自治体（市区町村）の社会資源リストの作成を行い、施設と社会資源の関係性に着目して分類することができる。関係がある社会資源、関係がない社会資源、施設が関係をもちたいと考えている社会資源、あなたが関係をもったほうがよいと思う社会資源をリスト化しよう。

■社会資源との連携の程度や有益性を確認する

　最初の段階では、利用者を特定せず、施設・機関の単位に着目して「連携の有無」についてマッピングする（社会資源関係図の作成）。そして、業務を遂行する際、関係機関・他職種等と情報の共有化を図り、協力し合って活動することを確認する。また、自分（施設）がどのような環境のなかで生きているのかなどを整理し、「人（施設）と環境との関係性（連携、協力、葛藤）」を記入する。

　次に、特定の利用者を想定し、連携によって利用者の利益がどの程度守られるのか（有益性）、そのプロセスを明記する。

誰の	何を	誰が	いつ	どこで	誰と協力して（社会資源・連携）	どのような方法で
Aさん	引きこもりの問題	ソーシャルワーカー	1週間後	Aさんの自宅	市の保健師	同行訪問して面接した
高台の団地に住む高齢者	買い物に行くことができない問題	社会福祉協議会の福祉活動専門員	3か月間	市の10か所の自治会館	市の高齢福祉課、保健師、地域包括支援センター、民生委員	住民懇談会と訪問調査によってニーズ把握を実施した

　このような記述例を参考に、自分が実習する施設・機関における連携の有無や有益性について確認するとよい。これらは利用者や職員へのインタビューの実施、ケース記録の閲覧、広報紙、チラシなどで確認できる。また、調べた社会資源を具体的にどのように活用しているのかも調べる。連携の目的・回数・頻度については、一般論ではなく、特定の利用者をあげて具体的に考える。

■施設や機関の目的や対象によって、地域とのかかわり方は異なる

　すべての施設が地域に開かれた運営を行っているというわけではない。施設の目的や使命、そして利用者が直面している問題によって、地域とのかかわり方や地域開放の程度は変わってくる。例えば、配偶者からの暴力の防止および被害者の保護を図るための施設である婦人保護施設のように、利用者の命と生活を守るために外部の人とのかかわりは慎重に行わなければならない場合もある。一方で、児童自立支援施設のように、退所した子どもを地域で支えていくための体制を整備するため、地域住民や関係機関との日常的な交流を通じて相互理解を深め、地域社会に根ざした施設になることを目標としている施設もある。地域との関係性や地域への働きかけを学習するにあたっては、かかわりの有無だけではなく、その理由や背景が何であるかを意識するとよい。

Close the Door

一日の振り返りを迎え、和田さんが気持ちを伝えた。「住民一人ひとりのニーズや希望を聞くことは大変なことだと思いますが、それをどのような方法で実施しているのか、残りの実習のなかで学びたいです。住民と直接話をして意見を聞くようなことはできますか」

「再来週の土曜日に、近くの地区で住民懇談会を開催する予定です。せっかくですので参加するだけではなく、和田さんも何か企画してみてはいかがですか」

和田さんは、役割と責任の大きさを感じながら、「緊張しますがぜひ挑戦してみたいです。あと…この地域の社会資源の種類や地域特性と住民の生活のつながりを自分の目で確認したいので、自転車で走ってみてもよいですか?」と伝えた。

Thought & Feeling

学生

地域福祉を推進するための具体的な方法を考える前に、住民一人ひとりに目を向けなければいけないと強く感じた。地域福祉活動は、個別性を尊重しながら、一人ひとりが孤立しない社会を築いていくための取組みだと思った。

一人ひとりの個性や違い、ニーズなどを丁寧に観察し、きちんと把握し、それに適合するサービスや事業を見つけ、よく考えて組み合わせてみたい。

実習指導者

地域には目に見えないニーズや問題が存在している。それらに気づいてほしい。また、生活の継続性の観点からみると、利用者の生活を点で理解するのではなく、過去・現在・未来という線の理解を心掛けて学習することも大切である。そうすることで、利用者の個別の問題や施設・機関の個別の問題を地域の問題として普遍化する視点をもてるようになる。専門職として、理想とする形や完成図をイメージしながら、目標や情熱をもって取り組んでほしい。

31. 地域住民との関係を築く

Open the Door

　地域踏査を実施する日を迎えた。和田さんは、服装や身だしなみにも気をつけ、事前に調べた情報を書き込んだ地図を自転車のかごに入れた。松本さんは、
　「一人は緊張すると思うけれど、住民の皆さんと関係を築くことの第一歩を経験してきてください。緊急連絡先はOKかな。気をつけていってらっしゃい」と声をかけた。
　事前に調べたコースを走りながら、想像していなかった人々の生活のリアリティを感じていた。1時間くらい走ったあたりで、地図では気づかなかった高台が目に入った。気になったため予定を変更して行ってみることにした。自分には全く問題がなかった坂道を、高齢者が腰を曲げて歩き、ベビーカーを押す母親の姿も見えた。
　「車がないときついなぁ。外出しにくい住民はどうしているのかな？　一人暮らしの高齢者もいるかもしれない。同じような人が地域にもいるかもしれない」
　自転車を降り、周りを見渡しながら歩き始めると、小さな公園が目に入った。ベンチにおばあさんが座っていたので、勇気を出して話しかけてみた。
　「こんにちは。私は社会福祉協議会で実習をしている和田です。今、少しお話をお伺いしてもよろしいですか？」
　「しゃかいふくしきょうぎかい？　ああ、いいですよ。自転車で登ってくるのは大変だったでしょう」
　「ここは眺めがよくて気持ちがよいですが、外出は大変そうですね。お買い物はどうされているんですか？」
　「そうなのよ。昔はそこの角に店があったのだけれどやめちゃってね。タクシーを呼ばなきゃ行けないのよ」

Practice

1．和田さんは、どのような気持ちで地域踏査に出かけたのだろうか？　また、どんな準備をしたと思うか？
2．あなたが、実習先で地域住民とかかわることができる場面や機会を考えてみよう。またその際、どのような準備（基本的なマナー、関係を築くための配慮など）が必要かを書き出してみよう。
3．個別ニーズや個人の問題を地域ニーズとしてほかの住民と共有する（普遍化）ための方法を考えてみよう。

■地域踏査・調査を通じて、その地域に住む人たちの「生活」が見えてくる

住民との関係を築くには、事務所で待つという姿勢ではなく、自ら積極的に「かかわり合うこと」で、リアリティにふれ、彼らの生活や思い、地域との関係性を受け止める必要がある。そこから「何をするべきか」を考えることができる。これが、地域福祉実践における個別化の原則である。

実習生が、実際に地域踏査を行い、住民や利用者の生命の営みを実体験し、生活と地域との関係性を理解することができるならば、それはとてもすばらしい機会となる。職場実習や職種実習の段階において、地域踏査を実習プログラムに位置づけ、職員が同行して説明したり、あるいは実習生一人で調査したりすることを勧めたい。プログラムになければ、ぜひ要望してみよう。

■関係を築くために必要となる基本的な姿勢と方法を学ぶ

地域の人々と適切な関係を築くには、まずは法律や規則、会社のルールを守るなどコンプライアンスに基づいた行動が求められる。また、あいさつ、言葉遣い、服装、身だしなみなど、基本的なマナーに配慮することも必須である。

また、住民との関係を築くのは、「住民が地域で安心して生活することができるように、ソーシャルワーカーとして効果的な支援を行うため」であり、住民と単に仲よくなることを意味しているのではないことを理解しよう。目指すべきことは、信頼関係を築くことであり、そのためには、地域住民の話を傾聴することが大切である。

■地域住民一人ひとりに合った効果的なコミュニケーション方法を模索する

「住民」と一言で言っても、千人いれば千個の個性や特徴の違いが存在する。そのため、住民と関係を築く方法も一人ひとり異なる。地域住民一人ひとりの状況を知り、彼らに合わせた質の高いコミュニケーション方法を選択しなくてはならない。

例えば、「権利擁護の大切さ」を説明しようとするとき、地域住民に合わせて相手が理解できる言葉を使用し、表情、資料、時間、場所など、適切な方法を選択することが求められる。

■感謝と思いやりを伝える

相手に感謝の気持ちを伝えることで、日々の小さな心遣いや思いやりが相手の心を開き、私たちの投げかけに返してくれる（これを好意の返報性という）。小さな感謝や思いやりが、住民相互で支援活動を行うなど、地域住民のつながりや支え合う「共助」の仕組みをつくることにつながる。

実習生は、自分の立場をわかりやすく説明し、限られた実習期間だったとしても、住民と真剣に向き合いたい、寄り添いたい、支え合いたいという思いを伝えるとともに、関係を築こうとする理由や実習の社会的意義、そして、受け入れてくれたことへの感謝などを伝えるとよい。

■地域住民との関係形成の効果的な方法を知る

「地域住民との関係形成」は「相談援助実習ガイドライン」において、実習目標の一つに規定さ

れている。しかし、住民と関係を築くための方法や過程は、講義を聞いて即実践に移せるわけではない。そこで、教える側（学ぶ側）は、効果的な方法を理解しておく必要がある。

まず、効果的に教えるには、実際に住民と関係を形成する場面を設け、その手順を丁寧に説明したうえで実習指導者がやって見せ、その後、実際に実習生にもさせてみる方法がある。実習指導者の技術の模倣と反復を通して、「自分一人で実践できる」という状態に移行していく。これがすなわち「経験が豊か」と呼ばれる汎用性のある「型」を獲得したということになる。

例えば、住民と関係形成、他職種との連携、住民懇談会の司会進行などは、実習生がいきなりできるものではない。最初は現場の職員をモデルとして、「まねる」という行為を繰り返しながら、実習指導者のスーパービジョンを受け、最終的に自分一人で実践できるような型を身に付けていくのである。

これは、実習指導者が現場でしか教えることのできない方法である。実習生にとっては、地域住民のもとに実習指導者が一緒に出向き、そこで実際に、地域住民と話す様子を見せることほど効果的な教授法はない。実習生は、実習指導者を観察しながら、時々、刻々と変化する地域住民の状況を感じ取る直観力を磨く必要があるからである。

■個人の問題を地域の問題に普遍化していく

地域住民との会話を通して、さまざまな個人の抱える問題に気づく。その問題を地域の問題に普遍化することが重要である。

また、問題の普遍化に向けた具体的な取組みとして、実習施設・機関が、明らかになった問題の現状や解決方法などについて、地域住民や関係機関等に対してどのように情報提供し、解決に向けた協力依頼などの働きかけをしているかを確認することもできる。福祉教育やアウトリーチ、ネットワーキングの観点から、地域社会への働きかけを学んでほしい。

和田さんは、一人の高齢者が外出に困っていることを知った。こうした問題を地域の問題として普遍化するには、さらに多くの方々と会って、インタビューをしたり、アンケートなどを活用したりしながら、彼らの考えに耳を傾ける必要がある。

地域住民との関係形成の方法

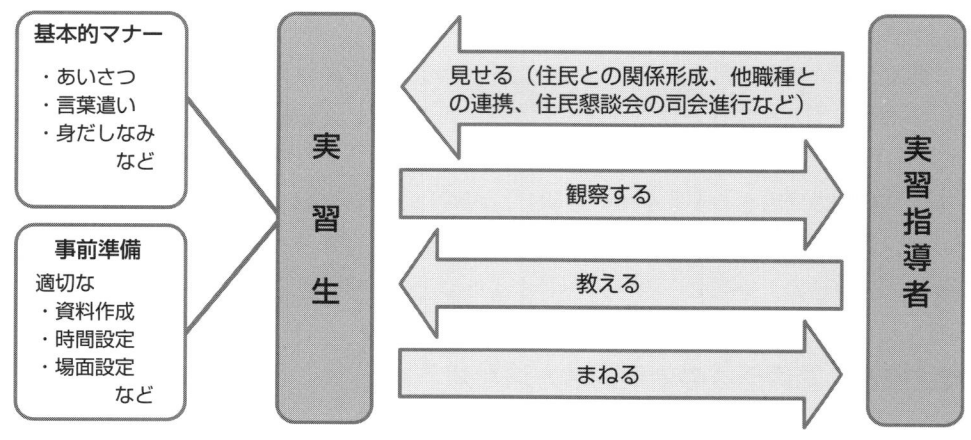

基本的マナー
・あいさつ
・言葉遣い
・身だしなみ
など

事前準備
適切な
・資料作成
・時間設定
・場面設定
など

実習生 ← 見せる（住民との関係形成、他職種との連携、住民懇談会の司会進行など） ← 実習指導者
実習生 → 観察する → 実習指導者
実習生 ← 教える ← 実習指導者
実習生 → まねる → 実習指導者

Close the Door

「おかえりなさい！」実習指導者の松本さんは笑顔で和田さんを迎え、スーパービジョンを行うために研修室に移動した。

「高台の団地に住んでいると、買い物や外出など不便があると思いました」

「大切なことに気づきましたね。何かきっかけがあったのですか？」

「公園があったので寄ってみたら、おばあちゃんが一人でベンチに座っていたので声をかけてみました。町まで下りるのが大変で、店が潰れてしまったのを残念がっていました」

「きっと、それは野田さんかな。貴重なお話を聞くことができましたね。野田さんが直面している個人の問題を地域の問題に普遍化していくことが社会福祉協議会の活動の一つです。和田さんのアイディアを聞かせてください」

「もっと多くの住民の考えを聞く必要があると思うので、アンケート調査はどうでしょうか。あと、地域懇談会は直接話ができるので一番よいと思います。行政やほかの専門職がこの問題についてどのように考えているのかも気になります」

「二つとも実施する意味がありそうですね。以前、社会福祉協議会で同じような問題意識から調査を実施したことがあります。地域懇談会のテーマにしてみてもよいと思います。関係者にインタビューするのもよいのではないでしょうか」

Thought & Feeling

学生

住民の声を聞くことやアウトリーチの大切さは学校でも勉強してきたが、いざ自分がやろうとしたらまず何をしていいのかわからなかった。インタビューどころか日常会話の段階で緊張して、予定していたニーズ調査には至らなかった。しかし、住民懇談会の内容を企画する機会をもらったので、残りの実習では、ニーズ把握と問題解決の方法や地域全体の福祉を向上するための実践について考え、行動することを実習目標として取り組みたい。

実習指導者

地理的特徴から買い物といった生活行為に関心を広げることができた。一人暮らし高齢者の生活問題など、世帯構成と生活の関係性にも目を向け始めているようだ。ミクロからマクロを意識して地域を理解しようとしている。社会福祉協議会では個別ニーズを地域ニーズとして普遍化することを重要な原則と考えているため、実習を通じて学習してほしい。地域にはいろいろな立場の人が住んでいるので、それぞれの立場から物事を考えることができるようにしよう。

32. マネジメント―チームを変える力

Open the Door

土屋さんの地域包括支援センターでの実習も終わりに近づいている。今日は、池田センター長からマネジメントについて学ぶ予定である。センター長はスケジュール表を渡し、一日の業務についての説明を始めた。

時間	内容	ポイント
9:00～9:30	実習指導	今日一日の業務の説明
9:30～11:00	月例会議	地域ごとの相談件数、相談傾向の分析、今後必要とされる働きかけについて話し合う
11:30～12:00	法人理事への上半期の包括業務報告	報告＋相談室に出入口を二つつくってもらえるよう要望する
12:00～12:15	ミーティング	住民向け研修＋企画打ち合わせ
13:30～14:30	市主催　地域包括支援センター長会議	報告＋来年度の人員増＋予算増額について要望する
14:30～15:30	自治会＆民生委員・児童委員連絡会	今回の制度改正について説明
16:00～17:00	センター長業務	各職員の業務の確認
17:00～17:30	実習指導	一日の業務についての質疑応答

「今までのところで質問があるかな？」
「日頃、センター長が行われているマネジメントについて学びたいのですが、このなかのどの部分がマネジメントになりますか？」
　センター長はちょっと悩んで「全部だよ」と答えた。
「では、マネジメントで一番大切にしていることは何ですか？」と土屋さんが尋ねると、センター長は、「人を支え、チームの力を高めていくことかな」と答えた。

Practice

1. 池田センター長の言った「全部だよ」とは、どのような意味だろうか？
2. 今まで経験してきたチームについて思い出してみよう。あなたが最大限の力を発揮することができたのは、どんなチームだっただろうか？
3. 実習先には、どのような「チーム」があるだろうか？　そのチーム力の要は何だと思うか？

Lecture

■組織をチームとして機能させる

「烏合の衆」という言葉があるように、人は、ただ集まってもチームとしては機能しない。マネジメントがあって初めて、組織は「チーム」として機能する。「チーム・ビルディング」「チームアプローチ」は、マネジメントの重要な要素である。組織に集うメンバーが、それぞれの得手不得手（時に専門性）を理解し、それぞれが果たしている役割を認識したうえで、組織としての存在理由（ミッション）を共有し、目指すべき共通の目標（ビジョン）をもって支え合って仕事をするとき、そこにチームが生まれる（ビジョンとは、組織の目指すべき姿であり、ミッションは、存在理由である）。「意見を出し合って一緒に働くことは気持ちがよい」と思える職場をつくっていくことが、マネジメント担当者の役割の一つである。具体的には、専門性や意見が違う人間が集まっているからこそ可能となる、よりよい実践の模索と調整の場（話し合いや協働作業の場）を設けていく。

例えば、池田センター長は、月例会議で、地域ごとの相談傾向を分析し、今後の地域への働きかけの必要性について話し合いをしている。そうすることで、地域包括支援センターとしてのミッションやビジョンの共有を行い、それぞれの職員の目標を具体化しようとしている。

あなたの実習先に、そのような場が設けられているだろうか。もし設けるとしたら、どのような場になり得るだろうか。例えば、病院の相談室では、相談室長が相談員のマネジメントをしていることもある。介護施設では、相談員のリーダーが課長として福祉職全体を束ね、マネジメントしていることもある。実習先の組織で、誰が、どのようにマネジメントしているのかを調べ、その働きぶりを観察してみよう。

■ミッションを果たすためにビジョンを明確にし、必要な環境を整備する

「どれだけやっても終わらない」「やりたくても時間が足りない」「物がない」などの、圧倒的な「不足」は、人から力を奪い、組織の機能を停止させる。そのような状態を改善し、ミッションとビジョンを果たすために必要な環境を整備するのは、マネジメントの重要な要素である。この事例で、池田センター長は、法人に対して相談室の出入口を二つつくるように要望したり、市に対して次年度の予算での人員増や予算増額の要望を出したりしている。このような人員を整え、物品や職場環境を整えていくことも、マネジメント担当者の職務である。これは、時に「人事」「予算」「事業計画」という形で現れたり、「制度改正」「法改正」という形で現れたりすることもある。そのため、マネジメント担当者には長期的視野をもって仕事にあたることが求められている。

「チームのマネジメント」と「環境整備についてのマネジメント」が、同じ人によって行われているとは限らない。実習先では、誰が、どのようにして職場環境を整備しているだろうか。質問して、確認してみよう。

■組織を代表して、ネットワークを構築し、連携を促進する

ほかの組織との連携を促進していくことも、組織を代表する管理者の仕事の一つである。個々のソーシャルワーク実践において「連携」がいかに大切であるかを考えれば、必要に応じて連携できるよう、ネットワークをつくっていくことの重要性が理解できるだろう。

連携していくうえで重要なのが、「それぞれが、それぞれと知り合う」ということである。つまり、自分たちの組織を知ってもらい、相手の組織を知るということである。池田センター長はさまざまな会議に出席し、多くの情報を得て、発信もしている。このように、ほかの組織について把握するとともに、自分たちの組織のミッションとビジョンを伝え、適切な関係を築いていくことが、マネジメント担当者には求められている。そのため、必要なデータを把握し、プレゼンテーションしやすいような資料を用意することも仕事の一つとなっている。

　実習先では、どのようにネットワークが構築され、連携促進を図ろうとしているだろうか。そのために、どのような準備がされているだろうか。そこで、マネジメント担当者はどのような役割を果たしているだろうか。観察したり、質問したりしてみよう。

■ソーシャルワーカーとして、組織のミッションを見直し続ける

　社会が変化するなか、利用者の生活課題も移り変わる。制度や法が変わらず組織として大きな変化がなかったとしても、そこで果たすべきソーシャルワーカーの役割も違ってくる。ソーシャルワーカーとして組織をマネジメントする場合、制度上果たすことになっている仕事の範囲だけをみるのではなく、ソーシャルワーカーとして目指すべきミッションとビジョンを見据えることが大切である。これは、時に事業計画の立案と遂行という形になり、時にソーシャルアクションという形にもなり得る。マネジメント担当者は、日報や月報、記録や報告によって日常業務を管理し、それを評価して新たな事業計画を立案したり提案したりしている。実習先で、日常の業務がどのように管理され、どのように次の業務や事業が計画されていくのかについても確認してみよう。

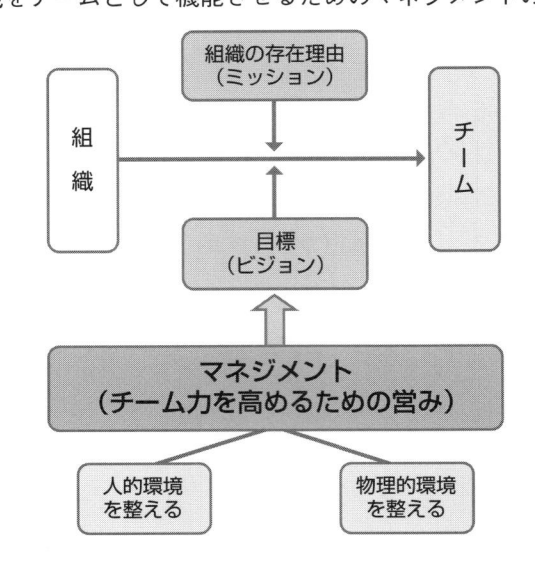

組織をチームとして機能させるためのマネジメントの役割

Close the Door

　池田センター長は、以前、別の地域包括支援センターで社会福祉士として相談を受けて働いていたこと、当時のセンター長がソーシャルワークに全く理解のない人で、本当にやりたいソーシャルワーク実践をことごとく否定されてできなかったことを話してくれた。

「悔しかったんだよ。職員が実践を行えるような環境を整えて、一人ひとりの力を高め、チームの力を高めていくのがセンター長の仕事だろうって、ずっと思っていたからね」

センター長は話し続けた。

「今日は会議が続く一日だけれど、地域の高齢者を支えるためにソーシャルワーカーが働いている。そのソーシャルワーク実践を支えるために、私がマネジメントしている。チームの力を高め、職場環境を整え、連携を促進して、職員のソーシャルワーク実践を支えている。すべてのことが、私にとってはソーシャルワーク実践の一環のつもりで、マネジメントをしているんだよ」

この言葉を聞いて、土屋さんは、今日の実習がさらに楽しみになってきた。

Thought & Feeling

学生
　ただ会議に同行させてもらっただけでは、そこで果たしているセンター長のマネジメント機能について、気づけなかったかもしれない。「マネジメントがあって、はじめて組織がチームとして機能する」この言葉に感動した。チームとしてのミッションとビジョンは目には見えないけれど、確かに人々を動かしているんだと実感した。

実習指導者
　土屋さんへの実習指導は、ソーシャルワーカーとしてのマネジメントとは何なのかを考える貴重な機会になった。やりたいことがたくさんあるが、「人がいない、物がない、時間が足りない」と苦悩する。しかし、ミッションやビジョンから目をそらさない。それがマネジメントの力なんだと信じているから。

33. マネジメント―職員を支える力

Open the Door

　16時、池田センター長は、「センター長の通常業務を観察していて」と実習生の土屋さんに言って自席につき、職員から提出されていた記録に目を通し始めた。時々職員を呼んで話をしたり、書類を渡したりしている。そこへ、職員の田所さんが訪問先から帰ってきた。深刻な顔つきでセンター長の元へ駆け寄り、そのまま二人で相談室に入ってしまった。できる限り実習生を相談現場に同席させる方針のセンター長から「今回の同席は遠慮して」と言われ、土屋さんは意外に思った。

　17時、実習指導の時間になり「申し訳なかったね。同席させてあげられなくて」と、センター長が相談室から出てきた。そして、田所さんがセンター長に相談した概要について話してくれた。独居の高齢者の井手口さんは、ここのところ認知症が進行して、精神的混乱が大きくなってしまい、ずっと訪問を繰り返していた田所さんに「毎日毎日、嫌なことばかり。もうあんたの顔なんて見たくない！」と怒鳴ったのだという。信頼関係が築けてきていたと感じていた矢先の出来事だけに、田所さんのショックは大きかったそうだ。

　センター長は、「私は井手口さんが、認知症が進行するなかで感じている漠然とした不安や焦燥感を、一番信頼している田所さんにぶつけているというとらえ方ができると思った。だから、田所さんに『井手口さんの言った【嫌なことばかり】ってどういう意味だろう？　どうして田所さんに怒鳴ったんだろう？』と質問してみたんだよ」それでも、田所さんが「失敗してしまってすみません」と繰り返したので、「失敗だと思う必要はないよ」と伝え、自分の見立てを解説したのだという。

　さらに、明日、田所さんと池田センター長とで井手口さんの家に訪問することにしたのだそうだ。また、池田センター長は、田所さんと話し終わってすぐに、市の地域包括支援センターの担当者に今日のことを報告したことも話してくれた。

Practice

1. なぜ、このとき池田センター長は土屋さんの同席を許さなかったのだろうか？
2. 「失敗だと思う必要はない」のに、なぜ、池田センター長は市の担当者へ今日のことを報告したのだろうか？
3. 実習先で、ソーシャルワーカーが困ったときに、誰にどのように相談できるようになっているのか、調べてみよう。

Lecture

■職員の業務状況を把握し、支援する

マネジメント担当者は、職員それぞれの業務を把握して管理している。例えば、池田センター長は、職員の記録や報告に目を通しながら、それぞれの業務に目を配っている。マネジメント担当者による業務の把握は、このような文書による把握だけではない。視野を広くもち、耳をすませて、職員の業務状況を把握している。

このような業務状況の把握を行ったうえで、必要な場合には職員への支援を行うのが、マネジメント担当者の役割である。例えば、池田センター長は、職員に、提案や助言をしたり、業務に役立つと思われる情報を渡したりしている。さらに、田所さんとは一緒に対応をしている。これらは、それぞれの職員が行っている業務への支援である。

実習先では、どのように職員の業務状況が報告され、誰がそれを把握しているのかを調べてみよう。

■職員を専門職として信頼しつつ、利用者のために業務の質を保つ

職員がマネジメント担当者からの指示命令待ちで仕事をするようでは、ソーシャルワーク実践にはならない。よって、マネジメント担当者が各職員に対して、専門職に必要な一定の裁量を任せていることも大切である。各職員の力を信じてかかわる姿勢が、マネジメント担当者に求められるのである。

ただし、これらのかかわりの目的はあくまでも「利用者のため」のものである。職員の業務が利用者にマッチしないと判断されるとき、マネジメント担当者は、担当替えを指示したり、自分が代って対応したりすることがある。職員のためのマネジメントではなく、利用者のためのマネジメントである。組織としての業務の質を利用者のために保つことも、マネジメント担当者の重要な役割である。このことから、マネジメントを担当する人は「管理者」と呼ばれていることがある。

実習先で、マネジメント担当者や管理者は、職員の業務の質を保つために何をしているだろうか。観察したり質問したりしながら、把握してみよう。

■職員から相談を受け、スーパービジョンを行う

職員が迷ったときや困ったときに相談を受け、スーパービジョンを行うのも、マネジメント担当者の役割の一つである。職員は、スーパーバイザーに話をし、スーパーバイザーからの質問に答えていくなかで、自分なりの答えに辿り着けることがある。池田センター長は、「井手口さんの言った『嫌なことばっかり』ってどういう意味だろう？ どうして田所さんに怒鳴ったんだろう？」と尋ね、田所さんの気づきを促そうとした。

このような気づきの支援だけでなく、必要な場合には具体的な解説や助言をしたり、OJT（On the Job Training；実際の職務を通じたトレーニング）によって具体的な対応を見せたりすることで、職員を教育する場合もある。池田センター長が田所さんに対して見立てを解説したり、訪問に同行を予定したりしている部分がこれにあたる。

専門職が自分の専門性にかかわることについて悩み、相談をする際には、「自分が専門職として間違ったのではないか、力が不足しているのではないか」といった大きな不安や葛藤を伴うことが

多い。この事例で、池田センター長は「学生である土屋さんの目の前で、自分が直面した問題の相談をすることは、田所さんにとって酷である」と判断し、土屋さんに同席をさせなかった。このような配慮を行うなど、職員がスーパービジョンを受けやすい環境を整えていくことも、マネジメントのうえでは重要となる。

　実習先で、職員は誰にスーパービジョンを受けているだろうか。スーパーバイザーは職員に対してどのような配慮をしているだろうか。確認してみよう。

■苦情対応やリスクマネジメントを行う

　マネジメント担当者がしなければならないことに、リスクマネジメントがある。「リスク」というのは、それぞれの職場によって違っているため、自分たちの組織にどのような「事故」「危機」が起こり得るのかを想定し、もしも起こりそうなときにはそれをどのように回避するのか、もしも起こったときにはどのように対処するのかを決めておくのも、マネジメント担当者の仕事である。池田センター長が、今回の田所さんのケースについて市の担当者へ報告したのは、「強い訪問拒否が起こった場合には、市へ報告すること」を、業務マニュアルによってあらかじめ決定していたからである。これによって市は、たとえ井手口さんから市へ、地域包括支援センターのかかわりについてクレームが寄せられたとしても、適切に対応することができ、田所さんも守られる。

　このほか、「事故」や「危機」を起こさないよう、業務の最低限の質の確保や標準化を目指してマニュアルが作成されている場合がある。ヒヤリハットや事故報告の提出を職員に義務づけ、必要な対応を行うとともに、それらを分析して今後の防止に備えている場合もある。

　実習先でどのようなリスクマネジメントが行われているのか、確認してみよう。

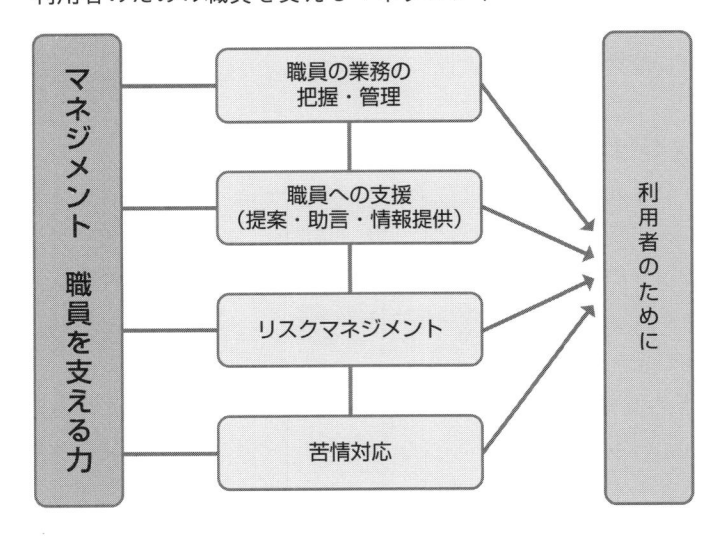

利用者のための職員を支えるマネジメント

マネジメント　職員を支える力
- 職員の業務の把握・管理
- 職員への支援（提案・助言・情報提供）
- リスクマネジメント
- 苦情対応

→ 利用者のために

Close the Door

土屋さんは最後に、池田センター長に聞いてみた。「今日一日同行させていただいて、センター長がいろいろな方法で職員の皆さんを支えていることがすごくよく伝わってきました。マネジメントの醍醐味ってなんですか?」

しばらく黙っていたセンター長は、ちょっと苦笑いをして言った。

「私自身、ホントは『ちょっと重責だなぁ』と思ってるところもあるんだよ。利用者さんの家に訪問したり面接したりしているほうが好きだからね。でも、業務を管理して職員を支えたり、会議に出席したりするのもソーシャルワークの大事な要素なんだって、最近は思っているかな。

よりよいソーシャルワーク実践をしていくためには、ソーシャルワーカーが、ソーシャルワークの価値に基づいて、ソーシャルワーカーをマネジメントしていかなくてはいけないって思って、頑張っているのさ。

悩んでいた職員が、それを乗り越えて生き生きと働き出したとき、支えてきてよかったって思うね。それと、市や法人にセンターがしてきた業務が評価されて、次の事業計画が承認されたときにも、マネジメントの醍醐味を感じるよ。マネジメントは、一つひとつの仕事の充実感を得るまでにちょっと時間がかかるものだけれど、その分、喜びも大きいよ」

土屋さんはうなずき、「今日一日、ありがとうございました」と頭を下げた。

Thought & Feeling

学生

センター長の職員への働きかけが、ソーシャルワーカーが利用者に対して行う環境整備に似ていると思った。ソーシャルワーカーが悩むときに、支えていける仕事はすばらしい。このような「ソーシャルワーカーによる、ソーシャルワークのためのマネジメント業務」をするにあたり、池田センター長がどんな勉強をしたのか知りたいと思った。

実習指導者

土屋さんと話をしていて、私も初心に帰ることができた。マネジメント、スーパービジョン、チーム・ビルディング、ファシリテーション、リスクマネジメントなどの重要性を再認識できたと思う。マネジメントは表には出ないけれど、チームの重要な要なんだと思っている。

34. 利用者との関係の終結

Open the Door

「もうすぐ実習も終わるのか」
　そんな気持ちで実習生の城田さんは、高齢者デイサービスセンターに向かった。
　実習中、城田さんは、いつも前向きなわけではなかった。しかし、センターに通う秋山さんのアセスメントをさせてもらうことになった頃から、気持ちが変化してきた。
　城田さんは秋山さんといろいろな話をした。また、秋山さんの家族とも話をした。秋山さんが現在どういう生活をしているのか、今まではどのような生活をしてきたのか、これからはどのような生活を希望しているのかなど、さまざまな角度から情報を収集し、課題・ニーズを抽出していった。そして、専門職はこれほどまでに人の人生に深くかかわるということを知り、責任の重さを感じるとともに、それまでの自分の実習に対する気持ちを猛省した。
　その日、利用者たちが帰りの送迎車に乗り込む前、城田さんは秋山さんのところに行き、「実は、私、もう少しで実習が終わりなんです。今までありがとうございます。最終日まであと少しありますが、よろしくお願いします」と言った。それを聞いた秋山さんは、一瞬、驚きの表情をみせたが、うっすら涙をうかべながら「私のほうこそありがとうね。孫と話しているようで楽しかったよ。また明日、話せるかい」と言って、そのか細い手で城田さんの手を握ってきた。城田さんも目頭が熱くなった。そのとき、城田さんは「実習に来て本当によかった」と感じた。

Practice

1. 別れ際の秋山さんの言葉から、城田さんはどのような気持ちになっただろうか？
2. 最終日までの時間、城田さんは、秋山さんとどんなことを語り合うだろうか？
3. あなたが実習を終了していたとすれば、利用者との終結の場面（実習終了を告げる場面〜実習終了）を詳細に思い出してみよう。また、あなたが実習を終了していないとすれば、利用者とどのような終結の場面を迎えるか想像してみよう。

■終結の大切さに気づく

本来、人とのかかわりが終わるときは、お互いの歩んできた道のりを振り返り、語り合うことが重要となる。これは、ソーシャルワークの終結においても同様である。実習生の場合は、実習が終われば利用者との関係も終わりになると簡単に考えてはいけない。前述のように利用者との振り返りや語り合いの時間をもつことは難しいかもしれないが、少なくとも実習生としてどのような気持ちで実習に臨み、利用者とかかわってきたかをしっかりと利用者に伝えるべきである。こうした利用者との終結の経験は、実習生がソーシャルワーカーとなってからも活かされる。

■終結の場面をつくっていく

人間関係が「終わり」を迎える時間はとても大切である。したがって、終結をどのようにつくりあげていくかは、実習生にとって大きな課題である。ここでは、継続したかかわりをもってきた利用者に焦点をあて、彼らとどのような終結をつくり上げるのか、また、彼らからのリアクションや評価をどうとらえるのかを考えてみよう。

■利用者に前もって終結を告げる

利用者との関係が深い場合、少なくとも1週間前くらいには、実習が終わることを伝えるべきである。特に、子どもや障害のある人々は、心理的に傷つきやすい面があるので、十分な時間をかけて、関係を終えることが重要である。

ある実習生は、障害のある子どもと関係を深めたが、実習が終わることを一言も伝えることなく、突然いなくなった。そのため子どもは、「捨てられた」という強い気持ちを感じ、その後、実習生がやってきても、二度と心を開かなくなった。前もって時間をとり、少しずつ関係を終えるべきことを強調しておきたい。

■感謝の気持ちを伝える

実習は決して一人で行うことはできない。利用者、実習指導者、職員がいて、初めて成り立つ。皆、忙しい合間をぬって、時に優しく、時に厳しく、実習生に協力、指導してくれたことであろう。特に、利用者は親密に接してくれて、他人に見せたくない部分をさらけ出してくれたこともあったかもしれない。このような、彼らとのかかわりや彼らからの教えがあるからこそ、皆さんは成長することができたのである。このことを決して忘れてはならない。

実習終了時までには、利用者、実習指導者、職員、かかわりをもった関連職種の人々に対して、感謝の気持ちを伝えてほしい。特に、利用者のためには、十分な時間をとり、しっかりとあいさつをし、今までお世話になったお礼を言おう。そして、彼らが自分のどんな学びを助けてくれたかを具体的に知らせ、感謝を伝えよう。利用者のなかには、寂しさや悲しみを表出する人がいるかもしれない。そのようなときは、彼らの感情をしっかりと受け止め、相手が理解できる言葉や態度、表情で返してほしい。それにより、お互いの終結がより価値ある時間となる。また、こうした経験は、将来ソーシャルワーカーとなったときも活かされていく。

■利用者が示してくれる小さなリアクションを見逃さない

　最終日が近づく頃、城田さんは、秋山さんに今までのお礼を言い、秋山さんは、手を握ってきた。感謝の気持ちを表したかったのであろう。これは利用者から実習生への価値ある評価と言える。このように、利用者が示してくれる言葉、まなざし、涙、感謝の表情など、小さなリアクションを見逃してはならない。もちろんそれは、評価表や成績表に記されるような数値化されたものではないが、皆さんの働きに対する大きな報酬である。

　児童養護施設に実習に行ったある実習生は、最初は子どもたちからほとんど無視されていたが、最後は自分に悩み事を話してくれるようになり、終結の際、ある子どもは小さな声で「ありがとう」と言った。その時、実習生は、この言葉ほど価値ある評価はないと実感した。それは子どもが実習生を信頼するようになったことの現れと評価ができるからである。

　実習生は、実習指導者や教員からの評価表や成績表の成績だけでなく、利用者の表情や態度などの小さなリアクションからも実習を振り返り、学ぶことができることを覚えておこう。

■否定的なリアクションを受けた場合、その理由をしっかりと考える

　実習を終了した学生から、「一生懸命かかわったのに、利用者からの反応はあまりよくなかった」と耳にすることがある。リアクションが思った以上に悪かった場合、実習生はがっかりすることだろう。しかし、そういうときにこそ、落ち込んだり、相手を一方的に非難するのではなく、まずは真摯に受け止め、理由を考えることで、多くの発見に辿り着ける。

　利用者によっては、自分の気持ちを攻撃的にしか表出できない場合もある。ある身体障害のある利用者は、終結のたびに、学生を大声で叱りつけ、二度と顔が見たくないと言った。学生はショックを受けたが、これは、その人なりの「寂しさの表現」であることを実習指導者たちは知っていた。

　否定的な評価やリアクションについて悩む場合、実習指導者や教員に相談し、一緒に考えることを勧めたい。実習評価は23日間程度に限定された活動の評価であり、絶対的な人間評価ではない。学生時代、利用者からあまりよい評価を得られず悩んだが、現場に進み、今ではとても活躍している人たちも多くいることを、教員や実習指導者が教えてくれることだろう。

Close the Door

　城田さんは、玄関先で職員たちと一緒に秋山さんが乗った送迎車に手を振って見送った。手を振りながら城田さんは、あらためて秋山さんとのかかわりを思い出していた。「自分は秋山さんに何ができたのだろうか？　自分のかかわり方に間違いはなかっただろうか？」とも考えた。しかし、その直後、先ほど、秋山さんが涙を浮かべながら手を握ってくれたことを思い出した。それとともに、胸の奥から実習をやり遂げてきた達成感が沸々とわいてきた。
「城田さん、お疲れ様でした。もうすぐ実習も終わりですね。来週はいつもの部屋で最終反省会をしましょう」矢野さんの声かけに我に返った。
「そうか。まだ実習は終わりじゃないんだ」
　城田さんは一人苦笑いをしながら、実習中、肌身離さず持ち続け、ボロボロになったメモ帳を持って、職員ミーティングに向かった。

Thought & Feeling

学生
　別れ際、秋山さんが涙を浮かべたのを見て、自分の実習が報われたような気がした。秋山さんのために何ができたのか正直わからないが、決して間違ったかかわりではなかったと思う。それとともに、あらためて人とかかわり、人を支援することの奥深さを痛感した。あと少しだけ時間が残されている。お世話になった利用者の人々に、感謝を伝えていきたい。

実習指導者
　利用者との究極の別れは死別である。私は今まで何人もの利用者の葬儀に参列してきた。そして、その人の遺影に手を合わせながら「私はこの人に何ができたのだろうか」と自問してきた。だから、私は利用者との日々のかかわりを大切にしている。そして、その人の人生の一時でもかかわらせていただいたことに感謝している。

35. 指導者との評価会

Open the Door

実習生の城田さんは、実習指導者の矢野さんと実習の最終評価会を行った。
「私は利用者の秋山さんとかかわらせていただくようになった頃から、気持ちが変化してきて、最終的にはいろいろなことを学ぶことができました」
「『いろいろなこと』と言いましたが、具体的にはどんなことを学べたのですか？」

城田さんは実習テーマと照らし合わせ、なるべく具体的に述べた。そして、「精神的にも大きく成長できたと思う」と付け加えた。

矢野さんは、「実習中、自身の言動、よかった点、悪かった点を客観的に評価し、自己覚知もできていますね。では、実習で見つかった課題を今後、どのようにしていくべきでしょうか？」と聞いた。

城田さんは答えにつまった。

自分の課題を、具体的に、どのように改善していったらよいか…すぐには答えが見つからなかった。しばらく答えを待っていた矢野さんは、
「すぐに答えるのは難しいかもしれません。でも、実習後、学校に帰っても勉強は続きますよね。そのなかで、ぜひ課題を改善できるよう努めていってください。そうすることで、実習経験がもっと実りあるものに変わっていきますよ」と伝えた。

Practice

1. もし、あなたが実習指導者だったら、実習の最終評価会で、実習生にどんなことを伝えるだろうか？　グループで実習指導者と実習生の役になり、模擬評価会をしてみよう。特に、どのようなことに注意して発言すべきだろうか。
2. もしあなたが実習を終えているとすれば、実習に対する達成感や満足感はどれくらいだろうか。また、その理由も考えてみよう。
3. 実習のなかで利用者や地域社会にどのくらい貢献できたと感じるか。またそれはなぜだろうか？

Lecture

■実習直後の振り返り──評価会を活用する

「鉄は熱いうちに打て」という言葉は、実習にも当てはまる。実習終了直後は実習中のさまざまな経験や記憶、感情が実習生のなかで熱々と真っ赤になっているが、それをそのまま冷ましてしまうと、刃物と同じで、その後の「切れ味」が悪くなってしまう。そこで、実習直後に行う実習の評価会（反省会や実習のまとめとも呼ばれる）を活用して、実習で学んだことや得たこと、あるいは、学べなかったと思うことやマイナスの感情をも整理し、今後に役立てることができる。こうした機会が予定されていない場合、実習生から申し出てみよう。

■自分がどれだけ成長できたかを確認する

事例のなかで城田さんは、「秋山さんとのかかわりから気持ちが変化し、最終的にいろいろなことを学べるようになった」と話した。このように、実習において、自分のどの部分がどのように変化・成長したか確認することは大切である。

実習の最初の頃は、利用者とうまくかかわることができなかったが、相手を受容することで、少しずつ深いかかわりができるようになっていった実習生がいる。また、口数の少ない利用者のライフヒストリーを知ったことで、その人もかけがえのない存在であるという意識にかわっていった実習生がいる。このように、できなかったこと、わからなかったことができるようになったり、わかるようになることがある。また、気持ちや意識が変わるということもある。

これらを確認するには、日々の実践の積み重ねである実習記録を読み返すとよい。記録にはうまくできたことやできなかったことが、さまざまな原因や理由も含めて文章化されている。それらを実習直後に、再度、振り返ることで、経験知がさらに深まっていく。

■実習評価会では、さまざまな視点から実習を振り返り、気づきを深める

実習評価会では、以下の質問を実習指導者との話し合いによって振り返り、気づきを深めていく。

(1) 実習でどのような経験をして、そこからどのような学びを得たか
(2) 実習のテーマ、課題は、どれだけ達成できたか
(3) 実習を経験して、自分がどれだけ変わったか
(4) 実習を通して、どんな課題が見つかったか

実習評価会は、多くの場合、実習最終日に行われることが多く、自分の実習を十分整理できていない状態で臨むことになる。しかし、大切なことは、実習直後に記録を読み返し、自分が感じたありのままの気持ちを実習指導者に伝えることである。

■実習経験をエピソードごとに振り返る

実習評価会では、単に「よかった点」や「悪かった点」という感想だけを話すのではない。これまでの実習記録を読み返し、経験をエピソードごとに分け、そこで「学んだこと」「感じたこと」を振り返る。

城田さんは、実習前半に利用者の佐藤さんとの関係を深めようと努力したエピソードがある。その日の記録を読み返すと、自分なりの悩みや課題、うまくできた理由が書かれていた。また、実習指導者のコメントも書かれていた。それらを後で読み返したとき、自分が実習テーマや達成課題とどのように向き合ったのか実感できた。また、何より、その時にはわからなかった実習指導者のコメントの意味を理解できた自分に成長を感じた。こうした気づきに対して、実習指導者から適切なスーパービジョンを受けるならば、さらに学習は深まり、実習終了後の事後学習に引き継がれていく。

■利用者、施設、機関、地域社会に対する貢献を肯定的に評価する

　学生という立場であっても、あなたは利用者や施設、機関、地域社会のために尽力した。たとえそれが短期間であっても、肯定的に評価することが大事である。

　実習生には、ともすると実習は自分の教育のためだけにあり、周りにとっては無益なだけでなく、お荷物であるとさえ考える人がいる。しかし、実習生が、利用者をはじめ施設や機関、地域社会の人々の心に残す影響は大きい。皆さんの示した優しい笑顔と親切なふるまい、熱意は素晴らしい貢献である。そのことを、実習生自身が感じるべきであり、実習指導者も教員もしっかりと伝える必要がある。眠い目をこすりながら書いた記録、実習指導者から指導を受けた記録、それら一枚一枚を読み返した時、そうした苦労が利用者や施設、機関、地域社会のためになったことを知るならば、大きな達成感を感じることだろう。

■実習指導者に感謝を伝える

　最後に、終結に際し、皆さんが成長するために、心を砕いて指導してくれた実習指導者や職員の人々に心からの感謝を伝えてほしい。そして、いつか皆さんが現場で実習指導者になったときには、同じように実習生のために努力してほしい。

　特別養護老人ホームに実習に行ったAさんは、学校を卒業後、同じ市内で別の特別養護老人ホームに就職した。地域で開かれた研修会に参加したとき、Aさんの実習指導者だったBさんも参加していた。Aさんがあいさつをすると「実習の最後にとても丁寧にあいさつをしてくれた人だよね」と覚えていてくれた。その後、Aさんも実習指導者となり、時々Bさんから実習指導に関するアドバイスをもらうようになった。実習指導者となってはじめて、Aさんは、Bさんがどんな思いで自分を育ててくれたのかわかったような気がするし、自分も実習生にそうしたいと思うようになった。

Close the Door

　実習評価会終了後、城田さんはお世話になった職員に実習終了のあいさつをしてまわった。
「あら、もう実習おしまいなの？　ついこの前、実習を始めたような気がするわね」ある職員からはそんなことを言われた。
「確かにそうだな」城田さんもそう思った。

　実習に入る前、1か月は長いと思っていた。しかし、終わってしまえばあっという間だった。

　最後に、最もお世話になった実習指導者の矢野さんのところへあらためてあいさつに行った。

「これで実習は終わるけれど、城田さんの学びはまだまだ続きますからね。実習での経験をもとに、これからもしっかりと勉強していってください。そして、立派なソーシャルワーカーになってください」

　そう話す矢野さんと固い握手を交わした。その力強い握手から、城田さんは、矢野さんの自分に対する大きな期待を感じた。

Thought & Feeling

学生

　あらためて実習記録を読み返した時、さまざまな出来事を思い出した。実習の前半、実習指導者のコメントの意味がわからなくて悩むこともあった。しかし、実習を終えるにあたり、もう一度、読み返してみた時、初めてその深い意味を理解できた。振り返りの機会を準備してくれたことに感謝したい。

実習指導者

　実習評価会では感想を述べるだけで終わってしまう実習生もなかにはいる。だから、「なぜ」「どうして」と質問して、できるだけ具体的に振り返りをさせるようにしている。

　実習記録は読み返すごとに、新しい発見があるものである。いつか自分が実習指導者になったときにもう一度、読み返してみてほしい。

第5章 実習の振り返り

36．実習経験の共有と分かち合い

Open the Door

「今日は自分の実習経験について、自由に語り合いましょう」実習明け最初の授業、益田先生は、さまざまな実習先に行った学生たちを、いくつかの小グループに分け、ディスカッションを行った。
「利用者のアセスメントをさせてもらった」
「実習最終日には、胸にこみあげてくるものがあった」
「特養に行ったけれど…介護福祉実習みたいだった」
「利用者と同じ作業が多かった」
「コミュニケーションを通して、子どもたちとはだいぶよい関係が築けたかな」
「コミュニケーションと言えば、認知症の利用者とコミュニケーションをとるのが結構困った…。ある時、施設内を徘徊している利用者に声をかけたら、『これから家に帰る』の一点張りで何て声をかけてよいかわからなかった…」
「障害者の施設にもそういう利用者がいて…故郷のことをいろいろと聴いてみたら、昔の話をたくさんしてくれて…多少、ちぐはぐなところがあったけれど、不安そうな表情がだいぶ穏やかになっていった」
「そういうかかわり方があったんだ」
　学生たちは、お互いの経験を語り、そして聴きながら、多くを学んでいる様子だった。

Practice

1．実習で学んだこと、学べなかったこと、よかったこと、悪かったこと、うれしかったこと、悲しかったことなどについて、クラスで自由に語り合ってみよう。実習体験を語り、聴くことで、何を学び、感じるだろうか？
2．実習体験を振り返るなかで、失敗したと思うことはあるだろうか。あるとすれば、どのような理由からそう思うのだろうか？
3．さまざまな分野での実習経験を語り合うことには、どんな意義があるだろうか？

Lecture

■実習を経験した者同士だからこそわかりあえることがある

たとえ実習先は違っても、同じソーシャルワーク実習を経験した者だからこそ、お互いの気持ちを理解し、支持し合うことができる。なかには「その気持ち、わかるよ」「私も同じような経験をした」と共感してもらうことで、救われる気持ちになる人もいるだろう。実習には一人で行ったかもしれないが、実習終了後、自由な語らいのなかでお互いにサポートし合うならば、「自分は一人ではない」という思いが湧き上がってくる。こうした思いは私たちの心を開き、自分や他者の経験と向き合う勇気と機会を促してくれる。

■「成功？」「失敗？」それとも「学び？」他者との分かち合いで自己覚知が促される

自己覚知が、他者との分かち合いで促されることがある。語り合いのなかで、ほかの学生たちの実践内容を聴き、「自分はこう思う」「自分だったらこうした」と考えることがある。また、自分の実践に対する、ほかの学生たちの考えも知ることができる。そして、次第に同じような経験であっても、自分とほかの人ではとらえ方に違いがあることを理解する。このプロセスは、特に、実習を失敗したと感じている学生に、「もしかすると、私の経験は失敗ではなく、よい学びだったかもしれない」と考える機会をもたらす。結局、実習には、成功も失敗もなく、すべてが学びなんだと気づく。

ソーシャルワーカーとして成長するうえで、自己覚知は重要である。時にそれはつらく苦しいものであるが、仲間の存在と考え方、そして励ましは大きな力となる。

■「なぜその経験を話そうと思ったのか」と考えることで、自分の経験を整理する

あなたは自分の実習を仲間に話すとしたら、どのような出来事や経験を話すだろうか。新たな発見や収穫となったもの、とても考えさせられたこと、思わず涙してしまうような感動的なこと…。実習において印象深く残った経験を整理することは、今後、考察を深めたり、報告書やプレゼンテーションの作成につながっていく。印象深く残った実習経験は、実習から得た財産である。それを単なるよい思い出で終わりにさせてしまうのではもったいない。実習経験からの学びを深めるために、仲間との分かち合いを通して、自分の経験を整理する必要がある。

■ほかの学生の実習内容を知ることで、自分の実習での学びが広がる

自由な語らいを通して、自分が実習を通して学んだ知識や技術が、ほかの実習ではどのように使われていたのかを知ることになる。ソーシャルワークの基本理念は共通でも、それぞれの人や生活環境が違うことで、対応方法も異なってくる。

ある実習生は、同じことを何度も聞いてくる認知症の高齢者に対して、受容しつつうまく気分転換を図った。また、別の実習生は、判断力が低下した認知症の高齢者に対して、わかりやすい具体的な選択肢を提示して本人が判断しやすいように心がけた。たとえ同じ認知症の高齢者であったとしても、個々の対応方法には違いがある。ほかの学生の実習内容を知ることで、自分が学んだ以外の知識や技術を学ぶことができる。

■スペシフィックな経験をジェネリックな経験に広げる

　自分が実習で学んだ知識や技術は、ソーシャルワークの一部分であるということも理解してほしい。それは、ある分野におけるスペシフィック（特定）な経験であるが、これをジェネリック（普遍的）なソーシャルワークにまで広げて理解しておく必要がある。例えば、児童養護施設での「虐待を受けた子どもたちをサポートする」という限られた経験を、「人権侵害を受けているほかの人々をどう守っていくのか」という普遍的なソーシャルワークにまで広げて理解するならば、ソーシャルワーク実践の多様さを再確認できる。また、そのなかでどんなソーシャルワーク実践にも共通する価値や倫理を見つけるはずである。

　実習生は、自分の限られた経験だけがソーシャルワークだととらえず、仲間との語らいを通して、さまざまな分野に共通する普遍的なソーシャルワークに精通してほしい。

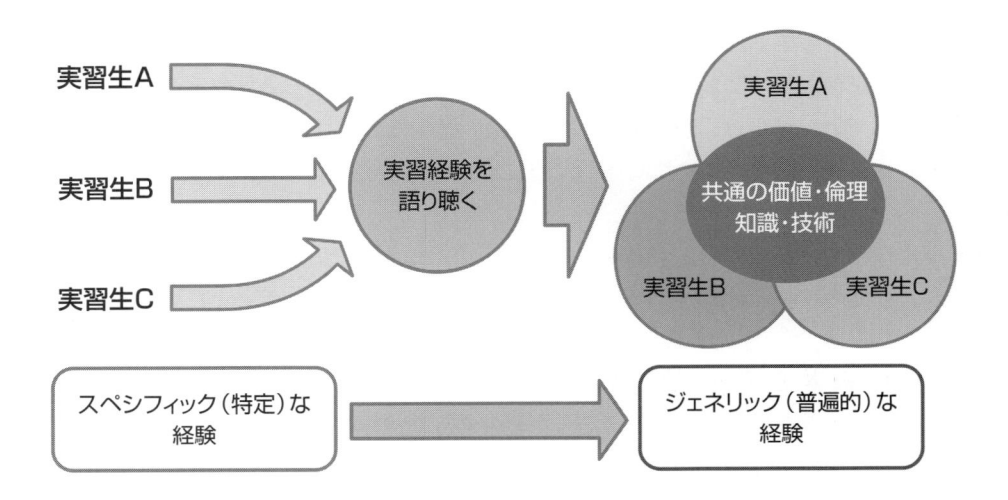

```
実習生A ─→ ┐
実習生B ─→ ├→ 実習経験を語り聴く ⇒ 共通の価値・倫理・知識・技術（実習生A・実習生B・実習生C）
実習生C ─→ ┘

スペシフィック（特定）な経験 ──→ ジェネリック（普遍的）な経験
```

■他者の実習経験を聴くことで、新たな発見や疑問が出てくる

　実習後の語らいは、新たな問題意識や学習課題にもつながる。ある学生は、「実習先によって業務内容が違うなか、共通するソーシャルワークの専門性とは何なのか？」また「利用者が異なる場合、それぞれに求められる専門的技術とはどのようなものだろう？」と考えた。こうした疑問は少しずつ問題意識となり、その学生の今後の学習課題となった。実習での学びを実習先の経験だけで終わらせてはならない。疑問、発見、問題意識、そして、学習課題へと深めることで専門性へとつながっていく。

Close the Door

その後もグループでは、活発なディスカッションが続いた。なかには実習先に対する愚痴や不満が出たり、自分自身に対する反省の声もあった。また、それぞれの実習先の実習指導者が、どのような業務をしていたかについても話し合われ、その違いに驚いた。

「対象者も実習指導者の方法もそれぞれ違うなら、ソーシャルワークの専門性ってどこにあるのだろう？」

こうした投げかけに、皆、考え込んでしまった。

そこで益田先生が話し始めた。

「対象者や生活環境がそれぞれ違っていても、基本とする価値や倫理、知識や技術は共通です。皆さんの実習指導者たちは、それを対象者や生活環境に合わせて応用しているんじゃないかな。料理だって、最初はレシピどおりにしかつくれないけれど、熟練になると、相手に合わせてアレンジするようになるじゃない。そうやって専門職になっていくんだよ」

Thought & Feeling

学生

授業では、自分が行った実習について、皆で自由に話し合ったというより「吐き出した！」っていう感じだった。「実習でやってきたことはそれぞれ違ったけれど、皆、同じようなことを考えていたことに驚いた」

最後に先生が話してくれたことで、やっと専門職の共通の価値や倫理の大切さについてわかってきた。

教員

一人で実習に行ったとしても、終了後、仲間と語り合い、共感し合うことで、自分一人ではないということを感じ取ってほしい。そうした仲間意識は将来、ソーシャルワーカーとしての連携や協働に活かすことができる。

語り合うとき、他者との違いを感じることもあるけれど、そこから自分の考え方、とらえ方とも向き合ってほしい。

37. 実習経験を振り返る

Open the Door

　クラスでの実習経験の語り合いを終えた後、与野さんは、あらためて「自分は実習で何を学んだのだろう」と振り返ってみた。そして、一つのエピソードを思い出した。

　与野さんは、希望して、同じ法人内にある重症心身障害児施設で実習を行った。今までそのような子どもたちとかかわったことはなかったので、この機会に、「利用者とのかかわり方を学ぶ」ことを実習テーマの一つに掲げた。

　事前学習をして実習に臨んだが、いざ始まると、子どもたちとどうかかわっていったらよいのか、自分に何ができるのか、とても不安になった。学校の授業では、「あいさつは自分からしなさい」と言われていたので、積極的にあいさつしたが、子どもたちから返事が返ってくることはなかったし、「相手の心理的状況を理解することは大切です」と教えられていたが、子どもたちの表情から、気持ちを察することはとても難しかった。

　そんなとき、実習指導者が助言した。

「もしかしたら、子どもたちが小さな小さなサインを発しているのに、こちらが気づかないだけかもね」

　それから与野さんは、小さな小さなサインを見逃すまいと、注意深く子どもたちに寄り添い、時間を共有することを大切にした。そうすると、子どもたちの表情の違いが、本当にわずかではあるがわかるようになってきた。手足をさすると、ほんの少し和らいだ表情にみえた卓君、食事介助をすると野菜のときだけ口の開きが悪くなる愛梨さん、水槽の中の泡をじっとみつめていた航大君。与野さんは、何となくではあるが彼らの好き嫌いを理解し、それらを踏まえたかかわりをするようになった。卓君には時間があれば手足をさするようにし、愛梨さんの食事介助では、好きな食べ物と野菜を交互に口に運ぶようにし、航大君にはシャボン玉をふいてみせた。

Practice

1．与野さんが思い出したエピソードは、実習テーマとどのような関係があっただろうか？　与野さんは、テーマを達成することができたのだろうか？
2．あなたは、どのようなエピソードを思い出すか？　また、そのエピソードを振り返るとき、実習前に考えた実習テーマや達成課題は、どの程度、達成できたと思うか？　その理由も含めて考えてみよう。
3．変更したり、達成できなかった実習テーマがあったとすれば、その理由は何だっただろうか？

■時間を置くことで、さまざまな視点から多面的に振り返る

　多面的に振り返るということは、「なぜそうなったのか?」「どうしてそうしたのか?」という原因や理由をさまざまな角度から考えるとともに、その時々の実践で自分は「何を思い」「何を悩み」「何を大事にして行動したのか」自分の価値観を掘り下げることでもある。こうした振り返りは、実習後、少し時間を置き、実習記録を丁寧に読み返しながら、一つひとつのエピソードを深く考えるときに可能になる。

　その時はよかったと思った行動でも、時間がたつと別のやり方が見えてくることもある。それは、時間が経過したことで、冷静かつ客観的な見方ができるようになったこと、また、実習後の学習によって知識や技術などが深められたことによる。

■うまくできなかったことは、決して失敗ではない

　実習経験の振り返りをするなかで「うまくできなかったから失敗した」という思いを引きずることがある。ここであらためて、失敗、そして成功が何かを考えてみたい。

　近年、「失敗学」が注目されている。これは、事故や失敗の原因を解明し、それらを未然に防ぐ方策を提供する学問だといわれる。ここから学べることは、「うまくできなかったから失敗した」のではないこと、つまり、「うまくできなかったとしても、そこから何かを学び、次回に活かせる何かを得ることができたら、それは決して失敗ではない——つまりは成功」という原則である。

　与野さんのように、実践の過程でうまくできないと思うことは多い。しかし、それに対して、ただしょげているだけではなく、原因を考え、次回、同じような状況になったらどうすればよいかをしっかりと考えることが大切である。

■実習テーマ、達成課題を振り返り、何を学べたのかを整理する

　実習前に掲げたテーマや課題をあらためて見返してみよう。そして、どれだけ達成できたのか、それを通して何を学んだのかなど、理由も含めてなるべく具体的に振り返ってみよう。

　与野さんは、テーマから振り返りをしてみた。「利用者とのかかわり方を学ぶ」という実習テーマを深めようと、子どもたちの細部までを観察し、それぞれに合わせたかかわりを目指した。結果として、うまくいったと思えるものもあれば、そうとはいえないものもあった。例えば、卓君の手足をさするといつも和んだ表情をみせたが、航大君にシャボン玉をふいてみせてもあまり興味を示さなかった。こうした振り返りから、相手に合ったかかわりをしようとするには、相手のことがわかっていなければならない。相手をわかろうとするには相手を観察しなければならない。つまり、「相手を観察するということが、相手とかかわるための第一歩」であることを学んだ。また、意思表示が弱くても、何かを感じており、支援者はそれを見逃さず、その子とのかかわりに活かすことが重要だと理解した。

■達成できなかった実習テーマや課題は、理由も含めて整理する

　実習テーマや課題が変更、未達成の場合、その原因を振り返る必要がある。例えばテーマや課題が自分には大きすぎた、日々の業務に追われ、テーマや課題がないがしろになってしまった、実習

先の都合でできなかった、事前学習の甘さや知識や技術が不足していたなど、さまざまな原因が考えられる。もちろん、テーマや課題に照らし合わせた振り返りは、達成できたか否かということだけが問題ではない。むしろ、どのような情報を集め、どのように課題を抽出し、どのような計画を立て、どのように実践したのかという一連のプロセスに対する振り返りが大切である。卒業後、実習経験と同様の場面に遭遇するかもしれない。その時、実習目標の未達成箇所をしっかりと理解しておけば、再び取り組む機会となる。

■教員のスーパービジョンを受ける

自らの実習経験を振り返る際、教員からのスーパービジョンを受けることで、より深い学びへとつながる。教員は、実習生が経験したことをさまざまな視点から具体的に思い出させる。例えば、ある出来事があった時、実習生自身の気持ちはもちろん、利用者の様子はどうだったか、そこから利用者の気持ちはどのようなものだったと推測するか、周囲の環境はどうだったか、職員の行動はどうだったかなどと、実習生に考えさせる。そうすることで、一面的にしかとらえられていなかった実習生が多面的にとらえられるようになり、考察が深まっていく。

■実習日誌を捨ててはいけない

人間の記憶は不確かであり、時間の経過とともに忘れてしまうものもある。そこで、実習の振り返りをする際に必要になるのが実習日誌や記録物、実習中にとったメモ帳などである。これらを丹念に読み返すことによって、より具体的に振り返ることができる。

また、実習日誌は実習生の成長の記録でもある。実習当初は拙い文章であったが、後半になれば中身の濃い、まとまった文章が書けているのではないだろうか。あるいは、卒業後、実習日誌を読み返すことで、恥ずかしさとともに初心に戻るきっかけとなるかもしれない。実習日誌などは、捨てることなく大切に保管してほしい。

実習の振り返り

実習経験	時間の経過	実習の振り返り
失敗？ 目標未達成？	→	原因は何？ 次回はどうする？
成功？ 目標達成？	→	別の視点は？ 別の方法は？

Close the Door

授業の最後に、二宮先生は与野さんたちに次のように話した。
「私自身も、学生時代に実習を経験しました。そこではよい経験ばかりではありませんでした。うまくいかなくて、つらくて、泣きたくなったことも正直ありました。それから学校を卒業し、障害者の支援施設に就職をし、何年かたって、今度は自分が実習生を指導する立場になりました。そこであらためて自分の実習日誌を丹念に読み返してみました。すると、自分が経験した実習を客観的に振り返ることができたような気がしたのです。そして、うまくいかなくて、つらくて、泣きたくなるような経験をしたからこそ、今の自分がいるのではないかとさえ、思えるようになりました。

実習を終えて皆さんの『畑』には確実に『種』がまかれました。それは、今はわからないかもしれませんが、時間がたてば必ず芽が出て花が咲きます。すべての経験が学習となるのです。そして、経験により人は変わり、成長していくのです」
与野さんは、普段優しい二宮先生のなかに、力強さを感じていた。

Thought & Feeling

学生
「よかった」とか「頑張った」とか、そういう感想程度のものではなく、実習テーマや達成課題に照らし合わせた振り返りをする必要があると知った。そうすることで、自分の実践が成功とか失敗ではなく、すべてが学びだと実感できた。また、テーマと達成課題を意識することは、実践だけではなく、専門的な研究でもあると知った。

教員
与野さんは、「重症心身障害のある子どもたちとの効果的なかかわり方を学ぶ」という目的をもって実践してみた。こうしたテーマがあったからこそ、結果として、さまざまな方法を工夫することができたし、どうすればよいのかも学ぶことができた。専門職とそうでない人の違いの一つは、テーマや達成課題をもっているかどうかだと思う。

38. 報告書にまとめる

　平田さんは、パソコンの画面に表示された報告書の書式フォームを眺め、ため息をついた。実習計画で立てた目標についての「達成・理解」について書くことはできた。ただ、それ以外の経験をまとめて考察していくことができない。先生は「単に実習記録を切り貼りするのではなく、もう一度、経験を統合して整理し、まとめてみましょう」と言っていたが、うまくできないのである。
　まず、今までの記録を要約してつなげてみた。でも、「これでは、読んだ人は意味がわからないだろうな」と、あきらめた。次に、三つの経験に焦点を絞ってみた。どの経験も本当に感動して、自分もこんなソーシャルワーカーになりたいと思った経験だ。でも、この三つの体験の事実を説明し、その感想や気づきを書こうとすると、大幅に枚数をオーバーしてしまう。経験を省略するのは嫌だ。どうやって「まとめ」たらよいのかわからない。そこで、二宮先生に相談することにした。
　平田さんは今までの作業を一通り説明した。また、絞り込んだ三つの経験についても細かく話したうえで、こう締めくくった。「実習指導者の国村さんがケースにどのようにかかわっていたのかをしっかりと書いたうえで『私の感じたこと、考えたこと』を書こうとすると、このスペースに収めることができません」
　二宮先生はうなずきながら答えた。「三つの経験に共通する『核』となるキーワードが思い浮かびますか？　言葉や文章一つでもよいです。思い浮かべてみてください。そのキーワードを伝えるために必要なエッセンスを、三つの経験から選び取ることはできませんか？」
　平田さんの頭のなかに、パッといくつかの言葉が浮かんできた。「患者を中心においたチームアプローチ」「弱い立場にある人のための通訳者」——実習指導者の国村さんの言葉だった。

Practice

1. 二宮先生は、なぜ、三つの経験に共通するキーワードを思い浮かべるようにと言ったのか？　そこから何がわかるのか？
2. あなた自身の実習のキーワードは何だろうか？　平田さんと同じように、いくつかのエピソードに絞り込んで、共通する言葉や一文を探ってみよう。
3. ソーシャルワーク実践のなかで、「報告書」は何のために書くのだろうか。その意味について考えてみよう。

Lecture

■全体を振り返り、報告書にまとめることで、新たな気づきが得られる

　連載されていた漫画を単行本で一気に読み通したとき、「こんな話だったんだ…」と思ったことはないだろうか？　連載の時には気づかなかった新たな意味を見出したり、違う感想をもったりしたことはないだろうか？

　実習のなかでは、時系列に一日一日で区切った実習日誌を記し、実習計画というテーマに基づいて、記録や考察を記してきた。実習を終えて少し時間が経った今、もう一度すべての記録を一気に読み直してみよう。実習中に取っていたメモも見ながら、日誌や計画に残してこなかった記録や思いについても、振り返っていこう。全体を一気に振り返るなかで、あなたの成長を感じないだろうか？　実習当日にはよく理解できなかったことが理解できたりしないだろうか？　そこで得られた新たな気づきや発見をそのままにせず、きちんとした報告書にまとめることで、私たちはさらに深く学ぶことができる。

■限られたスペースに言葉を記していく過程で、学びが焦点化されていく

　実習の経験一つひとつはとても大切なものであるが、経験のすべてを報告書に書けるわけではない。何もかもを言葉で羅列するのではなく、研ぎ澄ませ、整理していくことが求められる。言葉を研ぎ澄ませる作業は、削ぎ落とす作業でもあり、時に苦しみを伴う。大切な何かをとりこぼしてしまうような気がするかもしれない。しかし、この作業によって、あなた自身が最も大切にしたいものに辿り着けるし、読み手にもそれがダイレクトに伝わる。大切なことをより深め、わかりやすく伝えるために言葉を研ぎ澄ませ、限られたスペースのなかで磨き上げ、整理していこう。

■言語化することで、自分の考えや気持ちを表現することができる

　文章を書くということは、言葉をつないでいく作業である。思いつくままに浮かぶ言葉をただ書き出すのは簡単であるが、これを構成し、文としてつないでいく作業は、学びの「つながり」を点検する作業になる。

　構成が決まらないとき、文章がつながらないとき、そこには思考の穴がある。そこに「足りない何か」を考えるとき、新たな考えが言葉となる。言い換えると、より適したつながりを考えるときに思考の枠組みが手に入り、それまで気づかなかった自分の気持ちを言葉で表現することができる。

　ある実習生は、貧困家庭を訪問した際、家庭環境の劣悪さにショックを受けた。しかし、その時の気持ちを言葉にできずにいたため、その後、どうつなげてよいのかわからなくなった。そこで、「何が足りないのだろう？」と考えながら、気持ちを言語化しようとした。そして、「家族の貧困問題を解決するには、現実を正確に評価したうえで、そこから始めるしかない」と表現することができた。このように、感じている何かを言語化することで、少しずつ自分の考えや気持ちを文章として表現できる。

■誰かに話すことで、気づきを深める

　行き詰ったときには、紙に書くだけでなく、誰かに話を聞いてもらうとよい。人は話をしなが

ら、頭のなかで、上手にまとめようとする。また、話しながら、新しい気づきを得ることもある。話し終えた後、相手に質問をしてもらうなら、それに答える過程で、さらに深く考え、内容を深めることができる。誰かに話した内容を録音しておき、それを後でまとめることもできる。自分のつくったメモを見てもらいながら話をすると、より具体的な質問をしてもらえ、考察の言語化が進む。

■**書き出したい経験や気づきを選び、キーワードを考えて実践をまとめる**

平田さんは、二宮先生に実習での経験を細かく話していったうえで、報告書にまとめる経験を絞り込もうとした。全体を一気に振り返り、そのうえで絞り込もうとするなかで、「患者を中心においたチームアプローチ」「弱い立場にある人のための通訳者」というキーワードを思い浮かべることができた。そして、このキーワードを中心に、さらに書き出したい事実や気づきを選び直そうとしている。

このようなキーワードが、あなた自身の実習のなかにもあることだろう。実習で経験した大切なエピソードや、そこで感じたこと、学んだことを思いつくままに書き出して、キーワードを考えてみよう。エピソードからだけではなく、「相談面接への同席」「会議の見学」「記録の読み込み」というカテゴリごとのまとめや、事例対応のことだけをピックアップしたまとめでもよいかもしれない。そして、キーワードが決まったら、もう一度、書き出したい経験や気づきを選び直していこう。この作業を繰り返すことで、実践をまとめていくことができる。

核となる共通するキーワードを探す

エピソードA　エピソードB　エピソードC

核となる共通するキーワード

キーワードから事実と気づきを整理する

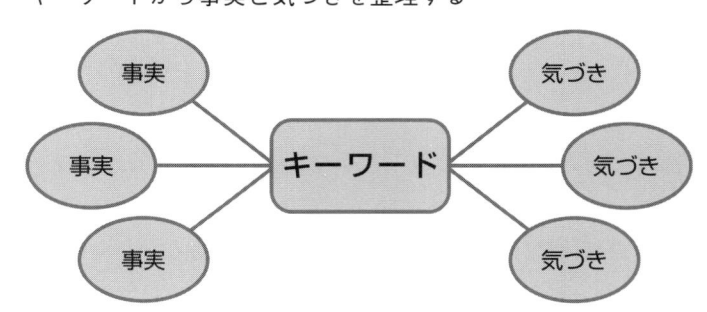

事実　事実　事実　——　キーワード　——　気づき　気づき　気づき

■**「報告書」は、ソーシャルワーク実践の基盤整備につながっている**

ソーシャルワーカーは、しばしば、年度ごとの年度報告など、さまざまな報告書を作成する。これは単なる記録、事務作業ではない。これらの実践報告によって、その年の実践が評価され、次年

度の事業計画が立てられるという点で、次の実践の基盤整備の意味をもつ。

また、現場から研究報告を行うことも少なくない。ソーシャルワーク実践をより高めるために行う研究報告もある。体制を動かそうとするソーシャルアクションをしていくときにも、研究報告書は一つの根拠として活躍する。

このように、よりよいソーシャルワーク実践を展開しようとするとき、「報告書」をまとめる力は欠かせない。「報告書作成までが実習である」と踏まえて、作成作業に向き合おう。

Close the Door

「私は、指導してくださった国村さんの『患者を中心においたチームアプローチ』『弱い立場にある人のための通訳者』という言葉が大好きでした。この言葉を私の実習のキーワードとして考えると、三つの体験に共通のエッセンスが見えてくるかもしれません。どうしてこの言葉が好きなのか、どうしてあの三つの体験が重要だと感じているのか、もう一度考えてみたいと思います」

平田さんの言葉に、二宮先生は、笑顔でうなずいた。

「大切な経験を省略するのではなくて、その経験から最も大切な考えや思いを取り出すために、言葉と向き合ってみてください」

二宮先生が話すアドバイスを、平田さんはしっかりとメモした。

Thought & Feeling

学生
三つの体験からだけではなくて、キーワードを中心に据えて、もう一度、実習体験全体を振り返り、キーワードにつながるようなエピソードがないか考えてみたい。国村さんから教えてもらったこと、自分が経験から気づいたこと、これらをつなげて、しっかりと言語化してみたい。

教員
報告をまとめるとき、「わかるとは、分けること」という言葉を思い出す。わかりやすく伝えるために、伝える内容を選んだり、統合して理解してきたことを分けて示したりすることが大事だ。何度も推敲して言葉と向き合い、自分の考えや思いがつかめる瞬間が大切だと思う。

39. 考察を深める

平田さんは、授業のなかで、考察と課題を深める方法について学んでいた。二宮先生は次のように教えた。「考察を深めるために三つのステップを覚えましょう。そして、そのステップ一つひとつについて深く考えてみましょう」

① 自分の実践したエピソードを思い出し、その一つひとつの場面で、誰が、どのような支援やかかわりを行ったのかを書く。
② その支援やかかわりから、「感じたこと」「学んだこと」「気づいたこと」を書く。
③ 「感じたこと」「学んだこと」「気づいたこと」を、これまでに学んだ専門的な知識・技術・価値と結び付けて深める。

説明を終えた後、「では、次の二人の実践を例にあげて、考察を深めてみましょう」と言って、二宮先生は、平田さんと土屋さんを指名した。
「二人は、実習のどんなエピソードを覚えている？」
「病院実習でしたが、初めてインテーク面接をやったことは、強い印象があります。利用者と向き合って、単純な情報を提供しただけでしたが、自分が面接をしているんだなっていう感覚がありました」と平田さんが答えた。
土屋さんは、「私は地域包括支援センターでの実習でしたが、民生委員から連絡を受けて、訪問した家がゴミ屋敷状態で…サービスを利用することを勧めたのですが、本人はそれを拒否したため、どうしたらいいんだろうと悩んだエピソードがあります」と話すと、二宮先生が二人に問いかけた。
「二人の経験は、単に、よかった悪かったでは言い表せないよね。少し詳しく思い巡らし、どんな場面で、誰が、どのような支援やかかわりを行ったのかを整理して、大切な気づきを書き出してごらん。きっとそこから考察が生まれてくると思うよ」

1．二宮先生が教えた三つのステップで、自分の考察を深めてみよう。表を作成し、できる限りのエピソードを書き出した後、どんな場面で、誰が、どのような支援やかかわりをしたのか、詳しく記述してみよう。
2．二宮先生のいう「大切な気づき」とは何だろうか？　自分の実践を振り

返って、エピソードごとに、大切な気づきを思い出してみよう。
3．実践から見出した「大切な気づき」と「これまでに理解している知識、技術、価値」との関連から考えを深めるということは、どういうことを指すのだろう？

■考察は、自分の実践を正しく評価するために深く考える作業である

実習でのさまざまな実践が、「対象となる人々に十分な効果があったのか」また、「その実践から何を学んだのか」は、考察という作業を通して、深く考えることが必要である。報告書における考察は、二宮先生が勧めたように、三つのステップを意識すると書きやすい。

以下、平田さんと土屋さんのエピソードを参考に考察の方法を理解しよう。

◇平田さんの場合

① エピソード（場面、支援、かかわり）
病院の相談室で、スーパーバイザーの許可のもと、患者家族のインテーク面接を行った。まず私一人で、家族の問題の主訴を伺った。家族の主訴は、「生活が苦しく、治療費を支払う余裕がないので、どうしたらよいか」ということであった。私が一般的に使える制度や資源の説明（高額療養費や生活保護）を行い、その後、スーパーバイザーが同席し、続けて詳しい相談を受ける様子を観察することができた。
② 感じたこと／学んだこと／気づいたこと
面接は初めてで緊張したが、こちらの表情や態度が関係形成に影響していると感じた。相手の不安や問題を頭では理解できるが、相手の立場になって共感することの難しさを感じた。また、こちらが理解したことを、言葉で伝えるのは簡単だが、態度でどう伝えたらよいか悩んだ。制度を説明するとき、口頭だけではわかりにくいと気づいた。
③ これまで学んだ専門的な知識・技術・価値と結び付けて考えてみる
利用者の主訴は経済的な問題であるが、話を聞いていくなかで、「なぜ、経済的に問題があるのか」その背景について質問して尋ねる必要を感じた。もちろん、カウンセリングであれば、時間をとって聴くべきだと思うが、インテークワーカーとしては、相手が訴えていないものまで質問せず、あくまで主訴の解決に焦点を当て、解決していく過程で関係を築き、少しずつ相手の抱えるほかの問題を把握するべきだと考えた。 　利用者は、最初、自分の問題を話すのをためらっている様子だった。おそらく、二重の不安（自分の問題への不安に加え、受け入れてもらえるかどうかの不安）を抱えていたのだと思う。それだけに、受容し、傾聴、共感していくことが必要である。しかし、私は、一瞬、相手の携帯電話を見て新しい機種だったので、「こんな高いものを買っているからお金がなくなるのでは」と否定的な思いを抱いてしまい、その後、相手の話に共感することが難しいと感じた。相手を裁くのではなく、まずは気持ちを受け止め、本心から共感していくことが重要だと思った。 　制度の説明の際、私は口頭だけで行ってしまったが、後に、スーパーバイザーはパンフレット

を手渡してくれた。自分たちにとっては理解できる制度でも、利用者が理解できるように伝えることの必要性をあらためて実感した。

面接室で聞いた話は利用者のプライバシーに踏み込んだものが多かった。実習生であっても、利用者からみると専門職であり、守秘義務を守ることを信頼している。その信頼に応える必要を強く感じた。

◇土屋さんの場合

① エピソード（場面、支援、かかわり）
地域包括支援センターの実習で、高齢で一人暮らしの男性を実習指導者（社会福祉士）、民生委員と一緒に訪問した。近隣からの連絡では、家から悪臭がするし、食事などにも困っている様子とのことであった。大家さんに頼んで鍵を開けて中に入ると、ゴミが散乱するなかに布団を敷き、そこに横になって寝ていた。実習指導者は顔見知りらしく、親しげにこの高齢者に近況を尋ねたところ、少し足腰を痛めたが、今は大丈夫とのことだった。それから一緒にゴミを片づけた。最後に、実習指導者は、食事のことや病院のこと、介護保険のこと、ホームヘルパーを入れることなど、話題を出したが、高齢者は「大丈夫だ」と言って断り続けた。
② 感じたこと／学んだこと／気づいたこと
ゴミ屋敷状態の家があると聞いていたが、現実に体験してみて、このような劣悪な環境に一人で暮らす高齢者がいることに心を痛めた。実習指導者や民生委員が顔見知りであったことに驚いた。私は強制的にでも、介護保険を申請して、サービスを受けたほうがよいと思うが、実習指導者は、その高齢者との関係をしっかりと深めながら、じっくりと説得している様子だった。近隣の人からの苦情があったとのことだが、地域の力で何か助けることができないものだろうかと思った。
③ これまで学んだ専門的な知識・技術・価値と結び付けて考えてみる
ソーシャルワーカーの倫理綱領の利用者に対する倫理責任には、利用者の利益を最優先するべきとある。これに合わせて考えるならば、この高齢者を強制的にでも保護するべきだと思う。しかし、同じ倫理責任に、利用者の自己決定を尊ぶべきことも明記されている。これに従うならば、高齢者の意思を尊重することになる。こうした倫理的ジレンマを経験したのは初めてであり、どうしたらよいのか本当に悩んだ。後で、実習指導者とこの高齢者のことを話し合う機会があったが、実習指導者は、「数か月かけて、ようやく部屋の中に入れてもらうことができた。今では親しく話せる関係にまでなってきた。毎回、さまざまなサービスについて説明してはいるが、いまだに断られている。しかし、以前は、生きる望みも失っていたが、最近は前向きになってきたので、あともう少しでサービスが入るだろう」と話していた。ジレンマを感じているから何もできないのではない。自己決定を尊びながらも、信頼関係を深めることで、利用者の利益を少しずつ守っていくこともできると理解できた。

Close the Door

「平田さんや土屋さんの書いてくれた考察を読んでみてどうでしょう？」
　二宮先生が、ほかの学生に質問をした。城田さんが答えた。
「エピソードや感じたことだけだと感想になってしまうけれど、学校で学んだことと結び付けて考えてみると、考えが深まるように思います」
「では城田さんは、どんなエピソードを深められそうですか？」
　二宮先生が尋ねると、
「私はデイサービスで、何度か高齢者が『もう生きていても仕方ないよ』と話すのを聞いて、どう言葉を返したらよいのかわからなくなったエピソードがありました。これは、前に学んだ、利用者の言葉には二面性があるということと結び付くと思います。これは言葉どおりに受け止めるのではなく、『寂しい』とか、『自分が必要とされていない』というサインなのかもしれないですね」

Thought & Feeling

学生
「感想と考察は違う」とか、「考察が浅い」とか言われてきたけれど、どうやって深めるのかわからなかった。でも、これまで学んだことを結び付けることで、考えが深まることがわかった。実習中はそこまで気づかなかったが、こうして考察を深めることで、さらに実習が意味深いものになったと思う。

教員
現場では、「これまで学んだことは忘れろ！」「実践は理論とは違う」という人もいる。しかし、学んだ理論や原則と結び付けることで、実践を深く考察できる。実践と理論は別々ではない。理論は実践に、実践は理論に近づけることが大切だと訴えたい。

実習報告書の記入例1

> 患者を中心においたチームアプローチにおけるソーシャルワーカーの役割
> 社会福祉学科3年　平田○○

Ⅰ．実習の概要
1．実習先種別：急性期病院
2．実習期間：○年○月○日～○年○月○日
3．実習内容（実習プログラム）

	実習内容
実習1日目	院内見学
実習2日目	相談面接見学
実習3日目	併設介護老人保健施設見学実習、利用者とのふれあい
実習4日目	相談面接見学、記録作成、院内学級見学
実習5日目	相談面接見学
実習6日目	病棟事例検討見学、相談資料案作成（介護保険制度）
実習7日目	リハビリ部門事例検討見学・インタビュー
実習8日目	相談面接見学、区内○○地区医療ソーシャルワーカー見学会
実習9日目	相談面接見学、インテーク面接実習
実習10日目	病床管理委員会見学、事務局長インタビュー
実習11日目	地域ケア会議見学、地域包括支援センターインタビュー、巡回指導
実習12日目	相談面接、退院前カンファレンス出席
実習13日目	看護相談見学、看護師長会見学・インタビュー
実習14日目	訪問看護ステーションの訪問同行
実習15日目	相談面接、インテーク面接実習、退院前カンファレンス見学
実習16日目	栄養部門見学・インタビュー、薬剤部門見学・インタビュー
実習17日目	患者の生活保護申請同行見学
実習18日目	診療部月例会議見学、医師インタビュー
実習19日目	相談面接見学、ケースの概要説明・相談練習
実習20日目	相談面接見学、ケースの概要説明・相談練習
実習21日目	相談面接見学、記録案、ファックス連絡票案作成練習
実習22日目	相談面接見学、インテーク面接実習
実習23日目	相談面接見学、インテーク面接実習
実習24日目	病棟事例検討、ケース概要説明

Ⅱ．実習テーマと課題

1．実習テーマと具体的目標

　私の実習テーマは「『生活のための医療』における社会福祉士の役割を理解する」であった。病院における患者および患者家族の抱える生活課題を抽出すること、面接技法について学ぶこと、インテーク面接に取り組んでみることを具体的目標とした。

Ⅲ．考察（実習テーマと課題に対する達成・理解）

1．相談面接のなかでの非言語コミュニケーション

　実習指導者の面接に同席させてもらうなかで気づいたのが、「温かな沈黙の時間」の効果であった。交通事故での入院を機に、家出以降は20年近くも音信を断っていた父母と連絡をとった（意識がない間に連絡をとられてしまった）患者Aさんの事例があった。治療が終わった後、それまで一人で暮らしていたアパートに戻るのか、両親の暮らす実家に戻るのか、患者Aさんの決定を聞くことが必要だった。実習指導者が「退院後、この先、どこで、どのような暮らしをしたいと思っているか、聞かせていただけますか？」と尋ねた。Aさんは下を向き、何度も瞬きをして黙っていた。同席していた私は、その沈黙がつらく、実習指導者が何を言うのかジリジリした気持ちで見ていた。実習指導者は少し微笑み、黙ってAさんを温かく見守りながら、Aさんの言葉を待っていた。私が「あぁ、もうこの沈黙にたえられない」と思った瞬間、Aさんは「考えても…なかなか…」と話し出した。途切れ途切れに言葉を選びながら話すAさんに、実習指導者は、うなずいたりその語尾を繰り返したり、目を開いて耳を傾けるような表情をしながら話を聞いていた。決めることを強要せず、決められないことを責めていないことが、実習指導者の全身から伝わってきた。Aさんは、どちらにするか迷っていること、考えなければいけないと思っていることをポツリポツリと語った。実家にいる頃にどういう思いでいたのか、何か語りたいことがあるようだったが、語ることができずにいるようだった。面接開始後、45分くらいたったところでも、Aさんは結論を出すことができなかった。そこで実習指導者は「少し疲れました？」と聞き、「今日はこのくらいにしましょうか？」と面接の締めくくりに入った。実習指導者がAさんが気持ちを話してくれたことを喜ぶと、Aさんはすごくホッとした顔をして、「またお願いします。ちゃんと考えますので」と相談室を出て行った。相談者のペースに合わせた沈黙や肯定的に全身で「待つ」ことがどれほど温かく相談者を包むのか、体感できた時間だった。

　授業の演習で行った相談のロールプレイで、私は何を聞き出すか、何を伝えるかを考えがちだった。「沈黙」がつらくなり、ついつい質問をしてしまっていた。しかし、相談者が主体になるということは、そのペースに合わせることであり、そこには時に「沈黙」があるということを、面接に同席していくなかで学ぶことができた。実習指導者に質問すると、「沈黙」によって責められていると感じるような相談者には、いくつかの選択肢を提示するようにしているとのことで、相手に合わせて手法を選んでいることもわかった。

2．インテーク面接での受容・共感と情報提供

　病院の相談室で、スーパーバイザーの許可のもと、患者家族のインテーク面接を行った。まず

私一人で、家族の問題の主訴を伺った。家族の主訴は、「生活が苦しく、治療費を支払う余裕がないので、どうしたらいいか」ということであった。私が一般的に使える制度や資源の説明（高額療養費や生活保護）を行い、その後、スーパーバイザーが同席し、続けて詳しい相談を受ける様子を観察することができた。

面接は初めてで緊張したが、こちらの表情や態度が関係形成に影響していると感じた。相手の不安や問題を頭では理解できるが、相手の立場になって共感することの難しさを感じた。また、こちらが理解したことを言葉で伝えるのは簡単だが、態度でどう伝えたらいいか悩んだ。制度を説明するとき、口頭だけでは、わかりにくいと気づいた。

利用者の主訴は、経済的な問題であるが、話を聞いていくなかで、なぜ経済的に問題があるのか、その背景について質問して尋ねる必要を感じた。もちろんカウンセリングであれば、時間をとって聴くべきと思うが、インテークワーカーとしては、相手が訴えていないものまで、質問せず、あくまで主訴の解決に焦点を当て、解決していく過程で関係を築き、少しずつ相手の抱えるほかの問題を把握するべきだと考えた。

利用者は、最初、自分の問題を話すのをためらっている様子だった。おそらく、二重の不安（自分の問題への不安に加え、受け入れてもらえるかどうかの不安）を抱えていたと思う。それだけに、受容し、傾聴、共感していくことが必要である。しかし私は、一瞬、相手の携帯電話を見て、新しい機種だったので、「こんな高いものを買っているからお金がなくなるのでは」と否定的な思いを抱いてしまい、その後、相手の話に共感することが難しいと感じた。相手を裁くのではなく、まずは気持ちを受け止め、本心から共感していくことが重要だと思った。

制度の説明の際、私は口頭だけで行ってしまったが、後に、スーパーバイザーはパンフレットを手渡してくれた。自分たちにとっては理解できる制度でも、利用者が理解できるよう伝えることの必要性をあらためて実感した。

3．患者を中心としたチームアプローチ

実習期間中に、病床管理係の席の隣で、半日ほど、その仕事ぶりを見学するよう言われた。病床管理係は「来週の木曜日にはベッドが空きますので、入院のご案内ができます。手術もすぐにしていただけるように、先生が手配中です」などの、入院を待っている患者さんへの連絡をしていた。急性期医療機関がどれほど多くの患者を待たせているのか、リアルに見ることができた。そして、転院相談がいわゆる「病院からの追い出し」なのではなく、限られたベッドを必要な人に提供するためのシステムなのだと知った。病床管理会議の見学を通して、そのシステムは診療報酬の改定という形で行われていることもわかった。そして、この社会システムのなかで、患者個人の生活がないがしろにされないためのソーシャルワーク、ソーシャルアクションが重要なのだと実感した。

実習指導者の話では、退院後の生活を無視した加療、退院（転院）とならないよう、入院当初から院内会議を行うとともに、退院後の生活を支える地域の連携機関との退院前会議を重視しているとのことであった。

院内で行われている病棟看護師や理学療法士の主催する定期的会議では、看護や理学療法を提

供するにあたって必要な、患者やその家族の在宅生活の状況、社会資源の情報の提供が、医療ソーシャルワーカーに望まれていた。実習指導者はそれらが説明できるよう準備をして臨み、併せて患者の思いも伝えていた。

　退院前会議は医療ソーシャルワーカーが進行することが多かった。どのような機関を招集するか、誰に何を話してもらうか、配布資料として何を用意するか、検討事項やその順番を考え、会議の準備をしていた。会議中も、患者本人が関係機関の言葉を理解できているか、自分の思いを話せているか常に気にかけ、進行していた。終了後に実習指導者が話してくれた「私は弱い立場にある人のための通訳者のつもりで会議に臨んでいる」という言葉から、患者や患者の家族といった、常にサービスの提供を「受ける」側の人のために通訳をしながら会議を進めていることを知った。「調整」とは何か、授業の中だけでは今まで理解しにくかった。しかし、会議が大切な「調整」の場であること、会議の進行にスキルが必要であることが、見学をしていくなかでわかった。

Ⅳ．今後の課題

　今後はまず、面接技術について、ロールプレイを繰り返して「待つ」ことができるよう訓練したい。実習指導者より、事例集の事例を使いながら、患者とソーシャルワーカーになりきって面接訓練を行い、フィードバックし合うという方法を教わった。友人を誘って訓練してみたいと思う。

　また、診療報酬改定の変遷について学ぶとともに、これまで医療ソーシャルワーカーが推進してきたソーシャルアクションについて調べ、今後必要とされるソーシャルアクションについて、私なりの考えを深めてみたい。

　さらに、連携を推進していくうえでは、社会福祉士はほかの専門職について知っているプロフェッショナルでなければならないと感じるようになったので、ほかの専門職がどのように養成されているのか、知っていきたいと思う。そして、実習指導者がしていたような、その専門職にとって「重要であること」に合わせた形で本人の状況を再構成して話し、患者にとって本当に必要な専門的支援を引き出せるような話し方ができるようになりたい。事例集などに出てくる事例を、医師に対してどのように話すか、看護師に対してどのように話すかというシミュレーションを繰り返すというのも、今後やってみたい学習である。

　最終日、実習指導者からは、「相談者や関係機関に、一言でその人にとっての自分の役割が説明できるようになったら、一人前のソーシャルワーカーよ」と言われた。「その相談者にとってソーシャルワーカーがどういう役割を果たそうとしているのか」を、端的に紹介することが、私はまだできない。それは、その人にとって必要なソーシャルワークがわかりやすく説明できないということである。ソーシャルワーカーとしてどのような自己紹介をするか考えながら、ソーシャルワークを学びたい。

実習報告書の記入例2

「その人らしさ」を支えるチーム・地域をつくるソーシャルワーク
社会福祉学科3年　土屋○○

Ⅰ．実習の概要
1．実習先種別：地域包括支援センター
2．実習期間：○年○月○日～○年○月○日
3．実習内容（実習プログラム）

	実習内容
実習1日目	センター内での相談対応見学
実習2日目	センター内での相談対応見学、併設デイサービス見学、利用者とのふれあい
実習3日目	センター内での相談対応見学、民生委員・ケアマネジャー連絡会出席同行
実習4日目	介護予防教室見学、利用者とのふれあい
実習5日目	見守り訪問同行
実習6日目	相談室面接同席、記録作成
実習7日目	地域ケア会議見学、議事録の一部作成
実習8日目	センター内困難事例検討会出席
実習9日目	ケアマネジャー対象研修（講師）の見学
実習10日目	相談室面接同席、記録作成
実習11日目	訪問同行、記録作成
実習12日目	地域見守り連絡会出席同行、報告作成
実習13日目	地域包括支援センターだより作成見学、一部の案作成
実習14日目	虐待対応受付の見学、事実確認訪問の同行
実習15日目	虐待対応ケース会議見学、記録作成
実習16日目	総合相談インテーク面接、記録作成（介護保険申請）、見守り訪問同行
実習17日目	訪問同行、制度説明（介護保険制度）
実習18日目	併設特別養護老人ホーム、ボランティア交流会見学
実習19日目	認知症家族会実施見学、家族とのふれあい
実習20日目	見守り訪問同行、相談面接見学、記録作成
実習21日目	ネットワーク連絡会見学、社会資源マップ作成見学
実習22日目	センター長業務実習（マネジメント）
実習23日目	電話対応練習、電話受付、記録作成
実習24日目	ケアマネジャー相談インテーク面接、制度説明（成年後見制度）

Ⅱ．実習テーマと課題

1．実習テーマと具体的目標

「地域包括ケア推進における社会福祉士の役割や業務について実習を通して理解する」ことを実習テーマに掲げ、実習に臨んだ。

具体的達成課題として、実習計画書では以下の二つを掲げた。

① 専門職種・関係機関との連携・支援について学ぶ。
② 総合相談のインテーク面接ができるように、ロールプレイ等を活用して準備を行い実際に行ってみる。

Ⅲ．考察（実習テーマと課題に対する達成・理解）

1．専門職種・関係機関との連携・支援

地域包括ケアにおける連携が、行政本位や家族本位ではなく、本人本位の支援を行うために推進されていくようにするのが社会福祉士の役割ではないかと考えた。そして、それは「その人らしさを支えるチーム・地域をつくるソーシャルワーク実践」なのではないかと考えるようになった。また、そのために必要な知識・技術・倫理のすべてを体得することは難しいと感じたため、これから何を学ばなければならないのかを把握することに努めようと考えた。

2．総合相談のインテーク面接

総合相談のインテーク面接だったら、実習期間中にできるようになるのではないかと思って目標としていたが、簡単なことではなかった。実際は、相談者（例えば高齢者の家族や民生委員）の主訴を聞き取るだけではなく、その際に当事者である高齢者の生活ぶりを確認して、主訴の背景にある生活課題を抽出するところまで、初回面接で求められていた。

これは、地域包括支援センターに持ち込まれる相談は、当事者である高齢者が目の前にいないことが多いこと、緊急性の高い生活課題があることが多いことが理由なのだとわかった。この目標については、この理解を得たことが達成できたことであると考えている。

実習指導者は、これらを踏まえたうえで、あらかじめ電話で面接予約を受ける際、どのような相談を受けるのかわかっている相談のインテーク面接に取り組ませてくれた。

3．倫理的ジレンマと本人本位の実践

地域包括支援センターでの実習で、高齢で一人暮らしの男性を実習指導者（社会福祉士）、民生委員と一緒に訪問した。近隣からの連絡では、家から悪臭がするし、食事などにも困っている様子とのことであった。大家さんに頼んで鍵を開けて中に入ると、ゴミが散乱するなかに布団を敷いて、そこに横になって寝ていた。実習指導者は、顔見知りらしく、親しげにこの高齢者に近況を尋ねたところ、少し足腰を痛めたが、今は大丈夫とのことだった。それから一緒にゴミを片づけた。最後に、実習指導者は、食事のことや病院のこと、介護保険のこと、ヘルパーを入れることなど話題を出したが、高齢者は「大丈夫だ」と言って断り続けた。

ゴミ屋敷状態の家があると聞いていたが、現実に体験してみて、このような劣悪な環境に一人で暮らす高齢者がいることに心を痛めた。実習指導者や民生委員が顔見知りであったことに驚いた。私は強制的にでも、介護保険を申請して、サービスを受けたほうがいいと思うが、実習指導者は、高齢者との関係をしっかりと深めながら、じっくりと説得している様子だった。近隣の人

からの苦情があったとのことだが、地域の力で何か助けることができないものだろうかと思った。

　ソーシャルワーカーの倫理綱領の利用者の倫理責任には、利用者の利益を最優先するべきとある。これに合わせて考えるならば、高齢者を強制的にでも保護するべきと思う。しかし、同じ倫理責任に、利用者の自己決定を尊ぶべきことも明記されている。これに従うならば、高齢者の意思を尊重することになる。こうした倫理的ジレンマを経験したのは初めてであり、どうしたらいいのか、本当に悩んだ。後で、実習指導者とこの高齢者のことを話し合う機会があったが、実習指導者は、「数か月かけて、ようやく部屋の中に入れてもらうことができた。今では親しく話せる関係にまでなってきた。毎回、さまざまなサービスについて説明してはいるが、いまだ断られている。しかし以前は、生きる望みも失っていたが、最近は、前向きになってきたので、あともう少しでサービスが入るだろう」と話していた。ジレンマを感じているから何もできないのではない。自己決定を尊びながらも、信頼関係を深めることで、利用者の利益を少しずつ守っていくこともできると理解できた。

4．さまざまな方法によるアセスメントに基づく本人理解

　実習指導者は、電話や面接、訪問によって相談を受けると、メモを見ながら電話をかけたり書類やインターネットを使っていろいろなことを調べたり、関係機関へ出向いて情報を集めたりする時間をもつことが多かった。民生委員から相談が入ると、その高齢者の今までの相談記録を探したり、関係機関からその人についての情報を聞き出したりしていた。利用者家族から相談が入ると、その利用者の地域の民生委員やケアマネジャーから話を聞いたうえで、訪問の準備をしていた。そして、実際に当事者に会う時には、あらかじめ、その人から話を聞くために作成した表やメモを使ったりしながら話を聞いていた。

　最初は、相談者が話したことに対して裏付けをとる作業をしていると思い、慎重な人だなぁと思ってしまっていた。早く当事者である高齢者に会いに行けばいいのにと感じたことすらあった。しかし、この情報収集から、本人にどのようにしたら寄り添えるのかを探るためのものであり、訪問の際に把握しなければならないことを見落とさないためのものであり、さらに本人に合わせて話を可視化することで認知症のある本人が話しやすい環境をつくっているのだということが、ずっと見学しているなかで、だんだんとわかってきた。実際、実習指導者に尋ねると、本人との面接1回1回を大切にするためにやっているアセスメントだという回答だった。

　私自身は実習前、「アセスメント」とは本人から得た情報を分析するものだと思っていたが、本人から得る情報を正しく理解するために必要な情報収集があり、これらも含めて「アセスメント」といっているのだということが理解できた。

5．「その人らしさ」を支えられるチーム・地域のために

　「地域包括ケア推進における社会福祉士の役割」を実習テーマに掲げて実習に臨んだ私であるが、実習指導者へ地域包括ケアについて質問した際、「『住み慣れた地域でいつまでもその人らしく暮らし続けたい』と思っている高齢者の思いを支えたいと思っているし、そのための地域づくりをしているつもりだけれど、それが『できるだけ長く施設に入らずに地域で生活してもらって、介護保険料が上がらないで済むように社会保障費の支出を抑えてほしい』という行政側の都合の押し付けにならないようにしたいと思っている。『一人で生活するのはさみしい。施設で安

心して生活したい』と願う人の思いを押さえつけるのも違う。『見守り支援』が『見張り合い』になってはいけない。互助・共助を押し付けることなく、地域で暮らす人が主役の地域のサポーターでありたい」という話を伺い、衝撃を受けた。

実際、ケアマネジャーを対象とした研修をしたり、地域の自治会や民生委員の連絡会に出席したりするなかでも、実習指導者を含む地域包括支援センター職員全員が、このことをさまざまな形で伝えていた。地域ケア会議の冒頭で会議の目的でそのことを確認したり、連絡会のなかでも、まずは出席者の不安や思いを聞き出して地域包括支援センターのスタンスを説明したりしていた。その人らしさを支えるチームになっていくために、自治会や民生委員、ケアマネジャーとビジョンを共有しようとしているのだと感じることができた。同様のことが、地域包括支援センター内のマネジメントのなかでも工夫されていて感銘を受けた。

実習前、地域包括ケア推進という言葉から、私は資料のなかにある理想的な地域づくりをイメージしていたが、これらのことを通して「地域包括ケア推進のための地域包括支援センター」の大前提に、「一人ひとりを大切にするための地域包括ケア」がなければならないのだと気づくことができた。ケースワークとグループワーク、コミュニティワークや、ミクロ・メゾ・マクロの支援というものは関連し合って展開されていくことを体感することができた気がしている。

Ⅳ．今後の課題

相談面接については、ジェノグラムを使って家族課題を把握していくジェノグラム面接の技法について、今後、学んでいきたいと考えている。また、ネットワーキングについては、ほかの実習での発表も含めて、どのような方法が実践されているのかを整理してみたい。さらに、チームをつくっていくうえで求められるチーム・ビルディング、会議の進行を行うファシリテーションなどについても学びたいと考えるようになった。

もう一つ、実習指導者が法的根拠をしばしば確認している姿を見て、その実践の根拠となる「法律」について知っておくことも大切なのだと感じることができた。介護保険法や高齢者虐待防止法、民法（成年後見制度等）などの、地域包括支援センターの業務に関連する法律だけでなく、老人福祉法、障害者総合支援法、生活保護法なども確認しながら、法的根拠を示して関連機関の協力を引き出せないか、交渉する場面を見た。私は法律を読むのは苦手だし、実習前は社会福祉士の役割とは違うものだと思っていたが、その力もソーシャルワークのなかで求められることがあるのだと知り、法の概要を知り調べることができる力をつけていきたいと思うようになった。

実習の最後に、実習指導者がくれた言葉も、私の今後の課題として記したい。「知識も技術も日々更新されていく。現場の実践のなかでは、知識・技術を更新し続ける力が求められている。調べる力、学ぶ力を身に付けて現場に来てください」「基本にあるソーシャルワークの価値はどんどん変容していくものではありません。現場で悩むとき、常に立ち戻って考えなければならないのが倫理です。知識・技術にだけ走ることなく、ソーシャルワークの基本である価値・倫理を大切に、学びを続けてください」

この言葉を肝に銘じ、知識・技術だけでなく、価値・倫理に立ち戻れる学びを続けたいと思う。

40. 報告会でのプレゼンテーション

Open the Door

大野先生がホワイトボードに大きく「実習報告会」と書いている。
　頭の中に、「居眠り」「質問」「つっこみ」「ツカミ」という言葉が浮かんできて、土屋さんは思わず苦笑した。去年、自分たちが下級生として招かれた先輩の実習報告会では、しばしば発表時間オーバーのグループが続出し、最後のほうは聞き手の半分くらいが居眠りしていたのである。質問するのは先生たちばかりで、そのたびに先輩たちは「つっこまれた！」という感じであたふたと答えていた。発表の冒頭に笑いを仕込んだグループの発表の時だけはみんな起きていたので、「ツカミは肝心だね」というのが、報告会後にクラスで話題になった。
　先生は学生たちに、「グループごとに、目指す発表のイメージを共有させてから具体的な準備に入ってもらいたいと思っています。『私たちは△△に向けて、○○な発表を目指します』の△△、○○に入る部分について、グループで話し合ってください。△△は聞き手を想定して選んでくださいね」とグループワークの指示を出した。
　土屋さんは、「イメージの共有は何のためにするんだろう？」と思いながらグループディスカッションに入った。△△の部分は「来年の実習生」にしようとすぐに決まった。問題は、○○の部分だった。「寝られるのは嫌だから、興味をもって聞いてもらえる発表にしたい」「やっぱりツカミじゃない？」「笑いだけに走られても、うっとおしいでしょ」「施設の概要説明ばっかりは嫌だ」「聞きに来てくれる人とのコラボ感も大事じゃない？　参加型とかさ」「大野先生みたいに、聞き手に語りかける感じでプレゼンしたい」――ワイワイ楽しみながらも、土屋さんは「こんな話し合いで報告会の発表までたどりつけるかなぁ」と不安になってきた。

Practice

1. あなたの心に残っている語り手はいるだろうか？　講義をしてくれた先生、研修講師、芸人でも噺家でもよい。どのようなところが心に残っていたのか、その理由も含めて書き出してみよう。
2. 大野先生は、なぜ目指す発表のイメージを共有させようとしているのだろうか？
3. 報告会が予定されている場合、実際のプレゼンテーションに向けて準備をしてみよう。

Lecture

■聞き手を具体的にイメージし、目標をはっきりとさせて報告内容を選定する

　実習報告会を準備するとき、誰に聞いてもらいたいのか、自分たちは何を目指して伝えるのかを具体的にしておくと、しなければならない準備がみえてくる。聞き手を具体的に想定し、「聞き手の興味」を大切にして、「聞きやすさ」にこだわって準備をすることが大切である。どのような順番で話をすると、聞き手は興味を失わないだろうか？　結論から話して、「え！　どうして？」という興味を引き、話を展開する方法もあるだろう。話の結論は最後に…とストーリーを語る方法もある。あなたが想定した聞き手ならば、どう聞きたいだろうかと考え、発表内容の構成を考えよう。

　例えば、土屋さんたちのグループは「来年の実習生」を聞き手として想定し、報告会の準備を開始した。まずは発表したい内容を箇条書きでできる限りたくさん書き出し、書き出したものをグルーピングしたうえで、最も伝えたいことを選んでいった。さらに、どの順番で伝えていくのかを話し合い、発表内容の大まかな案を決定した。これが、そのままレジュメの項目になった。

■発表原稿、レジュメや配布資料を準備する

　発表内容が決まったら、発表原稿やレジュメ、配布資料を準備しよう。話す言葉は流れていって空中で消えてしまうため、聞き手にとっては、概要が文字にされているほうが、話についてきやすい。あらかじめ、文字にして伝えておきたい言葉は何かを考えながら、レジュメを用意しよう。また、「百聞は一見にしかず」と考え、図や表で示すことができないかも考え、配布資料を準備しよう。

　ただし、発表原稿をそのまま文字にして配布するのはやめよう。わかりにくいだけでなく、聞き手が興味をもって聞くことを妨げる。文字にして渡すことと話をして伝えることを分けて考え、発表原稿、レジュメ、配布資料を準備しよう。

　この事例で、土屋さんたちは、レジュメの項目に従い、項目ごとに必要な配布資料案を話し合って決定した。さらに、レジュメの大項目ごとに分担して、発表原稿案と配布資料案を作成した。作成中でもお互いに案を見せ合いながら、図や表で表現できるところがあるかについても意見を出し合った。

■リハーサルをして、報告内容を練り直す

　報告内容を練り直す時間的余裕のある段階で、リハーサルをしてみよう。発表がわかりやすいかどうか、発表原稿とレジュメ、配布資料はマッチしているか、制限時間内で発表を終えることができるかをチェックし、報告内容を練り直していくことが大切である。

　土屋さんたちは、担当していた発表原稿案をグループ内で読み上げて発表練習をしつつ、意見を言い合って内容を訂正していった。このことによって、発表原稿を用意した人にはわかるが聞き手にはわかりにくい部分を訂正することができた。さらに、制限時間内に発表が終わるかどうか確かめるため、時間を計りながら発表のリハーサルをした。発表時間内では用意してきた原稿を読み終わることができなかったため、配布資料についての説明内容を絞り込んだ。また、説明する部分が

配布資料の中で目立つよう、資料に手を加えた。

　初めてマイクをもって、時間制限のなかで発表をするという人は、緊張で肩に力が入ってしまうかもしれない。何度もリハーサルをして報告内容を練り直して準備を進めていくと、緊張を軽減できるだろう。ソーシャルワーカーは、「地域に向けて」「関係機関に向けて」「組織の内部で」、多くのプレゼンテーションをしている。ソーシャルワーク実践に必要なプレゼンテーションの練習の場として、実習報告会に臨むとよいだろう。

■質疑応答に備える

　制限時間内で報告を行うのだから、すべてのことを説明できるわけではない。説明できなかった部分についてどのような質問が出るかを想定し、答えを用意しておく準備もしておこう。ただし、想定外の質問も出ると思っておいたほうがよい。そう考えると、憂鬱に感じる人もいるかもしれないが、質問に答えていく過程では、まさに「腑に落ちる」というような、自身の理解が深まる経験をすることがある。質疑応答は、新たな理解を深められる場であるととらえて取り組もう。

　ほかの発表者の発表に対しては、熱心な聴衆として参加しよう。質問に答える（あるいは答えられない）という経験も含めて、プレゼンテーションの練習になる。発表者への敬意と純粋な興味をもって、積極的に質問しよう。

　土屋さんたちの場合は、発表内容に含まなかった内容や説明を簡易化した点を「説明してほしい」「もっと聞きたい」と感じる聞き手がいるだろうと想定し、どのような質問が出るかを考えた。また、発表内容に矛盾がないかどうかをチェックし、どのような質問が想定されるかも話し合った。内容別に回答する担当者を決定しておくとともに、回答の担当者が一人で答えられない場合には、「しばしお待ちください」と言ってグループで話し合って回答しようと、心づもりを決めた。

■制限時間のなかで報告を終えられるように準備する

　実習報告会では、「限られた時間内で、わかりやすく簡潔に伝えること」を大切にしよう（限られた時間のなかでわかりやすく伝えることは、ソーシャルワーカーに求められる力の一つである）。

　例えば、「5分しか時間がとれない」と言っている医師に、病院のソーシャルワーカーは、1時間の面接内容のすべてを伝えるべきだろうか？　「この患者は医療保険の加入がない状態だが、現在生活保護課に状況を伝えており、入院時にさかのぼって生活保護の医療扶助が受けられる見込みである。安心して治療にあたってほしい」という点だけを医師に伝えるだけで十分である。受け取り手の専門性やその時に置かれている状況に合わせて「今、ここで伝えるべき内容を取捨選択し、それをわかりやすく表現する力」を研ぎ澄ませてほしい。

　土屋さんたちは、資料と原稿案がそろったところで、発表のリハーサルを何度か行って時間内で発表が終わるかどうか確かめた。さらに、手持ち原稿の項目のところに、話し出す予定時刻を書き入れ、発表の進行が予定より遅れているか早くなっているか、確認できるように準備した。そして、原稿を見ずに発表を行えるよう、発表者は原稿案を頭に入れた。

Close the Door

　結局、土屋さんのグループは「私たちは来年の実習生に向けて、"大野先生的発表"を目指します」という目標に落ち着いた。ほかのグループもみんな「下級生に向けて」発表しようと考えていたが、「わかりやすくて、時間どおりに終わる発表」とか「下級生が実習に行きたくなるような発表」という言葉を選んでいて、土屋さんは自分たちのグループがふざけて決めたような気になって、ちょっと後ろめたかった。

　しかし、この目標設定に、後から大変感謝することになった。内容を決めるときにも、発表の工夫をするときにも、迷ったときには「大野先生だったら、どうするだろう」と話し合うことができたのだ。

　アイディアも次々に出てきた。「この部分は、来てくれた人たちに語りかけるみたいにやりたいよね、大野先生みたいにね」「大野先生なら、施設説明は配布資料で済ませるんじゃない？」「大野先生は原稿を読んだりしないから、発表原稿は暗記しなくちゃ」「私たちの体験の共通点と相違点みたいな表ができないかな」「質問した人には『ご質問ありがとうございます』って感謝してから答えたいよね」

　目標の具体的イメージが共有できると、やらなければいけないことが見えてくるし、グループが「チーム」になっていくんだと土屋さんは感じた。本番でマイクを持つと手も声もふるえてしまうかもしれない。でも、来年実習に行く下級生たちが「実習に行くのが楽しみだ」「がんばろう」と思ってもらえるよう、自分たちの実習体験と学びをしっかりと伝えたいと土屋さんは強く思った。

Thought & Feeling

学生

　目標設定ができて、実習報告会の準備がすごく楽しく進められた。リハーサルを終えて本番を控え、すごく緊張しているけれど、わくわくもしている。

　本番では、そこで自分が何を感じたのかをしっかりと覚えておいて、"大野先生的報告"としてどうだったのかを、またチームで振り返りたいと思う。

教員

　"大野先生的発表"と言われると、なんとも面映ゆい気分だけれど、楽しく準備を進めている様子がこちらにも伝わってきた。ありがとう。

　学生には、表情や態度、声の調子など、非言語コミュニケーションも大事にしながら発表に挑んでほしい。プレゼンテーションは専門的な力の一つ。これを機会に磨きをかけてほしい。

41. 実習の評価を行う

Open the Door

　樫原さんが実習を終えて約2週間が経過し、実習評価表が大学に送られてきた。そこで、評価表を確認するため、教員のスーパービジョンを受けることになった。
「どんな評価がされているのか気になります」
　樫原さんは総合評価が記入されているページを真っ先に開いた。
「Bですか…できないことも確かにありましたし、自分なりには頑張ったんですが…」
「総合評価だけではなく、評価項目やコメントの内容も吟味することが大切ですよ」
　相葉先生が言葉をかけた。
「結果だけが気になってしまいました。もっと丁寧に評価表を読みたいです」
「そうしましょうか。実習日誌と自己評価を持ってきましたね。実習指導者の評価表と照らし合わせながら確認しましょう。まずは、1番目の項目からです」
　樫原さんと相葉先生は、一つひとつの評価項目について、実習日誌と自己評価表を参考にしながらあらためて確認することにした。

Practice

1. 相葉先生は、総合評価だけではなく、評価項目やコメントも吟味するよう促した。それはなぜだと思うか？
2. 実習を振り返り、評価表に記載された評価項目を丁寧に確認して評価表に記入してみよう。
3. 事前に設定した実習テーマに対して、項目ごとに達成度を確認しよう。その際、達成できた理由と達成できなかった理由をそれぞれ考えてみよう。

Lecture

■実習における評価は、成長への手がかりを見出すエンパワメントである

　評価は、実習生、実習指導者、教員それぞれが実施主体となり、自己評価や相互評価を通じて、実習生の力や課題を明らかにし、プラスの力を引き出すという極めて前向きな教育、学習活動である。またそれは、自分自身の可能性や力に気づき、成長への手掛かりを見出すエンパワメント実践でもある。

■評価表を確認する際の留意点

　評価表の確認は、基本的には教員と実習生との間で行われるものであり、実習の状況を観察し、直接指導した実習指導者が同席するわけではない。したがって、評価した当事者からの理由や根拠を確認しにくく、適切な評価情報が実習生にフィードバックされることは難しい。この問題を回避するためには、自由記述欄または特記事項欄に評価の根拠や理由が書かれていなければならない。また、評価結果に疑義がある場合は、教員を通じて実習指導者に確認してもらう必要がある。

　実習生は、学習の主体として、評価の内容や評定の理由を知る権利がある。評価表は自分自身の学習の成果および情報であることを認識し、適切な評価を受けることができるよう教員や実習指導者に対して積極的に働きかけることが大切である。

■評価項目ごとに実習中の学習や体験を確認する

　評価表については、学校が指定したものを使用するのが一般的であるが、社団法人日本社会福祉士養成校協会（以下、社養協）が作成した評価表も参考にするとよい。この評価表は、厚生労働省通知の「教育内容のねらいと教育に含むべき事項」と、それを基に社養協が作成した「相談援助実習ガイドライン」と対応しており、国家資格としての社会福祉士の実習教育のミニマム・スタンダード（最低基準）として示されているものである。

　確認の方法としては、まずは自分で評価することから始める。自己評価は、以下のように、教員や実習指導者などの他者と協力して評価を実施することになる。

(1) 評価項目ごとに具体的な場面や状況を思い出して書き出す。
(2) (1)の状況に対して、自分がとった行動や言葉、利用者の反応などを書き出す。
(3) 評価基準を参考にして、達成状況とその理由を書き出す。
(4) 書き出した内容について教員に説明し、スーパービジョンを受ける。これらが他者評価につながる。
(5) 実習指導者および教員による評価と自己評価を照らし合わせ、評価結果のすり合わせを行う。

■自己評価と他者評価を組み合わせて実施することで、振り返りの効果を高める

　実習における評価を意味あるものにするには、実習生自身で行う評価（自己評価）と実習指導者および教員による評価（他者評価）を組み合わせて行うことが重要となる。自己評価は、学生自身が評価の主体となって自分の現状を振り返り、何らかの方法でそれを記述するものである。これによって、評価の実施時期に合わせた方法を用いることができるとともに、学生本人の意欲や姿勢等を評価することができる。

　他者評価としての実習指導担当者の評定は、目標に照らした進歩状況や、実践能力の修得状況に関するフィードバックを学生に提供するという形成的評価の対象として活用することになる。実習指導担当者の評定を評価資料の一つとして位置づけ、適切な解釈を行うことが求められる。

　実習日誌には記入されない時間や利用者と実習生のダイナミクスなどの情報を埋もれさせてはならない。そのような貴重な学びや経験を正確に評価するためには、適切な情報が必要となる。自己

評価と他者評価の両方をバランスよく実施することにより、偏りのない評価を行うための情報を集めることができる。必要十分な情報をもとに適切な評価を行い、評価の理由や根拠をきちんと説明することによって、実習生は初めて成長への一歩を踏み出すことができる。

■評価尺度からは読み取ることができない意欲や考えなども大切な評価対象となる

評価尺度は、1・2・3・4といった数字やA・B・C・Dといった文字などの符号で表される場合が多く、総合評価も同様である。実習生はその符号を見て、さまざまな感情を抱くことになる。しかしながら、それらの符号だけでは、実習生の意欲、実習日誌に書かれていないこと、成長や変化などといった複雑な内容を説明することはできない。そして、実習指導者が評価を付けた理由や意図を読み取ることも難しい。

達成度評価は、100パーセント完全習得のみを目的とするものではなく、達成までの連続体をなすとする考え方である。設定した行動目標に対して、「どの程度できているのか？」「ゴールに対してどの位置にいるのか？」など確認することが大切である。したがって、実習後に実施する評価表の確認作業においては、実習日誌の内容や実習中に実施したスーパービジョンの内容を踏まえ、総合評価の符号などに含めることができないものを見つけ、数値化されない言動や内面を丁寧に拾い上げる作業がとても大切である。

■実習目標に対する達成度を確認し、ステップアップするための課題を明らかにする

実習評価により、実践者としてスタートラインに立つ準備を整える。したがって、学習活動として実施する評価には、実習の経験を踏まえ、未来に向けてステップアップするための課題を明らかにし、課題を解決するための具体的な方法を見出していくという大切な意味が込められている。

Close the Door

「項目ごとに確認することで、これまでの実習の流れがよみがえってきました」

相葉先生は樫原さんの言葉を受けて語りかけた。

「それこそ、初日から最終日に至るまでに樫原さんが積み重ねてきた証です。利用者や職員との関係性の構築、利用者の個別性の理解、職員の役割や連携のあり方、行動の意味、原因と結果、利用者や職員との関係性などたくさんありますね。面接の前に、樫原さんが自分なりには頑張ったつもりだったと話してくれたように、総合評価では実習生の意欲や意識といった内面を確認しにくいものです。意欲と目標の達成度は一致するものではありません。ですから、スーパービジョンを通して実習の経過に沿って確認することが大切なのです。

また、利用者とのかかわりやコミュニケーションのように客観的に測定しにくいものもあります。例えば、利用者と話した回数や時間は数字で表すことができますが、話した内容や言葉を発しなくても利用者に寄り添ったりすることの意味を数字で表すことは

難しいですよね。実習を振り返ってみて、子どもとのかかわりについて印象に残っていることを教えてください」

樫原さんは実習日誌のページをゆっくりとめくった。

「この時…普段は話しかけても返してくれない子どもが学校で何かあったみたいだったんです。どう声をかけていいのかわからなくて。でも、とにかくそばにいるしかできないと思って隣に座っていたら、目に涙をためながら話をしてくれました」

「とても大切なかかわりができましたね。第三者からは目に見えない樫原さんのやる気と目に見える形で表される行動や言葉をAからDの評定尺度で表すのは困難です。自己評価と実習指導者による他者評価を実習後にこうやって再確認するのは、実習生が次のステップに進んでいくための土台をつくるための材料を集めるという意味があります。その材料というのが、評価表に書かれていることだけではなく、今、樫原さんが話をしてくれたような、実習日誌には書かれていなかった情報なのです」

Thought & Feeling

学生
私にとって、実習で費やした時間や利用者とのかかわりは、人生においてかけがえのない経験である。それだけに、期待通りの評価ではなかった場合、がっかりしてしまう。でも、評価しきれない多くの経験があることが理解できた。ネガティブな思いにならず、自分の評価と実習指導者の評価を熟考して、次のステップに進んでいきたい。

実習指導者
人材養成にかかわる実習指導者は、実習生が貴重な時間をかけたことに対して適切に評価し、評価結果としての情報を提供し、次の段階に進むことができるようにするための責任を有している。また、学生は、将来、利用者に寄り添い、専門性を発揮するために必要な学習活動として評価に臨んでほしい。

42. 実習経験を将来に受け継ぐ

Open the Door

　あれから4年半になろうとしていた。卒業後、障害者の通所施設に支援員として就職して3年目になる与野さんは、卒業生として、また先輩として、もうすぐ実習を予定している母校の後輩たちの前で、現場のことや実習経験について話すことになった。後輩たちにとっては、実習に向けての事前学習の位置づけである。講話の目的は、実習を予定している学生たちが先輩の話を聞き、実習への心構えをすることであった。
「実習か…いろいろなことがあったな」
　後輩たちに何を話そうかと考えながら、与野さんは自然とこれまでのことを思い出していた。中学生の頃、障害のある人々へのボランティアをしたことが一つのきっかけとなり、ソーシャルワークを専門的に勉強しようと決めた。障害者の支援施設を実習先に選んだのも、この中学生のときの経験が影響していたと思う。
　実習経験は自分の将来を定めていくうえで大きな転機となった。実習先では、障害の程度がかなり重い人もいたが、地域の支えがあれば施設入所の必要はないと思われる人もいた。利用者に対して指示的、威圧的な職員もいれば、一人ひとりの利用者と誠実に向き合っている職員もいた。これらの人たちとのかかわりを通して、与野さんは、さまざまな疑問を感じながら、自分のなりたいソーシャルワーカー像や自分の進むべき道をはっきりと定めることができた気がした。
「さて、何から話そうかな」与野さんは後輩への講話の内容を組み立てていった。

Practice

1. 実習経験は、自分の将来にどのように影響するだろうか、想像してみよう。もし、ソーシャルワーカーになってから実習を振り返ったとき、どんな発見があるだろうか？
2. 与野さんは、どのような話を準備すると思うか？　後輩たちに何を一番に伝えたいだろうか？
3. 「実習経験を将来に受け継ぐ」とは、どのようなことを意味しているのだろうか。あなたは、自分の経験をどう将来に引き継ぎたいだろうか？

Lecture

■バトンを受け取り、バトンを渡す

　与野さんは、これから後輩の前で話をする。相手はこれから実習に行こうという後輩たちである。自分のこれまでのこと、現在のこと、そして後輩たちのこれからのことを思い浮かべると、実習指導者だった庄司さんの経験がちょうど自分に受け継がれたように、自分の経験が後輩たちへと引き継がれていくのかもしれないと感じた。自分は、確実にバトンを受け取り、そのバトンを後輩へとつなぎながら、さらに歩みを続けている。与野さんは、自分がこれまでやってきたことの意義、そしてこれから進んでいこうと思っている方向性をはっきりと感じることができた。

　あなたは、実習でどのような人たちからバトンを受け取るだろうか、あるいは受け取っただろうか。そして、そのバトンを、いつ、誰に、渡すことになるのだろうか。バトンがパスされていくことをイメージしながら、これまでのこと、これからのことを考えてみよう。

■ボランティアとの出会いが福祉に導いてくれる

　与野さんは、ボランティアを通して、障害児や障害者とかかわる機会が多かった。彼らのなかには、障害の程度にかかわらず、施設で暮らしている人もいれば、地域で自立生活を送っている人もいた。障害のある人々に普通に接している人が多かったが、やけに気を遣う人もいるし、差別的な態度の人たちもいた。このような経験のたびに、与野さんは「なぜなんだろう？」と疑問を感じた。与野さんは、障害者が生きやすい社会をつくることについて真剣に考えるようになり、ソーシャルワークの道を志した。

　あなたはどうだろう？　どのような出来事や出会いがあり、ソーシャルワークを学ぼうと考えたのだろうか？　たとえ小さな経験であっても、そこでどんなバトンを受け取ったのか、思い出してみよう。

■実習での利用者、支援者との出会いが将来のビジョンを与えてくれる

　与野さんにとって、実習先でもたくさんの出会いがあった。障害はそれほど重くないにもかかわらず、あまり楽しそうに見えない利用者に会うと、「この利用者にとって施設での生活はどんな意味をもつのだろう？」と考えた。一方、利用者を見下すような態度の職員に会うと、「この職員にとって障害者を支援することにはどんな意味があるのだろう？」と考えた。与野さんは実習先でもたくさんの疑問を感じたのである。庄司さんとの出会いもあった。庄司さんは、与野さんの疑問に耳を傾けてくれ、施設の現状や自身の考えも伝えてくれた。実習指導者との対話やほかの職員との出会い、そしてたくさんの個性豊かな利用者とのかかわりを通して、与野さんはそれまで以上に、自分の将来について明確に考えることができるようになった。

　あなたの実習はどのような経験だっただろうか？　少しの時間、これまでの出会いを振り返って、「ありがとう」と感謝の気持ちを伝えたくなるような人たちの名前をあげてほしい。その人たちは、あなたを理解し、あなたに何かを与え、あなたを成長させてくれた人たちであるに違いない。特に、あなたと誠実に向き合ってくれ、愛情や思いやりをもって接してくれた人や、あなたを信じて励まし、見守ってくれた人は、今でもあなたの心のなかにいて、あなたに大切な示唆や力を

与えてくれるだろう。

　一方、あまりうれしくない出会いや思い出したくない出会いもあったかもしれない。そのような出会いは、あなたにどんな影響を与えているだろうか。与野さんにも、あまりうれしく感じられない職員との出会いがあった。そういう職員は、利用者とのかかわりを楽しんだり、自分の仕事に誇りを感じたりしていないように見えた。与野さんはこれらの職員との出会いを通して、自分だったら利用者とどのような関係を築いていきたいか、どのような支援をしたいか、どのような働き方をしたいかなど、よく考えるきっかけとなった。すべての出会いが、自分の将来のビジョンへとつながっていくのである。

■職場での出会いとつながりに生かされている

　つい数年前まで学生だった与野さんだが、障害者の通所施設の支援員としてすでに3年目を迎えていた。実習での経験から、与野さんは、障害者が安心して地域で暮らしていくためにはどうしたらよいのか、真剣に模索したいと考え、今の職場を選んだ。支援員になってから今日まで、ほとんど余裕なくただ必死で走ってきた気がしていた。でも、立ち止まって自分の歩みを振り返ってみると、なぜ自分がこの職場でソーシャルワーカーとして働いているのか、自分なりに納得できるものがあった。「そうなんだ、そういうことだったんだ」と、自分の歩みの必然性を理解した。障害のある人々、地域の人たち、先輩と後輩、自分の過去と未来など、たくさんの出会いとつながりを感じながら、自分がこの役割のなかで生かされているのを感じた。

■未来の自分へのメッセージを書いてみる

　これから実習に行くあなたには、どのような出会いが待ち受けているのだろうか。また、すでに実習を終えたあなたには、どのような出会いがあったのだろうか。そして、あなたはこれらの出会いを、これからどう活かしていくのだろうか。

　あなたにできるのは、これまでの出会いや経験を振り返ってつなげることである。将来、これらが何らかの形で必ずつながり、あなたの人生を形づくっていく。

　ソーシャルワーカーとして歩んでいる自分の姿をイメージするのは難しいかもしれない。しかし、それは与野さんをはじめ、多くの実習生にとっても同じことだった。自分の問題意識を大事に温めて、目標をもって実習に臨んだ。一つひとつの出会いから何かを学ぼうと努力した。実習中に感じたことや疑問に思ったことを、実習指導者に精一杯ぶつけてみた。ほかの職員や利用者とのさまざまな出会いや対話を通して、新たな視点や考えを見つけ、自分の将来を展望した。そして、与野さんも、当時の多くの実習生たちも、きっと歩みを続けているはずだ。

　あなたはどんなソーシャルワーカーになりたいのだろうか。どんな自分でありたいのだろうか。未来の自分に伝えたいこと、望むこと、宣言したいことを、自分への手紙に託して綴ってみよう。将来、その手紙を自ら読み返す時、あなたは過去を振り返り、未来を展望し、そして後輩たちの前で語っているかもしれない。

Close the Door

「皆さん、はじめまして。私は3年前に卒業した与野と申します。皆さんはもうすぐ実習に行くんですよね。今日は私の経験についてお話ししたいと思います。少しでも参考にしてもらえたらうれしいです。よろしくお願いします」

与野さんは話し始めた。ソーシャルワークを志した理由、実習施設を選んだ経緯、実習中に困ったこと、そのときの対応、実習経験がその後の自分の進路決定にどのように影響したか…さまざまな風景が与野さんの頭をよぎった。

「私が勤務する施設にも、たくさんの実習生がやってきます。なかには、私が実習生だった頃のことを思い起こさせてくれるような出会いもあります。そんな出会いがあると、これまでの自分の歩みを振り返ることができるし、忘れかけていた大切なことを確認することができるのでわくわくします。ぜひ皆さんも、職員や利用者の記憶に残るような実習生であってください」

Thought & Feeling

学生

なんとも不思議な気持ちになった。与野さんの話のなかに、実習に対して不安と期待の気持ちでいる今の私自身の姿、そしてなぜか将来の姿までが見えた気がした。私もいつか与野さんのようになりたい。実習でのすべての出会いが将来につながっていくことを自覚して、いつか自分も後輩たちの前で堂々と話ができるようなソーシャルワーカーになりたい。

教員

卒業生の話を聞くと、成長を続けているなととてもうれしく思う。着実にバトンをつないでいる。私がまいた種は、花を咲かせた。その花は、次に種をまいて、さらに広めている。途切れることはない。これからも学生の将来を見据えながら、学生とかかわっていきたい。教員を続けてきてよかったな。

終章　将来像を描く

　最後に、実習教育に携わる実習生、教員、実習指導者に向けて、いくつかのことを伝えたい。

■一人ぼっちの実習生
　だいぶ前のことであるが、ある実習生を高齢者の施設に送った。彼は高齢者とコミュニケーションを取ることを楽しみに実習先に向かった。しかし、彼の望みとは違って、彼が経験したのは、倉庫の中で、一人で荷物を片付けるだけの作業だった。彼はそれを1週間ほど続けていたことを、巡回指導で知った。事情を知った私は彼に言葉をかけた。

「利用者とコミュニケーションをとることを楽しみにしていたのに…残念だったね」
すると、この実習生は次のように答えた。
「先生、すばらしい実習ですよ」
予想しない答えに驚きながら、続けて質問した。
「どうしてそう思うの？　やりたいこと、全然できなかったじゃない」
すると実習生は、
「先生、ここにはたくさんのものがあります。誕生会などで使った看板や劇で使ったような大道具がありました。僕はそれらを片付けながら、利用者がどんなふうにしていたのだろうと想像してみたんです。そうしたら、たくさん学べました」

　あの時の実習生の言葉を考えるたびに、彼の優れたものの見方に感嘆する。もしも自分ならば…と考えてみた。自分が望む実習は何一つさせてもらえない。やるべきことは、薄暗い倉庫の中で、ひたすら荷物を整理することだけである。皆さんならば、どういう考えや態度になるだろう。「こんな実習からは何一つ学べない」と落胆や怒りの気持ちがあふれてくる人もいるだろうと思う。しかし、この実習生の考えは違っていた。

■選ぶ力
　この実習生には、選ぶ力があった。もちろん、与えられた実習の機会を選ぶことはできなかった。しかし彼は、その機会に対して、どういう態度で臨むのかを選ぶことができた。そして彼は、投げやりになるのではなく、主体的な態度になり、倉庫の中で学ぶことを選んだのである。彼の目の前にあるのは、忘れ去られた道具や機材、使い古された家具や雑貨であったが、その一つひとつを見ながら想像してみた。それが唯一、彼ができることだったからである。
　私たちだったら、同じ選ぶ力で、実習をやめることを選ぶかもしれない。あるいは、愚痴をこぼし、批判することを選ぶだろう。もちろん、そうすることも自由であった。なかには、こうした経

験をしたからには、もはや何の選びもないとあきらめてしまう人もいるだろう。
　私たちは、日々、刻々と何かを選んでいる。そして、選ぶごとに、自分が何者かを証明しているのだと思う。この実習生が、倉庫で学ぶことを選んだことで、何を証明したのか考えてほしい。

■一つひとつの経験を絞る

　序章では、レモンをデッサンする話を紹介した。その際、「もしレモンを一つだけ与えられたら、何を創る？」と尋ね、「レモンを絞ることで、素晴らしいレモンジュースを得るべき」ことを伝えた。
　倉庫で働いた実習生は、同じ精神をもっていた。彼は自分の目の前にある小さな道具を思いっきり絞ろうと考えた。そして、そこからさまざまなことを想像して、自分の学習につなげていったのである。
　学習の成果は、与えられた機会によるのではない。むしろその機会から、何を絞りだし、どのように自分に取り込むかにかかっているのだと思う。どんなにすばらしいプログラムのもとで実習しても、何も学ばない人もいれば、狭い倉庫の荷物からでも学べる人もいる。実習生に、こうした一つひとつの経験を絞り取る力を得てほしいと願う。

■私たちは皆、倉庫の中にいる

　確かに実習生は、狭い倉庫の中で働いていた。しかし、考えてみれば、私たちもそれぞれ自分の倉庫を持ち、その中で日々、働いていることに気づく。人によって倉庫の大きさはまちまちだし、片づける物の大きさも違う。一人ぼっちのときもあれば、見てくれる人に恵まれることもある。しかし、共通することは、私たちには与えられた倉庫があるということである。
　倉庫の中で、時々、私たちは叫ぶ。「これは私のほしかった経験ではない！」「私はもっとほかにやりたいことがある」「どんなに働いても、誰も見てくれない」「こんな場所じゃ、何も学べない」
　こうした気持ちになるとき、倉庫の中で黙々と働いた実習生の姿を想像してほしい。誰ひとり見てくれない狭い場所にも、学ぶべきことを見出そうとした彼の姿は皆さんに大切な原則を教えてくれるに違いない。

■将来像を描く

　私は、倉庫の中の彼を支えたものは、「将来に対する思いの強さ」だと確信している。彼には将来、目指していることがあった。その強い望みがあったので、彼はどんな経験からも学ぼうとしたのである。将来に対する明確なビジョンがあるとき、どのような苦難であっても、たどり着くための手段となる。もしも、単に実習を無難に終えることだけが目的だとしたら、倉庫での経験は、意味のないことに思えるだろう。しかし、将来、専門職となり、多くの人々のために働きたいと考えるならば、どのような経験もそのためのエネルギーになるのだと思う。そう考えると、実習教育で最も大切なことは、どんな専門職になりたいのか、はっきりとした将来像を描く力を手にすることではないかと思う。

おわりに

　「実習に関する本をチームで作る」という長年の願いは、本書『事例で深めるソーシャルワーク実習』で実現することができた。これまで長い期間、かかわってくださったすべての方々に尽きぬ感謝の気持ちを伝えたい。最後に、執筆者たちについてふれたい。

　初めて教壇に立った専門学校を私が巣立つとき、後任者を探していた。そこで出会ったのが荻野氏である。彼はとても熱心で、安心して仕事を任せることができた。彼のこれまでの学生への実習指導の経験が、本書に貴重な示唆を与えてくれた。

　金子氏と最初に出会ったのは、山口県で講演したときのことだった。彼は、様々な思いと質問を抱いて控え室まで相談に訪れた。彼の誠実で明るい性格は、チームをいつも和やかにしてくれた。物事を真っ直ぐに見つめる彼の考えや経験から学べたことに感謝したい。

　川端氏とは、東京社会福祉士会の研修会で出会った。研修のなかで彼女がプレゼンテーションを行うのを見た私は、その素晴らしい話術に惹かれた。常に、実践からものを見る真摯で熱い姿勢がチームにもたらした影響は大きい。

　白男川氏は、彼が日本社会福祉士養成校協会に在籍していた当時、何度か彼からの要請で研修を引き受けた。彼はその後、教員としてのキャリアに入り、実習指導で身近に学生と接していた。そこで経験した多くのことが、本書に反映されている。彼の親しみのこもったユーモアに心が和んだ。

　添田氏とは、中央法規出版の有賀氏を通して知り合った。初めて会ったとき、笑顔と服のセンスが素敵で、また、ノートパソコンを瞬時に取り出す仕草が格好よかった。彼のコミュニティワークに対する熱のこもった話を聞くのが好きで、多くの有益な助言を受けた。

　竹沢氏とは、だいぶ前、日本社会福祉士会の研修会で出会った。彼女の人を見つめる素晴らしい感性から、これまでもたくさん学ぶことができた。いつも弱い立場の方を労わることのできるその姿勢は、本書のなかでも貫かれている。

　編集の有賀氏とは、もう15年以上も一緒にチームを組んできた。本作りについて、私が何を考え、何を言いたいのか、彼ほど理解してくれている人はいない。今回のチームは、私たちにとっても初めての試みであり、多くの骨の折れる仕事を率先して受けてくださったことに感謝したい。

　編者、執筆者一同を代表して、これからソーシャルワーク実習に挑む学生、それを指導する教員と指導者が、是非、本書を手にとり、活用してくださり、そのことで少しでも実習が成功に向かうことを願う。いつの日か、本書を使って実習した学生が、将来、同じ本を使って実習指導を行う姿を見ること、またそこに、本書を手にした学生が向かう姿を見ること——それが私たちの見た大きな夢である。その夢の実現に向けた一歩をここに記せたことに感謝している。

編者・執筆者代表　川村　隆彦

編者

川村　隆彦　　神奈川県立保健福祉大学保健福祉学部准教授

執筆者 （50音順）

荻野　基行　　東京福祉大学社会福祉学部専任講師
金子　宏明　　法務省社会復帰調整官
川端　伸子　　公益財団法人あい権利擁護支援ネット理事
白男川　尚　　秋田看護福祉大学看護福祉学部講師
添田　正揮　　川崎医療福祉大学医療福祉学部講師
竹沢　昌子　　名桜大学人間健康学部准教授

事例で深める
ソーシャルワーク実習

2014年2月5日　発行

編　著	川村　隆彦
発行者	荘村　明彦
発行所	中央法規出版株式会社

　　　　〒151-0053　東京都渋谷区代々木2-27-4
　　　　代　　表：TEL03-3379-3861　FAX03-3379-3820
　　　　書店窓口：TEL03-3379-3862　FAX03-3375-5054
　　　　編　　集：TEL03-3379-3784　FAX03-5351-7855
　　　　http://www.chuohoki.co.jp/

印刷・製本	舟橋印刷株式会社
ブックデザイン	岡本　明

ISBN978-4-8058-3961-4
定価はカバーに表示してあります。
落丁本・乱丁本はお取替えいたします。